핵심 쏙쏙 바로 응용하는 실무 AutoCAD

오토캐드
60강 완성

유튜브 60강
동영상
강의 제공

NCS 기반
2D 도면
작업 완성

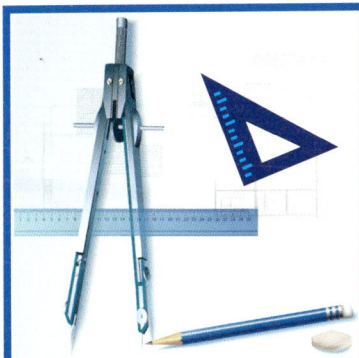

◎ 실무에서 바로 응용할 수 있는 핵심 기능만 쏙쏙 배우기
◎ 친절한 60강 풀 동영상 강의로 더 쉽게 배우기
◎ 국가직무능력표준 NCS 기반 2D 도면 작성 모듈 완성

 60강 풀 동영상 강의
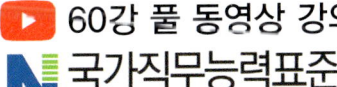

핵심 쏙쏙 바로 응용하는 실무 AutoCAD
오토캐드 60강 완성

초판 1쇄 발행 | 2024년 01월 25일

지은이 | 김혜숙 저
펴낸이 | 김병성
펴낸곳 | 앤써북

출판사 등록번호 | 제 382-2012-0007 호
주소 | 파주시 탄현면 방촌로 548
전화 | 070-8877-4177
FAX | 031-942-9852
도서문의 | 앤써북 http://answerbook.co.kr
ISBN | 979-11-93059-16-6 13000

- 이 책의 일부 혹은 전체 내용을 무단 복사, 복제, 전재하는 것은 저작권법에 저촉됩니다.
- 본문 중에서 일부 인용한 모든 프로그램은 각 개발사(개발자)와 공급사에 의해 그 권리를 보호합니다.
- 앤써북은 독자 여러분의 의견에 항상 귀기울이고 있습니다.

[안내]
- 이 책의 내용을 기반으로 실습 및 운용 결과에 대해 저자, 소프트웨어 개발자 및 제공자, 앤써북 출판사, 서비스 제공자는 일체의 책임지지 않음을 안내드립니다.
- 이 책에 소개된 회사명, 제품명은 각 회사의 등록 상표 또는 상표이며 본문 중 TM, ©, ® 마크 등을 생략하였습니다.
- 이 책은 소프트웨어, 플랫폼, 서비스 등은 집필 당시 신 버전으로 설명하였습니다. 단, 독자의 학습 시점에 따라 책의 내용과 일부 다를 수 있습니다.

Preface
머리말

오토캐드 2017 입문서를 출간한지 벌써 7년 정도 시간이 흐른 듯 합니다.
재학생과 업체 방문을 통한 재직자들을 대상으로 강의를 진행하면서 느낀 점은 캐드라는 프로그램이 참으로 다양한 분야에서 다뤄지고 있구나 하는 점과 요점과 함께 예제도 있으면서 얇고 간편하여 그냥 가방에 넣고 다닐 수 있는 가벼운 책이 있으면 좋지 않을까 하는 점이었습니다.
제가 출간한 오토캐드 입문서 또한 2차원 명령과 3차원 명령을 모두 다루다 보니 상당히 두꺼워 소지하고 다니기에는 다소 부담스럽고 완독하기도 어려운 감이 없지 않았을까 염려도 되었습니다.
이런 고민을 하는 중에 가볍게 들고 다니며 참고할 수 있도록 얇지만 꽉 찬 내용으로 예제는 풍부하게 집대성한 캐드 책을 새롭게 출간하게 되었습니다.

이 책의 특징은,
1. 명령어 이해는 따라하기와 실습 예제, 동영상 설명(60강)을 통해 스스로 학습이 가능한 점
2. 명령 사용 중 알면 도움이 될 내용은 [여기서 잠깐] 에서 다뤄 명령 이해를 도운 점
3. 실무 활용하기를 통해 현업에서 응용하고 있는 캐드 기능들을 다룬 점
4. 알면 편리한 옵션과 버전별 새로 생긴 명령어들을 골고루 구성한 점입니다.

캐드를 처음 접하는 입문자 눈높이에 맞춰 강의를 진행하오니 순서에 맞춰 부담없이 학습하셔서 보편화되고 있는 캐드 프로그램의 사용자로 한걸음 다가가시길 바랍니다.

"핵심 쏙쏙 바로 응용하는 실무 AutoCAD" 책을 구매해 주신 여러분께 먼저 감사 인사를 드리며, AutoCAD 프로그램을 지원해 주신 한국ATC센터(주) 대표님, 더불어 책이 출간되도록 애써주신 앤써북, 게임을 멈추고 PC를 양보한 저의 가족에게 고마움을 표합니다.

항상 행복과 건강이 함께 하시길 바라며 이 책이 끝날 즈음이면 여러분은 캐드 사용자로 자신있게 우뚝 서게 되실 것입니다.

저자 김혜숙

Video Lecture Guide
동영상 강의 안내

이 책을 기반으로 하는 저자 직강 동영상 강의는 총 60강으로 만들어졌습니다. 1일 1강의를 실천하면 60일, 2강의를 실천하면 총 30일에 걸쳐 NCS 기반의 2D 오토캐드 실습을 완성할 수 있습니다.

강의 차수	PART	학습내용	페이지	확인
1강	PART I	사용자 환경 설정	14	☐
2강		명령 실행 방법, 화면 조정, 도면 열기, 닫기, 저장하기	20쪽 6번	☐
3강		객체 선택 방법, 그룹	24쪽 9번	☐
4강		도면 작업 환경 설정	28	☐
5강		도면층 설정, 팔레트	30쪽 6번	☐
6강		단원별 HINT	34	☐
7강	PART II	좌표계 종류, 선 작성하기	38	☐
8강		연습 도면-1 : 선, 치수 작성(선형, 정렬, 각도 치수)	41	☐
9강		연습 도면-2 : 선, 치수 작성(선형, 정렬, 각도 치수)	42	☐
10강		원, 호 작성하기	43	☐
11강		연습 도면-3 : 원, 호, 치수 작성(반지름, 지름 치수)	45	☐
12강		폴리선 작성과 편집, 직사각형 작성하기	46	☐
13강		다각형, 스플라인 작성, 곡선 혼합하기	48쪽 6번	☐
14강		연습 도면-4 : 폴리선, 직사각형 작성	50	☐
15강		연습 도면-5 : 다각형 작성	51	☐
16강		타원, 해치, 도넛 작성하기	52	☐
17강		연습 도면-6 : 타원, 해치, 도넛 작성	54	☐
18강		구름형 리비전, 등분할, 길이분할, 점스타일, 구성선, 여러 줄 작성	55	☐
19강		지우기, 분해, 간격띄우기	58	☐
20강		자르기 및 연장, 복사하기	61	☐
21강		연습 도면-7 : 간격띄우기, 등분할, 길이분할	63	☐
22강		연습 도면-8 : 자르기, 연장, 복사	64	☐
23강		이동, 대칭, 신축, 축척으로 크기 조정하기	65	☐
24강		연습 도면-9 : 대칭, 신축, 축척	69	☐
25강		회전, 정렬, 끊기와 점에서 끊기, 결합하기	70	☐
26강		연습 도면-10 : 회전, 정렬, 대칭	74	☐
27강		모깎기, 모따기, 길이 조정하기	75	☐
28강		배열, 특성 일치, 선종류 축척, 중복 객체 삭제하기	77쪽 16번	☐
29강		객체 분리, 객체 숨기기, 그리기 순서, 객체 가리기, 선택된 항목 추가, 그립 편집하기	81	☐

강의 차수	PART	학습내용	페이지	확인
30강	PART II	연습문제-11 : 끊기, 모깎기, 모따기	85	☐
31강		연습 도면-12 : 모깎기, 모따기, 길이조정, 배열	86	☐
32강		단일행 문자, 여러 줄 문자 작성과 편집	87	☐
33강		문자 스타일 작성, 문자 정렬과 찾기	89	☐
34강		연습 도면-13 : 문자 작성	92	☐
35강		치수 작성과 편집하기	93	☐
36강		치수 스타일 작성하기	99쪽 6번	☐
37강		지시선, 필드 작성하기	102	☐
38강		연습 도면-14 : 객체 작성	106	☐
39강		연습 도면-15 : 객체 작성	107	☐
40강		연습 도면-16 : 객체 작성	108	☐
41강		연습 도면-17 : 객체 작성	109	☐
42강		블록 작성과 블록 쓰기, 블록 삽입과 편집	110	☐
43강		도면 정보 확인, 도면 정리하기	113	☐
44강		단원별 HINT 1~6	117	☐
45강		단원별 HINT 7~9	120	☐
46강		연습 도면-18 : 객체 작성	123	☐
47강		연습 도면-19 : 객체 작성	124	☐
48강		연습 도면-20 : 객체 작성	125	☐
49강	PART III	도면 템플릿 작성	128	☐
50강		모형탭에서 도면 출력하기	132	☐
51강		출력할 때 선의 색상과 두께 지정하기	134	☐
52강		배치탭에서 도면 출력하기	136	☐
53강	PART IV	실무 활용하기 1~4	142	☐
54강		실무 활용하기 5~8	144쪽 5번	☐
55강		실무 활용하기 9~11	148	☐
56강		연습 도면-21 : 객체 작성	151	☐
57강		연습 도면-22 : 객체 작성	152	☐
58강		연습 도면-23 : 객체 작성	153	☐
59강		연습 도면-24 : 객체 작성	154	☐
60강		명령어 및 단축키 모음	155	☐

How to listen to a video lecture
동영상 강의 듣는 방법

동영상 강의를 듣는 방법은 앤써북 공식 카페, 앤써북 유튜브 그리고 책 본문을 통해 안내하였습니다.

▶ 책 속의 동영상 강의 안내

동영상 강의 60강은 기능별, 연습문제별로 구분해서 다음과 같이 앤써북 공식카페의 게시글을 통해 안내하였습니다. 웹 브라우저에서 해당 주소를 입력한 후 책과 함께 무료로 시청합니다.

▶ 앤써북 공식 유튜브 채널을 통해 강의 듣기

앤써북 공식 유튜브 채널 또는 "오토캐드 60강 완성" 책 관련 동영상 강의 목록 섹션 주소를 통해 동영상 강의(1강~60강)를 책과 함께 무료로 시청합니다.

- https://url.kr/2iz54l

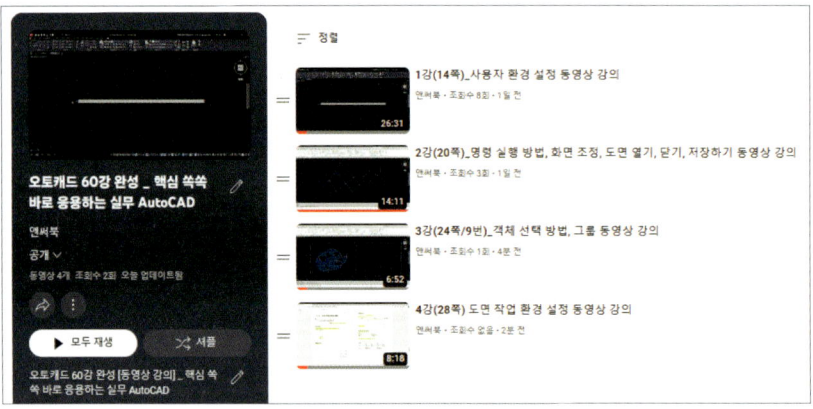

▶ 앤써북 공식 카페를 통해 강의 듣기

앤써북 공식 카페의 아래 "앤써북 카페 오토캐드 60강 완성 게시판"에서 총 60강의 강의 게시글 중 원하는 동영상 강의 게시글을 클릭한 후 책과 함께 무료로 시청합니다.

- https://cafe.naver.com/answerbook/menu/221

Reader Support Center
독자 지원 센터

독자 지원 센터는 이 책을 보는데 필요한 책 소스 파일, 독자 문의 등 책을 보는데 필요한 사항을 지원합니다. 앤써북 공식 카페에 회원가입 후 독자 지원 센터를 이용할 수 있습니다.

책 소스 및 프로젝트 파일

이 책과 관련된 실습 소스 및 프로젝트 파일은 앤써북 카페(answerbook.co.kr)의 [도서별 독자 지원 센터]-[오토캐드 60강 완성] 게시판을 클릭 후 "〈NCS 기반 핵심쏙쏙 바로 응용하는 실무 AutoCAD_오토캐드 60강 완성〉 책 소스 및 정오표입니다." 5645 게시글을 클릭하거나 아래 게시글 주소로 직접 접속한 후 안내에 따라 다운로드 받습니다.

▶ 책 소스 및 정오표 : https://cafe.naver.com/answerbook/5645

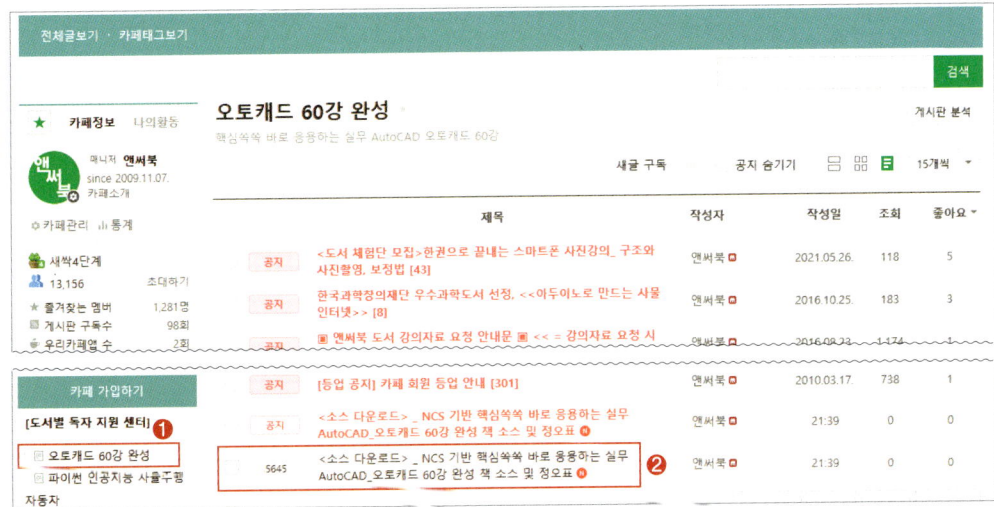

독자문의

이 책과 관련된 실습 소스 및 프로젝트 파일은 앤써북 카페(answerbook.co.kr)의 [도서별 독자 지원 센터]-[오토캐드 60강 완성] 게시판을 클릭한 후 우측 아래의 [글쓰기] 버튼을 클릭한 후 제목에 다음과 같이 "[문의] 페이지수, 질문 제목"을 입력하고 궁금한 사항은 아래에 작성 후 [등록] 버튼을 클릭하여 등록합니다. 등록된 질의글은 저자님께서 최대한 빠른 시간에 답변드릴 수 있도록 안내합니다.

단, 모든 질문에 답변을 드리는 것은 아니며, 질의응답 이용 가이드 게시글을 참고하면 감사하겠습니다.

▶ https://cafe.naver.com/answerbook/4799

Contents
목 차

I. 작업 환경 준비 하기

1-1 사용자 환경 설정 • 14
1. CAD 개요 및 종류 • 14
2. AutoCAD 실행과 종료 • 14
3. 화면 설정 • 15
4. 그리기 보조 도구 • 16
5. 옵션 설정(OPTIONS) • 17
6. 명령 실행 방법 • 20
7. 화면 이동, 확대, 축소(PAN, ZOOM) • 22
8. 도면 열기, 닫기, 저장하기(OPEN, CLOSE, SAVE, SAVEAS) • 23
9. 객체 선택, 신속 선택, 유사 선택, 그룹
   (SELECT, QSELECT, SELECTSIMILAR, GROUP) • 24

1-2 도면 작업 환경 설정 • 28
1. 도면의 크기 • 28
2. 도면의 양식 • 28
3. 도면의 척도 • 29
4. 도면 새로 만들기(NEW) • 29
5. 도면영역 설정하기(LIMITS) • 30
6. 도면층 설정(LAYER) • 30
7. 팔레트 • 32

◀ 단원별 HINT ▶ • 34

II. 도면 작성하기

2-1 좌표계 종류 • 38

2-2 그리기 명령 • 39
1. 선 작성하기(LINE) • 39
   ◀ 연습도면 1_ 선 치수작성(선형 정렬, 각도) ▶ • 41
   ◀ 연습도면 2_ 선 치수작성(선형 정렬, 각도) ▶ • 42
2. 원 작성하기(CIRCLE) • 43
3. 호 작성하기(ARC) • 44
   ◀ 연습도면 3_ 원, 호, 치수 작성(반지름, 지름) ▶ • 45
4. 폴리선 작성과 편집하기(POLYLINE, PEDIT) • 46
5. 직사각형 작성하기(RECTANG) • 47

Contents
목 차

　6 다각형 작성하기(POLYGON) • 48
　7 스플라인 작성과 곡선 혼합하기(SPLINE, BLEND) • 49
　◀**연습도면 4_** 폴리선, 직사각형 작성▶ • 50
　◀**연습도면 5_** 다각형 작성▶ • 51
　8 타원 작성하기(ELLIPSE) • 52
　9 해치 작성하기(HATCH) • 52
　10 도넛 작성하기(DONUT) • 53
　◀**연습도면 6_** 타원, 해치, 도넛 작성▶ • 54
　11 구름형 리비전 작성하기(REVCLOUD) • 55
　12 등분할과 길이분할하기, 점스타일 변경하기
　　　(DIVDE, MEASURE, PTYPE) • 56
　13 구성선과 여러 줄 작성하기(XLINE, MLINE) • 57

2-3 편집 명령 • 58
　1 객체 지우기(ERASE) • 58
　2 분해하기(EXPLODE) • 59
　3 객체 간격 띄우기(OFFSET) • 59
　4 자르기 및 연장하기(TRIM, EXTEND) • 61
　5 복사하기(COPY) • 62
　◀**연습도면 7_** 간격띄우기, 등분할, 길이분할▶ • 63
　◀**연습도면 8_** 자르기, 연장, 복사▶ • 64
　6 이동하기(MOVE) • 65
　7 대칭하기(MIRROR) • 66
　8 신축하기(STRETCH) • 67
　9 축척으로 크기 조정하기(SCALE) • 67
　◀**연습도면 9_** 대칭, 신축, 축척▶ • 69
　10 회전하기(ROTATE) • 70
　11 객체 정렬하기(ALIGN) • 71
　12 끊기와 점에서 끊기, 결합하기
　　　(BREAK, BREAKATPOINT, JOIN) • 72
　◀**연습도면 10_** 회전, 정렬, 대칭▶ • 74
　13 모깎기(FILLET) • 75
　14 모따기(CHAMFER) • 76
　15 길이 조정하기(LENGTHEN) • 77
　16 배열로 여러 개 복사하기(ARRAY) • 77
　17 특성을 일치시키기(MATCHPROP) • 79

Contents
목 차

⑱ 선종류 축척 적용하기(LTSCALE) • 80
⑲ 중복 객체 삭제하기(OVERKILL) • 80
⑳ 객체 분리와 객체 숨기기
　(ISOLATEOBJECTS, HIDEOBJECTS) • 81
㉑ 그리기 순서와 객체 가리기(DRAWORDER, WIPEOUT) • 82
㉒ 선택된 항목 추가(ADDSELECTED) • 83
㉓ 그림 편집하기 • 84

◗ 연습도면 11_ 끊기, 모깎기, 모따기 ◖ • 85
◗ 연습도면 12_ 모깎기, 모따기, 길이조정, 배열 ◖ • 86

2-4 문자, 치수, 지시선, 필드 작성 • 87
❶ 단일행 문자 작성과 편집하기(DTEXT, TEXT) • 87
❷ 여러 줄 문자 작성과 편집하기(MTEXT) • 88
❸ 문자 스타일 작성하기(STYLE) • 89
❹ 문자 정렬과 찾기(TEXTALIGN, FIND) • 90

◗ 연습도면 13_ 문자 작성 ◖ • 92

❺ 치수(DIM) 작성과 편집하기 • 93
❻ 치수 스타일 작성하기(DIMSTYLE) • 99
❼ 지시선 작성하기(LEADER, QLEADER, MLEADER) • 102
❽ 필드 작성하기(FIELD) • 105

◗ 연습도면 14_ 객체 작성 ◖ • 106
◗ 연습도면 15_ 객체 작성 ◖ • 107
◗ 연습도면 16_ 객체 작성 ◖ • 108
◗ 연습도면 17_ 객체 작성 ◖ • 109

2-5 블록 작성 및 편집 • 110
❶ 블록 작성과 블록 쓰기(BLOCK, WBLOCK) • 110
❷ 블록 삽입(INSERT) • 111
❸ 블록 편집기(BEDIT) • 112

2-6 도면 정보 확인 • 113
❶ 거리, 반지름, 각도, 면적, 체적 구하기(MEASUREGEOM) • 113
❷ 도면 정보 확인하기(LIST) • 115
❸ 좌표 확인하기(ID) • 115
❹ 도면 정리하기(PURGE) • 116

◗ 단원별 HINT ◖ • 117

Contents
목차

◀ 연습도면 18_ 객체 작성 ▶ • 123

◀ 연습도면 19_ 객체 작성 ▶ • 124

◀ 연습도면 20_ 객체 작성 ▶ • 125

Ⅲ 도면 출력하기

3-1 도면 템플릿 작성 • 128

3-2 모형탭에서 도면 출력하기 • 132

3-3 출력할 때 선의 색상과 두께를 지정하기 • 134

3-4 배치탭에서 도면 출력하기 • 136

Ⅳ 실무 활용하기

1 캐드로 작성한 도면을 Excel이나 Powerpoint에서 불러오기 • 142

2 Excel 데이터를 테이블로 삽입하기 • 142

3 데이터 링크로 Excel 데이터를 테이블로 삽입하기 • 143

4 데이터 링크로 삽입된 Excel 테이블 수정사항 업데이트하기 • 144

5 도면과 관련된 파일을 한꺼번에 폴더로 압축하기 • 144

6 리습(Lisp) 파일 사용하기 • 145

7 개정 전후 도면을 비교하여 수정된 부분 파악하기 • 146

8 3D데이터, PDF 파일 가져오기 • 147

9 외부 참조로 2D데이터 가져오기 • 148

10 외부 참조로 부착한 도면이나 이미지가 안보일 때 해결하기 • 149

11 버전별 새로 생긴 명령어 • 150

◀ 연습도면 21_ 객체 작성 ▶ • 151

◀ 연습도면 22_ 객체 작성 ▶ • 152

◀ 연습도면 23_ 객체 작성 ▶ • 153

◀ 연습도면 24_ 개체 작성 ▶ • 154

12 명령어 및 단축키 모음 • 155

I
작업 환경 준비 하기

1. 1_ 사용자 환경 설정
1. 2_ 도면 작업 환경 설정

1.1 사용자 환경 설정

학습목표 : 보조 명령어를 이용하여 CAD 프로그램을 사용자 환경에 맞게 설정할 수 있다.
도면작도에 필요한 부가 명령을 설정할 수 있다.

▶ 1강_ https://cafe.naver.com/answerbook/5561

1 CAD 개요 및 종류

CAD(Computer Aided Design)는 스케치, 제도, 설계를 컴퓨터 그래픽 소프트웨어를 사용하여 2D 또는 3D로 도면을 생성하는 것을 말합니다. 건축, 토목, 기계, 전기, 전자, 패션 등 모든 산업분야에서 사용되며 각 산업별로 특화된 CAD 소프트웨어도 있습니다. AutoCAD는 미국 Autodesk사가 1985년 개발한 이래로 지금도 많이 사용되고 있으며 더불어 AutoCAD와 호환성이 높은 영구버전의 CAD프로그램들도 다양하게 있습니다.

– 2D CAD : AutoCAD, CADIAN, 마이다스캐드, ZWCAD, Draftsight, GstarCAD 등
– 3D CAD : NX, CATIA, CREO, Solidworks, Inventor, Fusion 360, SketchUp 등

2 AutoCAD 실행과 종료

AutoCAD는 www.autodesk.co.kr 홈페이지에서 체험판을 다운로드하여 설치합니다. 설치 후에는 바탕화면에 〈AutoCAD 2024-한국어(Korean) 〉아이콘이 생성되며 이를 더블클릭하여 실행하고 종료할 때는 캐드 작업화면 오른쪽 상단 ❌ 버튼을 클릭하거나 아래 명령을 참고합니다.

리본	[응용프로그램 메뉴]-[Autodesk AutoCAD 2024 종료]		
바로가기	Ctrl + Q		
명령	QUIT	단축키	EXIT

3 화면 설명

사용자 인터페이스(UI)는 2015년부터 클래식 UI가 사라지고 리본 UI로 화면이 변경되었습니다.

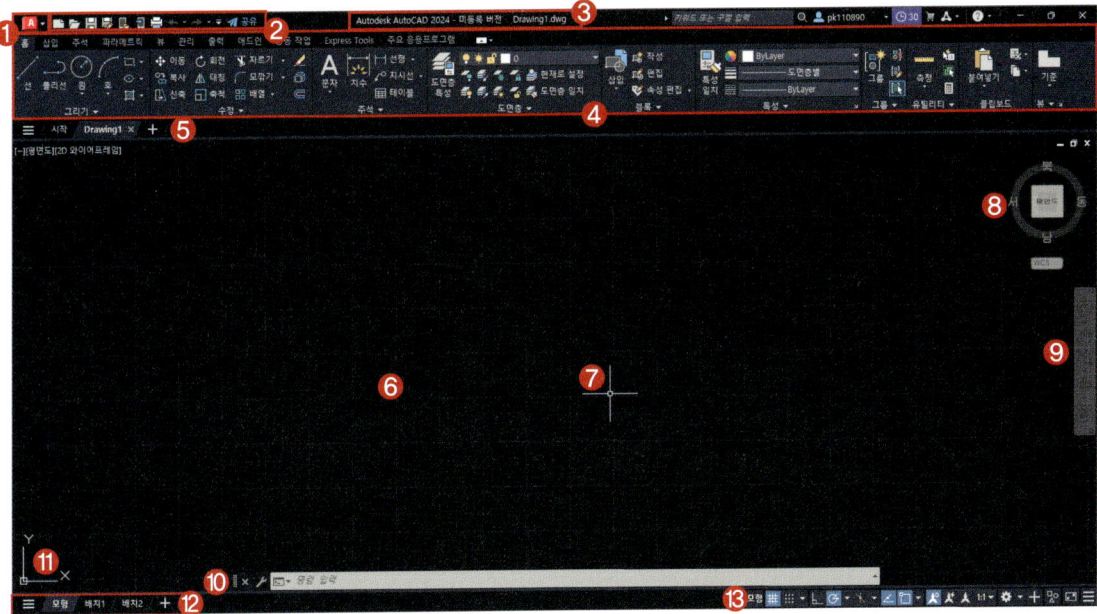

❶ **응용프로그램 메뉴** : 파일 조작에 관한 명령들로 클릭하면 하위메뉴가 보입니다.

❷ **신속 접근 도구막대** : 자주 사용하는 명령 집합체로 새롭게 명령을 등록하거나 메뉴 막대를 표시합니다.

❸ **제목 표시줄** : 파일 경로, 이름을 표시합니다.

❹ **리본 탭 및 패널** : 2D그리기, 편집, 치수, 도면층 등 명령을 버튼으로 구성합니다. 리본은 탭, 패널 제목, 패널 버튼, 모두 순환으로 도면 영역에 맞게 조정이 가능합니다.

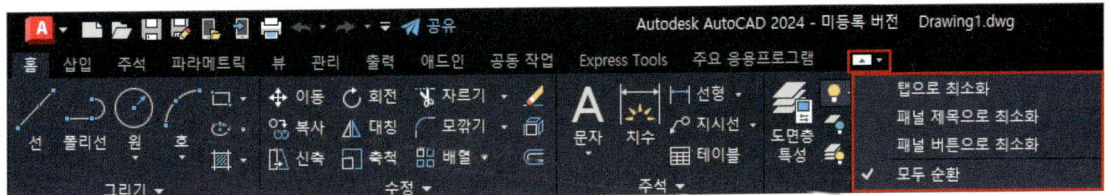

❺ **파일탭** : 파일 이름이 표시되어 선택이 손쉽고 [+]버튼을 클릭하여 새 도면을 작성합니다.

❻ **작업영역(도면영역)** : 객체를 작성하고 편집하는 영역입니다.

❼ **십자선(커서)** : 점 위치를 지정할 때는 십자선(+)이, 객체를 선택할 때는 확인란이 작은 사각형(口)으로 보이며 활성 명령이 없을 때는 십자선과 확인란의 조합(✛)으로 보입니다.

❽ **ViewCube** : 도면을 바라보는 각도를 조절합니다.(AutoCAD LT는 없음)

❾ **탐색막대** : 초점이동, 줌, 궤도 등 도면을 탐색합니다.

❿ **명령행** : 명령을 입력할 때 사용되는 창으로 ▌부분을 클릭하고 화면 하단으로 드래그하면 명령행을 고정시킬 수 있습니다. `F2`를 눌러 실행되었거나 실행 중인 기능을 확인합니다.

⓫ UCS : 현재 사용자 좌표계의 원점 및 방향을 설정합니다. 초기 값은 절대좌표의 원점에 표시되고 사용자가 원점 위치와 X방향, Y방향을 변경할 수 있습니다.

⓬ 모형/배치 : 객체 작성을 위한 모형공간과 인쇄/배치를 위한 배치(도면)공간으로 구성됩니다.

⓭ 상태막대 : 좌표 표시, 그리기 보조 도구 모음으로 제도 보조 설정을 합니다.

4 그리기 보조 도구

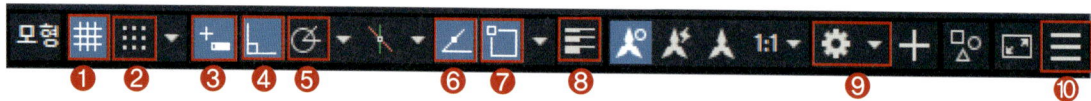

❶ 그리드(GRID- F7) : 모눈 그리드 표시를 켜거나 끕니다.

❷ 스냅(SNAP- F9) : 커서의 움직임을 지정된 그리드 간격으로 제한합니다. 기본값은 X,Y거리가 10으로 설정되어 X축이나 Y축으로 10만큼 커서가 이동합니다.

❸ 동적입력(DYN- F12) : 커서 주위에 거리와 각도를 표시하고 탭을 사용하여 값을 입력합니다.

❹ 직교(ORTHO- F8) : 커서 이동을 수직, 수평으로 제한합니다.

❺ 극좌표 추적(POLAR- F10) : 커서가 지정된 각도로 이동하도록 제한합니다. 직교모드와 극좌표 추적은 상호 배타적으로 하나를 켜면 하나가 꺼집니다.

❻ 객체 스냅 추적(OTRACK- F11) : 객체 스냅 위치에서 수평 및 수직으로 커서를 추적합니다.

❼ 객체 스냅(OSNAP- F3) : 객체 스냅을 켜거나 끕니다.

❽ 선가중치(LWT) : 도면 영역에 선의 굵기를 표시합니다.

❾ 작업공간 설정 : 2D, 3D, 사용자가 만든 작업공간 등으로 전환합니다.

❿ 사용자화 : 상태막대에 표시할 항목을 선택합니다. 동적 입력과 선가중치는 초기화면에서는 보이지 않으므로 사용자화를 클릭하여 체크해야 합니다.

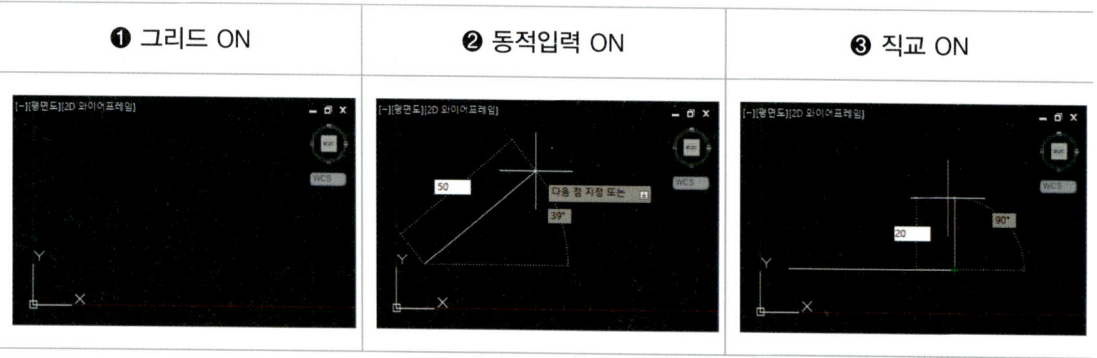

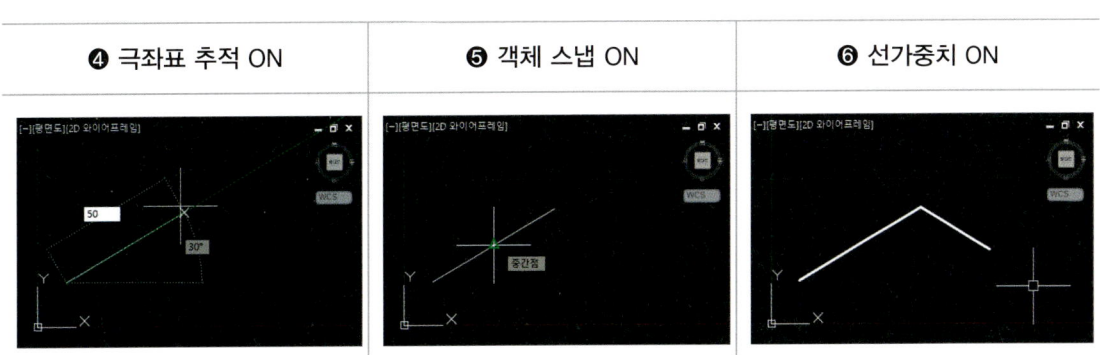

◀ 여기서 잠깐 ▶

객체 스냅은 그려진 도형에서 여러 점의 위치를 정확하게 지정해 줍니다. 상태막대의 〈객체 스냅〉옆에 있는 ▼을 클릭하여 해당 옵션을 체크하거나 [객체 스냅 설정...]을 클릭 또는, 단축키 OS를 입력하여 이용하고자 하는 객체 스냅 모드를 설정합니다.

체크하지 않은 객체 스냅 모드를 사용하려면 Shift + 마우스 오른쪽 클릭 임시 재지정 메뉴에서 선택하거나 단축키를 입력합니다. 단축키로는 근처점-NEA, 교차점-INT, 끝점-END, 중간점-MID, 사분점-QUA, 직교-PER, 접점-TAN, 노드-NOD가 있습니다.

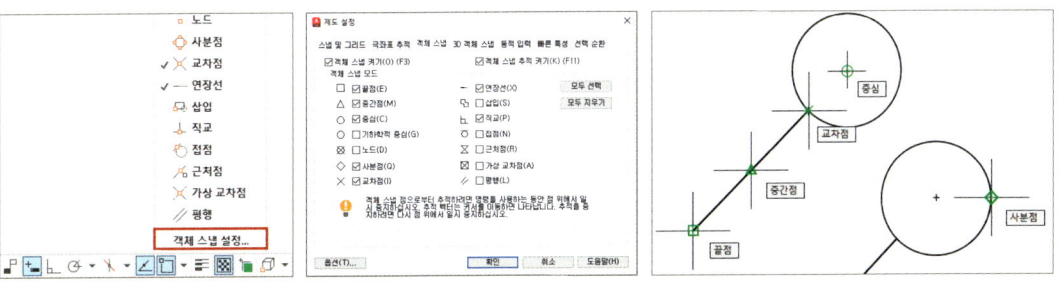

5 옵션 설정 (OPTIONS)

AutoCAD는 사용자가 본인의 작업 속도를 높이기 위해 환경을 설정할 수 있습니다.

리본	[응용프로그램 메뉴]-[옵션]		
바로가기	[마우스 우클릭 바로가기 메뉴]-[옵션]		
명령	OPTIONS	단축키	OP

(1) 리본 색상을 변경하기

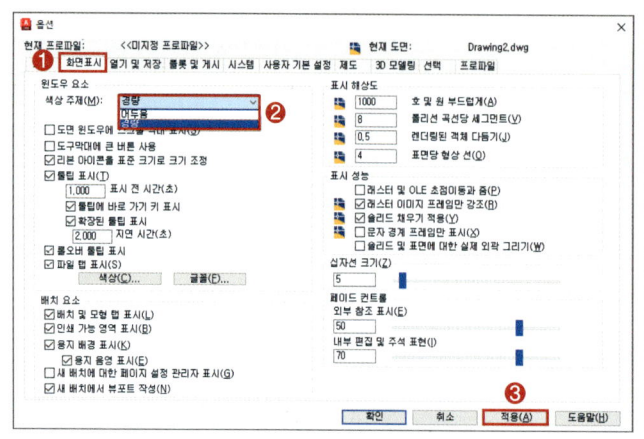

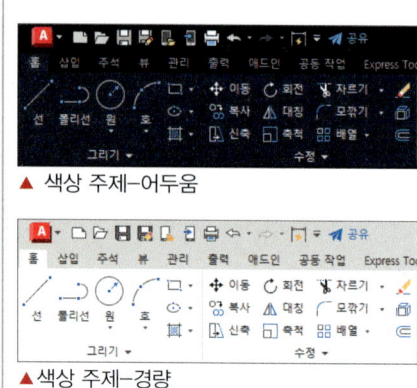

▲ 색상 주제-어두움

▲ 색상 주제-경량

❶ [화면표시]탭-[색상 주제]를 어두움 또는 경량으로 선택 후 [적용] 클릭

(2) 화면의 배경 색상을 흰색으로 조정하기

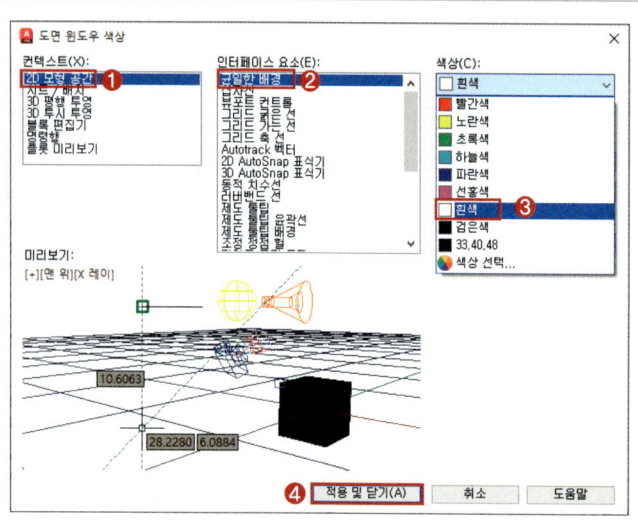

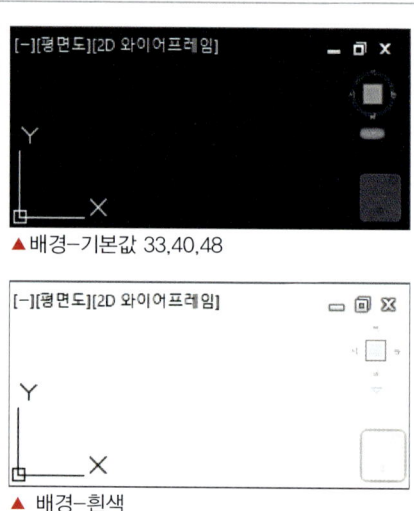

▲ 배경-기본값 33,40,48

▲ 배경-흰색

❶ [화면표시]탭-[색상] 클릭
❷ [2D 모형 공간]-[균일한 배경]-색상을 [흰색]으로 선택 후 [적용 및 닫기],[적용] 클릭

◀ 여기서 잠깐 ▶

화면 색상을 기본 설정(33,40,48)으로 바꿀 때는 [현재 컨텍스트 복원] 또는 [모든 컨텍스트 복원]을 클릭하여 초기 상태로 복원합니다.

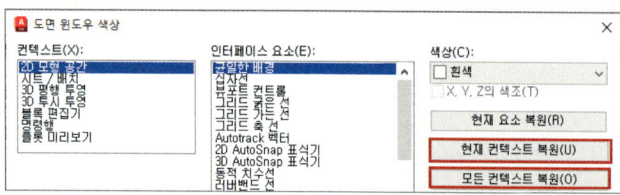

[현재 컨텍스트 복원]-현재 선택된 항목만 기본 색상 설정으로 복원합니다.

[모든 컨텍스트 복원]-모든 인터페이스 요소를 기본 색상 설정으로 복원합니다.

(3) 명령행 문자 크기를 변경하기

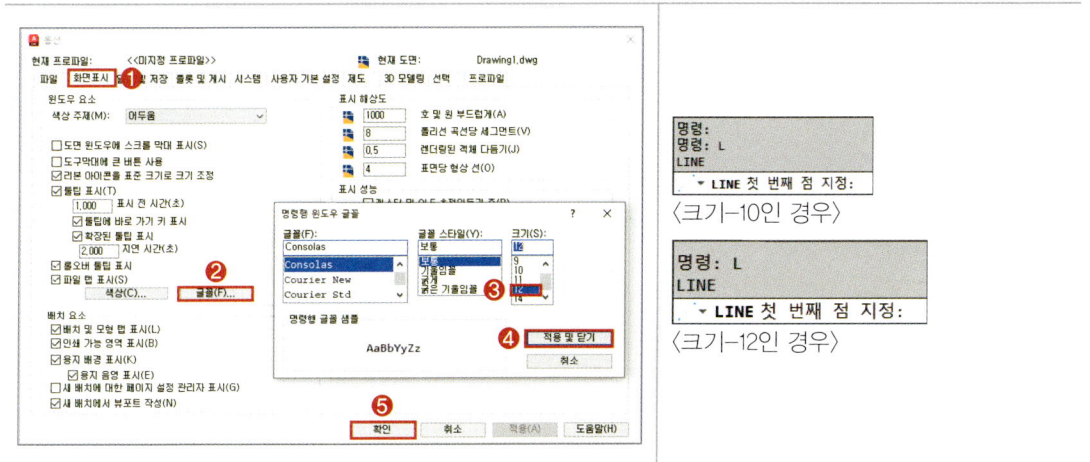

❶ [화면표시]탭-[글꼴] 클릭
❷ 크기를 10에서 12로 변경하고 [적용 및 닫기], [확인] 클릭

(4) 파일 저장 옵션과 파일 안전 예방 조치

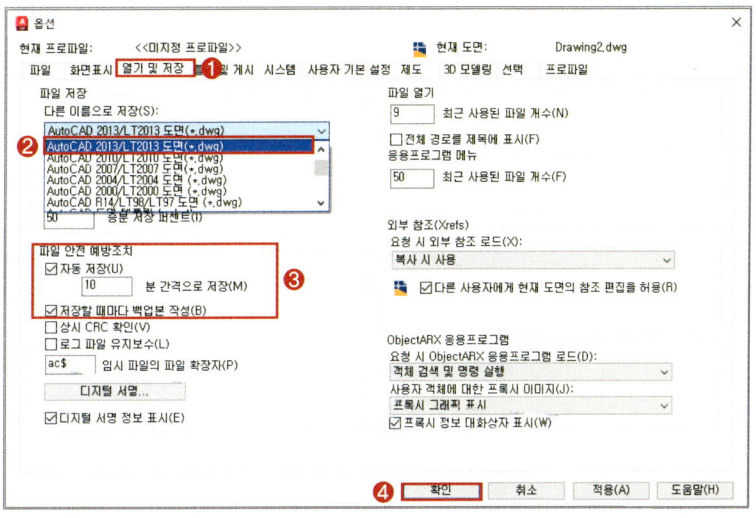

❶ [열기 및 저장]탭-[파일 저장]의 저장 버전을 선택
❷ 자동 저장 시간 설정 및 백업본 작성에 체크하고 [확인] 클릭

◀ 여기서 잠깐 ▶

자동 저장 파일의 확장자는 sv$, 백업본 확장자는 bak입니다. 프로그램 오류로 꺼졌을 때 자동 저장 파일 또는 백업본 파일을 찾아 확장자를 dwg로 바꾸면 작업했던 파일을 복구할 수 있으며 또한, [도면 복구 관리자] 팔레트를 통해서도 파일을 찾아 복구할 수 있습니다.

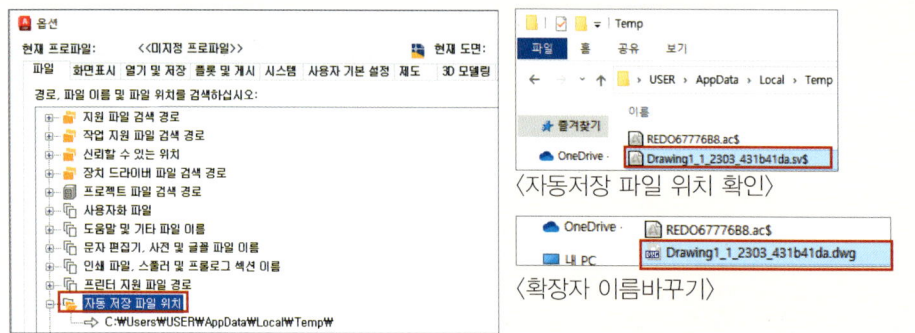

(5) Pickbox 확인란 크기 조정하기

Pickbox 확인란은 이동이나 복사 명령에서 도형을 선택할 때 보이는 커서 형상을 말합니다.

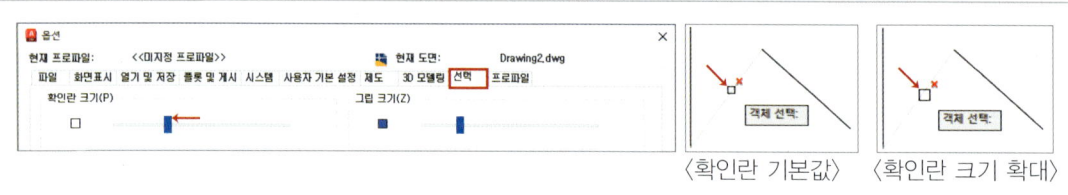

❶ 기본값은 매우 작아 불편하므로 슬라이드바를 1/3 위치로 드래그하여 조정

6 명령 실행 방법 ▶2강_ https://cafe.naver.com/answerbook/5562

AutoCAD에서는 명령을 실행해야 진행됩니다. 예를 들어 선을 그릴 경우는 "LINE"을, 원을 그릴 경우는 "CIRCLE"을 실행해야 합니다. 명령 실행은 리본에 배치된 아이콘을 클릭하거나 명령행에 명령어를 입력합니다. 선택한 명령을 취소하려면 Esc 를 누릅니다.

리본	[뷰]탭-[팔레트]패널-[명령행]	신속 접근 도구막대	⇐ ⇒ [명령 취소, 명령 복구]
바로가기	Ctrl + Z , UNDO(U)(명령 취소)/ Ctrl + Y , REDO(명령 복구)		

1 명령 실행

❶ 명령: L `Space Bar`
❷ `F8` 직교와 `F7` 그리드를 끄기
❸ 첫 번째 점(P1)을 임의로 지정하고 P2, P3를 좌클릭하여 작성

❹ 명령행에서 [명령취소(U)] 클릭
❺ P3를 좌클릭하여 선 다시 작성

❻ `Space Bar` 명령 종료

2 명령 취소와 명령 복구

❶ `Ctrl` + `Z` 명령 취소
(앞에서 작성한 선이 없어짐)

❷ `Ctrl` + `Y` 명령 복구 (없어진 선이 복구됨)

◀ 여기서 잠깐 ▶

명령을 입력할 때 키의 명칭과 역할을 알아봅니다.

❶ `Esc` : 명령 실행 도중 명령을 종료하거나 객체 선택 후 다시 객체를 선택할 때 사용합니다.
❷ `F1` ~ `F12` 기능키 : 캐드 실행 중 기능키를 누르면 특정 명령의 바로가기 키로 사용합니다.
❸ `Tab` : 동적입력으로 거리, 각도값을 입력할 때 입력칸을 이동하기 위해 사용합니다.
❹ `Space Bar` : 명령 실행을 확정할 때 `Enter` 대신에 `Space Bar` 를 사용합니다. 다만, 동적입력에서 거리, 각도값을 입력할 때 입력값 확정에는 `Enter` 를 사용합니다.
❺ `Enter` : 명령 시작과 값을 입력할 때, 명령을 끝낼 때도 사용합니다. 또한, 명령이 실행되지 않은 상태에서 `Enter` 를 누르면 마지막에 사용한 명령을 반복실행합니다.
❻ `Delete` : 선택한 객체를 삭제합니다.

7 화면 이동, 확대, 축소 (PAN, ZOOM)

마우스 휠버튼, 명령어, 탐색막대를 사용하여 화면 표시를 조절합니다.

리본	[뷰]-[뷰포트 도구]-[탐색막대🔲]		
바로가기	[마우스 우클릭 바로가기 메뉴]-[초점이동], [줌]		
명령	PAN(화면이동)/ZOOM(줌)	단축키	P(화면이동), Z(줌)

(1) 마우스 휠버튼 사용

❶ 위로 회전 : 화면을 확대합니다.
❷ 아래로 회전 : 화면을 축소합니다.
❸ 더블클릭 : 전체 화면을 표시합니다.
❹ 누른 채 드래그 : 화면을 이동합니다.

(2) 줌 윈도우와 줌 이전

1 줌 윈도우

❶ 명령: Z `Space Bar`
❷ 확대하고 싶은 범위를 왼쪽 위 구석점(P1)과 대각 방향 오른쪽 아래 구석점(P2)을 지정

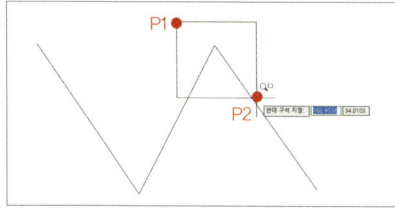

❸ 지정한 범위가 확대 표시됨

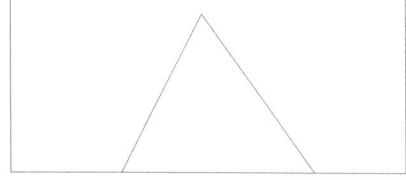

2 줌 이전

❶ 명령: Z `Space Bar` (현재 화면)

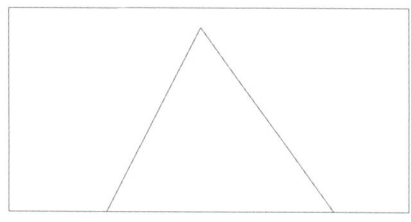

❷ 줌 옵션에서 [이전(P)] 클릭 또는, P `Space Bar`
❸ 이전에 보였던 화면으로 전환됨

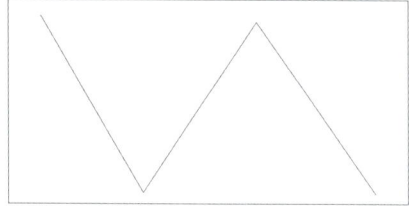

◀ 여기서 잠깐 ▶

Ctrl +0(또는 상태막대 버튼)을 클릭하면 리본, 도구막대, 팔레트를 숨겨 도면 영역을 최대화합니다. 화면 정리 해제는 다시 한번 Ctrl +0을 실행하면 됩니다.

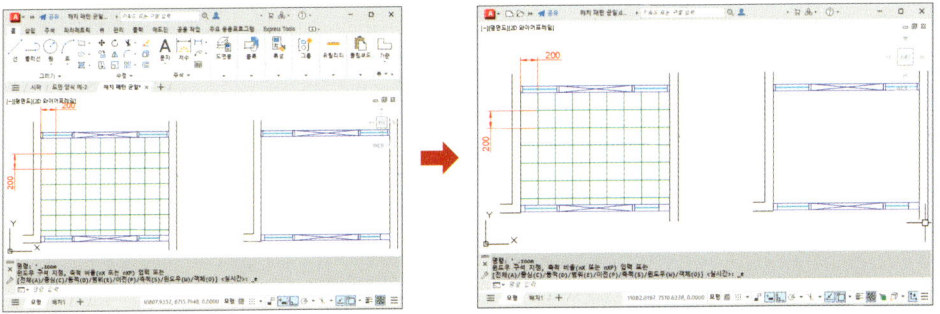

8 도면 열기, 닫기, 저장하기 (OPEN, CLOSE, SAVE, SAVEAS)

(1) 도면 열기

리본	[응용프로그램 메뉴]-[열기]-[도면]		
바로가기	Ctrl + O	신속 접근 도구막대	📂
명령	OPEN	파일탭	[파일탭에 우클릭]-[열기]

(2) 도면 닫기

리본	[응용프로그램 메뉴]-[닫기]-[현재 도면]/[모든 도면]		
바로가기	파일탭의 도면명 옆의 ✖, 작업화면 오른쪽 상단의 ✖		
명령	CLOSE	파일탭	[파일탭에 우클릭]-[닫기]/[전체 닫기]

(3) 도면 저장과 다른 이름으로 저장하기

리본	[응용프로그램 메뉴]-[저장]/[다른 이름으로 저장]		
바로가기	Ctrl + S (저장)/ Ctrl + Shift + S (다른 이름으로 저장)	신속 접근 도구막대	💾
명령	QSAVE(저장) SAVEAS(다른 이름으로 저장)	파일탭	[파일탭에 우클릭]-[저장], [다른 이름으로 저장]

◀ 여기서 잠깐 ▶

윈도우 탐색기에서도 저장한 도면을 더블클릭하면 AutoCAD가 구동되어 도면이 열립니다.
다른 앱에서 CAD파일이 열린다면 [연결 프로그램]을 [AutoCAD Application]으로 선택하고 [사용할 앱을 선택하세요.]화면이 보인 경우는 [AutoCAD Application]을 선택하고 [항상 이 앱을 사용하여 .dwg 파일 열기]에 체크 후 [확인]을 클릭합니다.

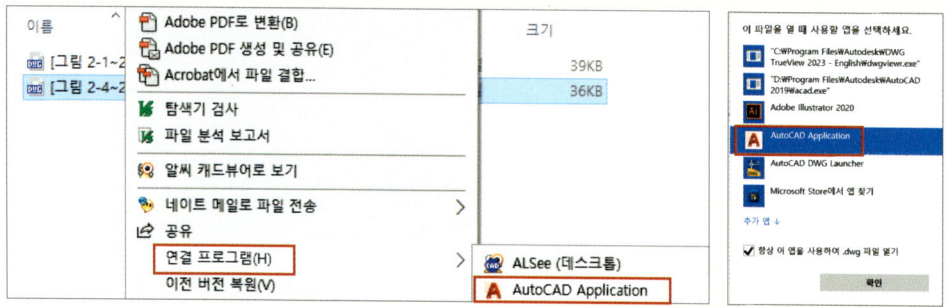

9 객체 선택, 신속 선택, 유사 선택, 그룹(SELECT, QSELECT, SELECTSIMILAR, GROUP)

▶ 3강_ https://cafe.naver.com/answerbook/5563

작성한 객체를 편집하려면 반드시 도형을 선택해야 합니다. 여러 도형을 하나씩 선택하는 PICK선택, 선택한 객체를 해제하는 방법, 여러 도형을 한 번에 선택하는 방법, 같은 종류의 도형을 한 번에 선택하는 신속 선택, 유사 선택 마지막으로 그룹으로 나뉘어 설명합니다.

(1) PICK 선택

❶ 선택할 도형 위에 마우스 커서를 이동하고 회색으로 하이라이트 표시되면 클릭합니다.
❷ 선택한 도형은 파란색으로 하이라이트 표시가 되고 그립(파란 사각형)이 표시됩니다.

(2) 선택 해제하기

선택된 모든 객체를 선택 해제하려면 Esc 를 누르고 일부를 선택 해제하려면 Shift 를 누르면서 객체를 클릭합니다. 이때 파란색 그립은 클릭되지 않도록 주의합니다.

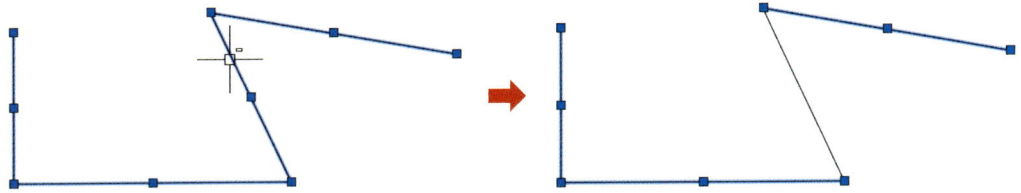

(3) 여러 도형을 한 번에 선택하기

❶ **윈도우 선택** : 왼쪽 P1클릭, 오른쪽 P2클릭하여 직사각형으로 지정한 범위의 객체만 선택합니다.

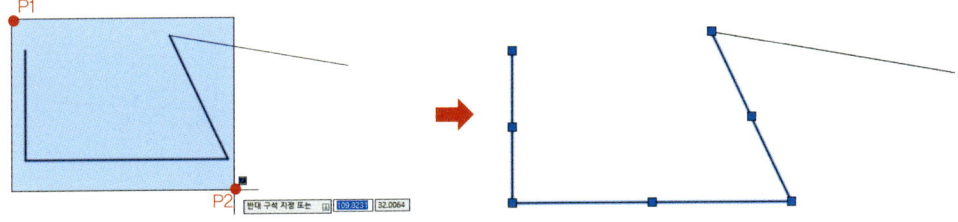

❷ **교차 선택** : 오른쪽 P1클릭, 왼쪽 P2클릭하여 직사각형으로 지정한 범위와 교차하는 객체를 선택합니다.

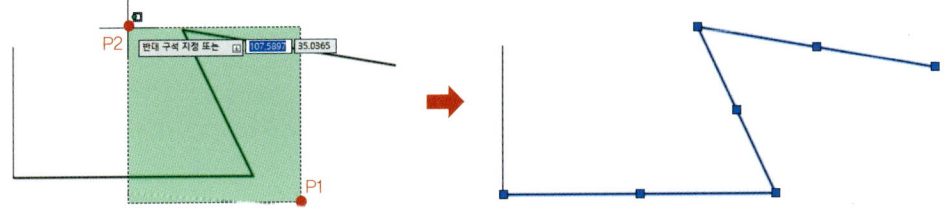

❸ **올가미 선택** : 2015버전부터 생긴 선택 방법으로 마우스 좌클릭한 채로 선택 범위를 드래그하여 영역을 지정하여 선택합니다. 윈도우 선택은 왼쪽에서 오른쪽으로 드래그하여 범위를 지정합니다.

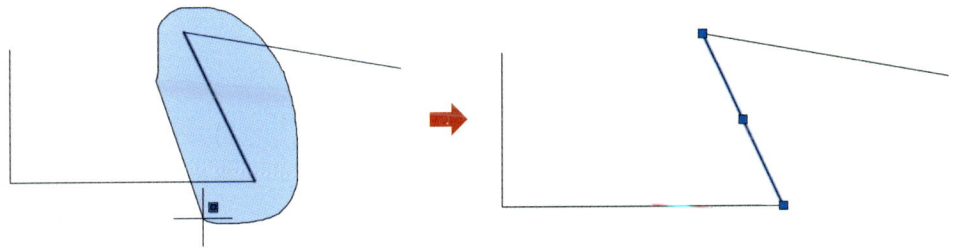

교차 선택은 오른쪽에서 왼쪽으로 드래그하여 범위를 지정합니다.

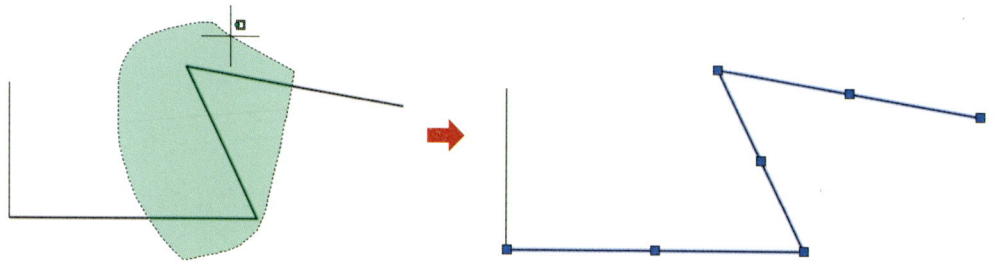

(4) 신속 선택 (QSELECT)

특정 조건에 맞는 객체를 선택하려면 신속 선택을 사용합니다.

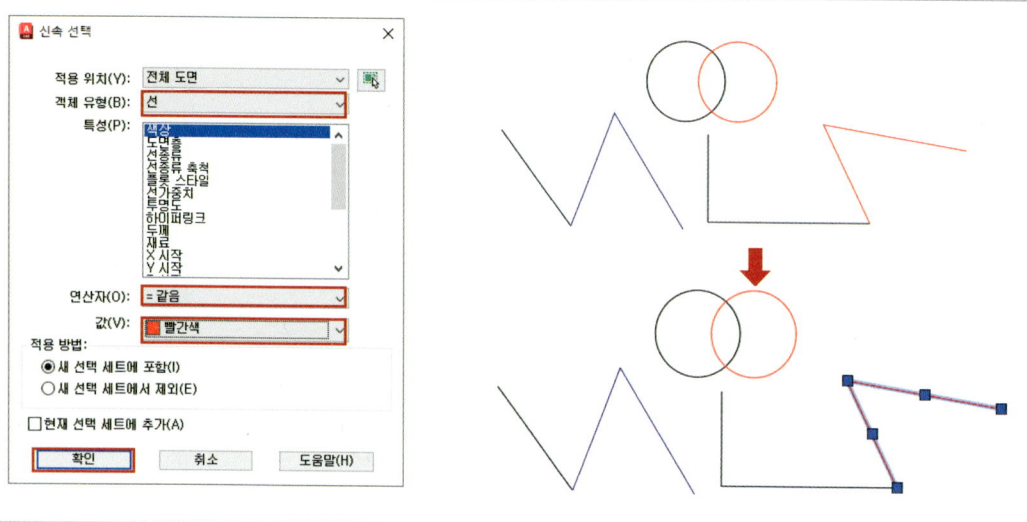

❶ 마우스 우클릭 바로가기 메뉴에서 [신속 선택]을 클릭
❷ [객체 유형]은 선, [특성]에서 색상을 빨간색으로 선택 후 [확인] 클릭
   (전체 도면 중 선이 빨간색만 선택됨)

(5) 유사 선택 (SELECTSIMILAR)

현재 도면에서 선택한 객체의 특성과 일치하는 모든 객체를 찾아 선택이 되며 SELECTSIMILAR 명령의 SE(설정)옵션에서 기타 공유 특성을 변경할 수 있습니다.

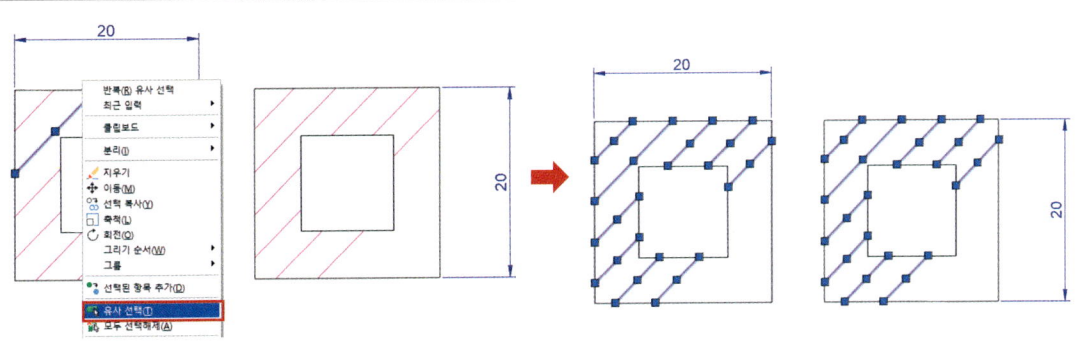

❶ 객체(선홍색 선)를 선택하고 마우스 우클릭 바로가기 메뉴에서 [유사 선택]을 클릭(특성이 같은 선이 모두 선택됨)

(6) 그룹 (GROUP)

그룹은 연관시키려는 객체를 선택 후 그룹을 누르면 간단히 그룹화가 됩니다. 그룹 경계 상자의 중심에 표시된 그립점을 클릭하여 이동할 수 있습니다.

리본	[홈]탭-[그룹]패널-[그룹] [그룹 해제]		
명령	GROUP(그룹)/UNGROUP(그룹 해제)	단축키	없음

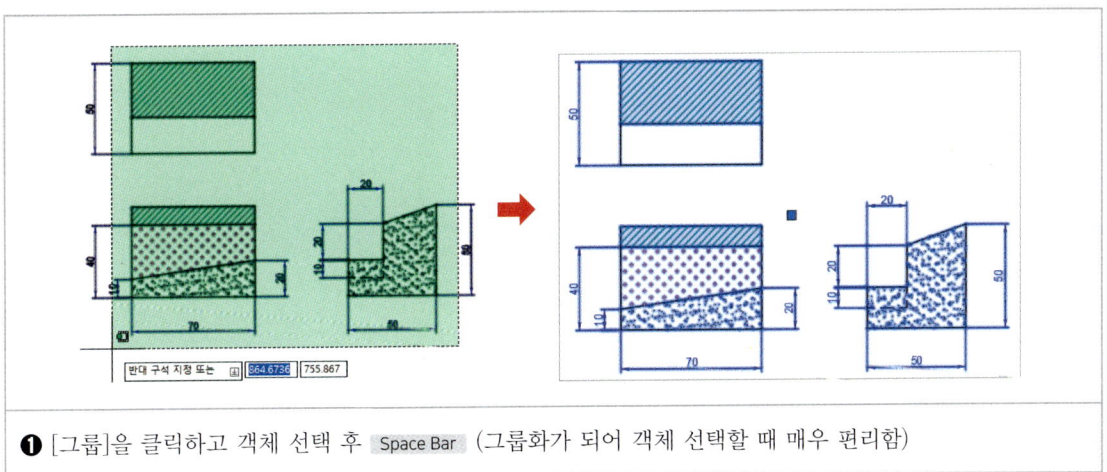

❶ [그룹]을 클릭하고 객체 선택 후 Space Bar (그룹화가 되어 객체 선택할 때 매우 편리함)

1.2 도면 작업 환경 설정

학습목표 : 도면영역의 크기를 설정하고 작도를 제한할 수 있다.
　　　　　　선의 종류와 용도에 따라 도면층을 설정할 수 있다.

▶ 4강_ https://cafe.naver.com/answerbook/5564

1 도면의 크기

KS B 0001 기계 제도, KS B ISO 5457 도면의 크기 및 양식에 의한 도면 크기입니다.

호칭	용지크기
A0	1189×841mm
A1	841×594mm
A2	594×420mm
A3	420×297mm
A4	297×210mm

2 도면의 양식

제도 영역을 나타내는 윤곽선은 굵은 실선으로 그리고 표제란에는 도면 번호, 도명, 기업명, 도면 작성 연월일, 책임자 서명, 척도 및 투상법 등을 기입합니다.

도면에 중심 마크, 구역 표시와 용지를 잘라내는 데 편리한 재단 마크도 표시합니다.

3 도면의 척도

KS A ISO 5455에 의한 용어 정의는 아래와 같습니다. 축척이 비례하지 않고 임의로 조정한 경우는 NS(None Scale)로 표기합니다.

용어	정의	표시 방법
척도(scale)	"대상물의 실제 치수"에 대한 "도면에 표시한 대상물"의 비	
현척, 실제 치수(full size)	척도의 비가 1:1인 척도	1:1
배척(enlargement scale)	척도의 비가 1:1보다 큰 척도	X:1 (예 2:1, 5:1, 10:1)
축척(reduction scale)	척도의 비가 1:1보다 작은 척도	1:X (예 1:2, 1:5, 1:10)

4 도면 새로 만들기 (NEW)

리본	[응용프로그램 메뉴]-[새로 만들기]-[도면]		
바로가기	Ctrl + N	신속 접근 도구막대	
명령	NEW/QNEW	파일탭	[파일탭에 우클릭]-[새로 만들기]

[템플릿 선택]대화상자에서는 미터단위인 〈acadiso.dwt〉를 클릭하여 선택합니다. acad.dwt는 인치단위 템플릿이므로 주의합니다. 등록된 단위는 [응용프로그램 메뉴]-[도면 유틸리티]-[단위]-[도면 단위] 대화상자의 삽입축척에서 확인할 수 있습니다.

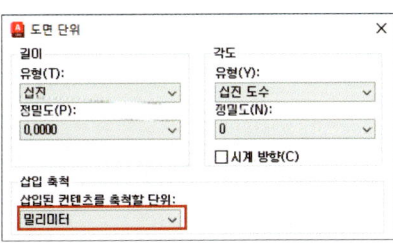
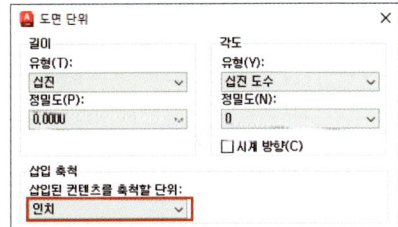

5 도면영역 설정하기 (LIMITS)

도면 영역의 한계를 설정합니다. 설계자가 정의된 한계 밖으로 도면을 작성할 수 없도록 제한을 둘 때도 사용합니다. LIMITS 켜기와 끄기를 반복하여 다름을 확인합니다.

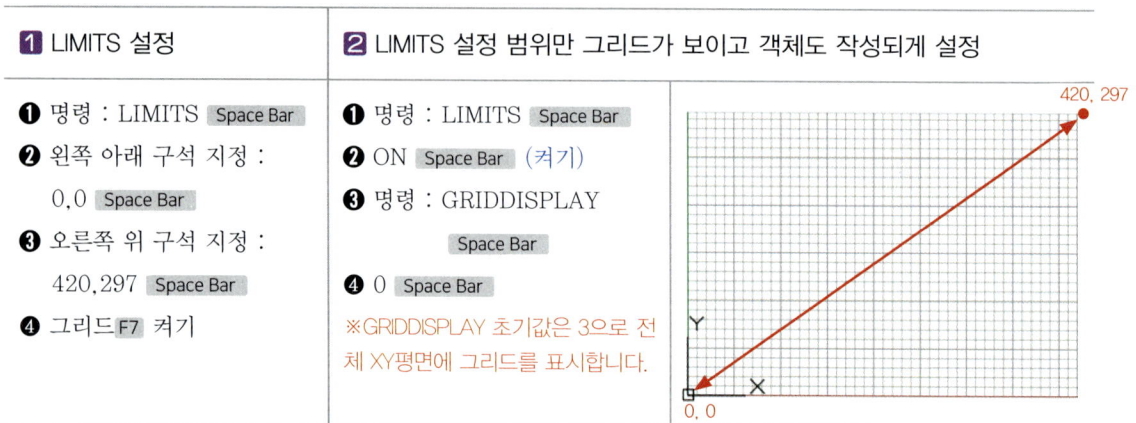

6 도면층 설정 (LAYER)   ▶ 5강_ https://cafe.naver.com/answerbook/5565

도면층은 업체별로 규칙을 정해서 표준화를 하고 있습니다. 윤곽선, 구조체, 중심선, 치수, 문자, 해치 등을 도면층별로 나눠서 작업하면 정리 및 편집하기가 매우 수월해지기 때문입니다.

리본	[홈]탭-[도면층]패널-[도면층 특성 🗐]		
명령	LAYER	단축키	LA

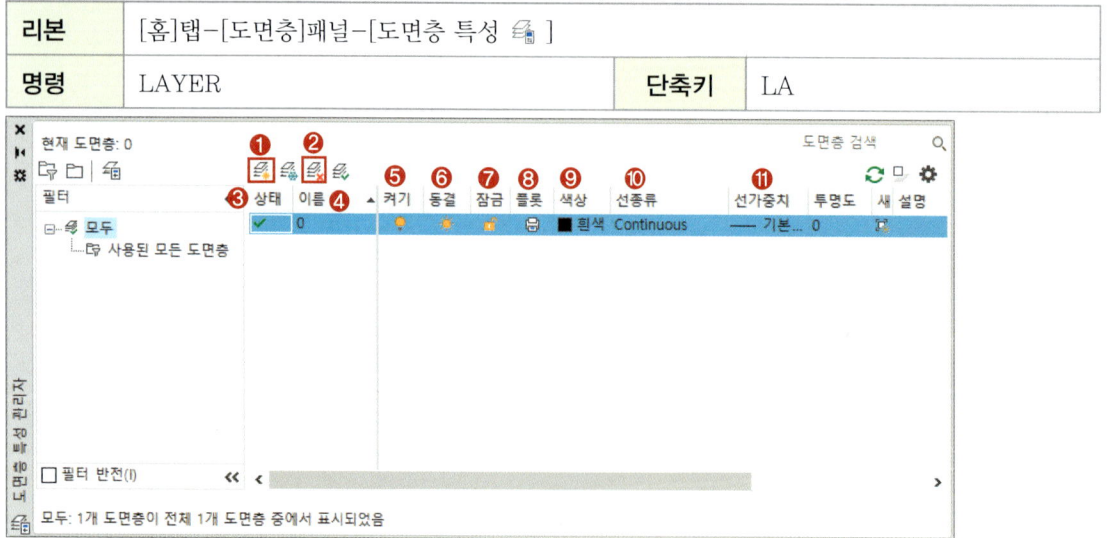

❶ **새 도면층** : 도면층을 새로 작성합니다.

❷ **도면층 삭제** : 선택한 도면층을 삭제합니다. 단, 객체가 그려진 도면층, 0도면층, Defpoints 도면층, 현재 도면층은 삭제가 안됩니다.

❸ **상태** : ✔은 현재 도면층, ▰ 은 도면층에 객체가 있는 것, ▱ 은 도면층에 객체가 없는 상태입니다.

❹ **이름** : 도면층의 이름을 입력합니다.

❺ **켜기** : 선택한 도면층을 켜기/끄기 합니다. 끄기 상태면 객체는 안보여 인쇄는 안되지만 객체 선택은 됩니다. 현재 도면층을 끄기하면 확인 메시지가 표시됩니다.

❻ **동결** : 선택한 도면층을 동결/동결해제 합니다. 동결 상태면 객체도 안보이고 인쇄 및 객체 선택도 안됩니다. 또한, 현재 도면층은 동결이 안됩니다.

❼ **잠금** : 선택한 도면층을 잠금합니다. 잠금이 되면 객체 선택은 되지만 편집이 안됩니다.

❽ **플롯** : 도면층상의 객체 인쇄 유무를 지정합니다.

❾ **색상** : 도면층 색상을 지정합니다.

❿ **선종류** : 도면층 선종류를 지정합니다.

⓫ **선가중치** : 선 두께를 지정합니다.

◀ 여기서 잠깐 ▶

- Defpoints 도면층은 치수를 작성하면 자동으로 생성되는 도면층으로 인쇄는 안됩니다.
- 첫 번째 도면층 이름 입력이 끝나고 다시 두 번째 도면층을 만들 때 Enter 를 누르면 연속해서 도면층을 만들 수 있어 편리합니다. 또한, 선택한 도면층이 그대로 복사되어 작성되므로 새 도면층을 작성할 때는 가장 설정이 유사한 도면층을 선택 후 [새 도면층 ✎]을 클릭합니다.

아래 표를 참조하여 도면층 특성을 작성해 봅니다.

도면층 이름	색상	선종류	선형태	선의 용도
외형선	흰색	Continuous	굵은 실선	대상물이 보이는 부분 표시
중심선	빨간색	Center	가는 1점 쇄선	도형의 중심선을 표시
치수선	빨간색	Continuous	가는 실선	치수를 기입
문자	흰색	Continuous	가는 실선	문자를 기입
숨은선	노란색	Hidden	가는 파선 또는 굵은 파선	대상물이 보이지 않는 부분 표시
해치	하늘색	Continuous	가는 실선	단면도 절단된 부분, 마감 등 패턴 표시

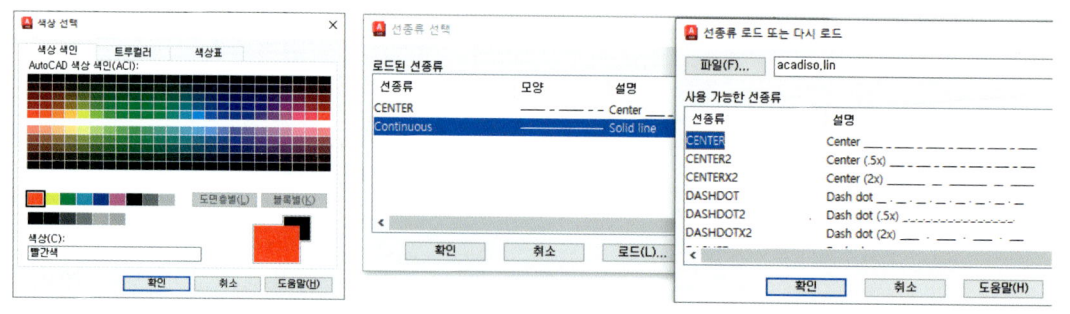

❶ 도면층 특성 관리자 팔레트에서 [새 도면층]을 클릭
❷ 새 도면층에 "외형선"을 입력하고 Enter 를 눌러 확정 후 다시 Enter 를 눌러 새 도면층을 만들어 "중심선"을 입력
❸ 반복 실행하여 도면층을 모두 작성
❹ "중심선"도면층을 선택하고 색상 흰색 버튼을 클릭하여 빨간색으로 지정
❺ 선종류 Continuous 를 클릭한 후 [로드]를 눌러 CENTER 선종류를 선택, 로드된 CENTER 선종류를 다시 선택하여 지정
❻ 나머지 도면층의 색상과 선종류도 설정하여 도면층 작성

◀ 여기서 잠깐 ▶

선종류는 기하학적 객체에 지정되는 시각적 특성으로 대시, 점, 문자 및 기호 패턴, 연속선으로 구성됩니다. 객체를 선택하지 않으면 [홈]탭-[특성]패널에서 현재 선종류를 확인할 수 있으며 Bylayer 선종류는 현재 도면층에 지정된 선종류를 사용하여 객체를 표시합니다.

7 팔레트

캐드에는 도면층 특성 관리자, 특성, 디자인센터, 도구, 활동 정보 등 여러 팔레트가 표시됩니다. 화면 가장자리에 고정시킬 수 있으며 앵커 기능으로 좌,우측에 바 형식으로 고정시켜 마우스를 올려놓았을 때 팔레트가 나타내게 할 수도 있습니다. 활동 정보 팔레트는 2024버전에 새로 생긴 팔레트로 도면과 관련하여 작업한 내용을 추적합니다.

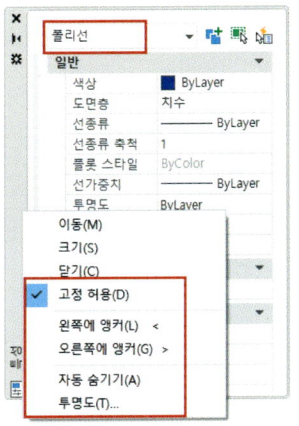
❶ 특성 팔레트

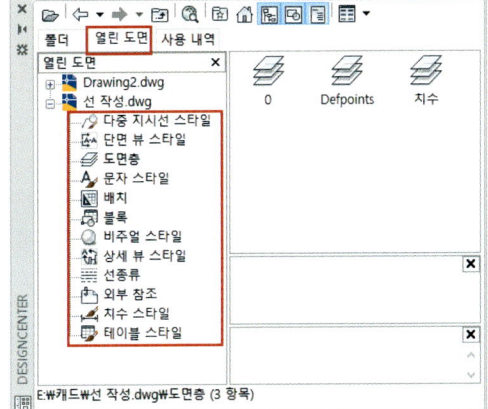
❷ 디자인센터

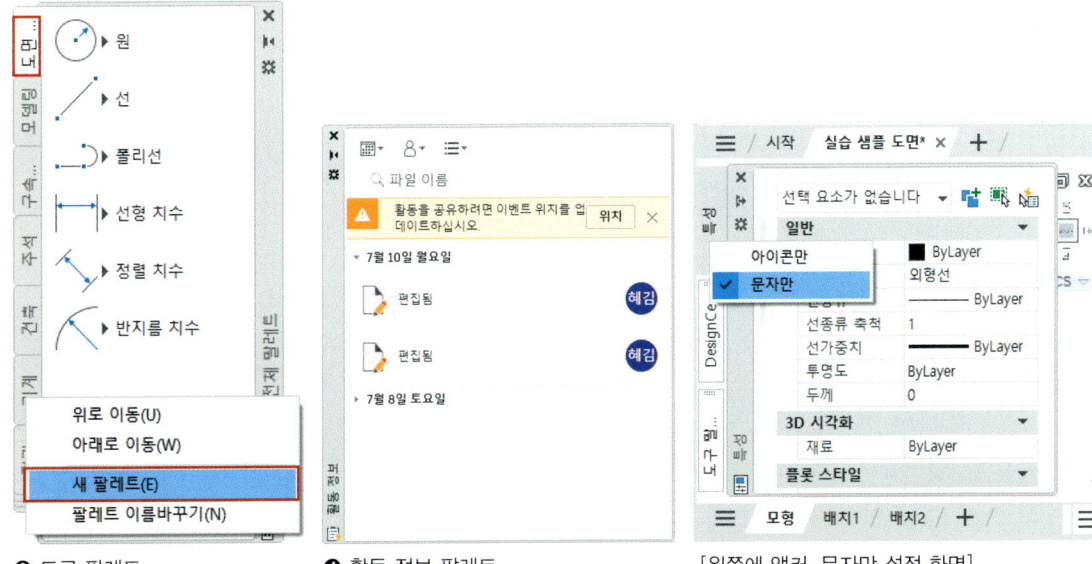

❸ 도구 팔레트   ❹ 활동 정보 팔레트   [왼쪽에 앵커-문자만 설정 화면]

❶ 특성 팔레트(Ctrl +1) : 도면의 현재 설정을 표시하고 객체 특성을 편집할 수 있습니다.

❷ 디자인센터(Ctrl +2) : [열린 도면]탭을 클릭하여 도면층, 문자 스타일, 치수 스타일 등을 다른 도면으로 Drag&Drop하여 사용할 수 있습니다.

❸ 도구 팔레트(Ctrl +3) : 새 팔레트를 생성하여 자주 사용하는 명령을 모아놓을 수 있습니다.

❹ 활동 정보 팔레트 : [뷰]탭-[사용내역]패널-[활동 정보]를 클릭하며 현재 도면에 대한 이벤트를 볼 수 있습니다.

◀ 단원별 HINT ▶

6강_ https://cafe.naver.com/answerbook/5566

1. 확장된 메뉴를 고정하고 필요한 리본 탭과 패널만 표시하기

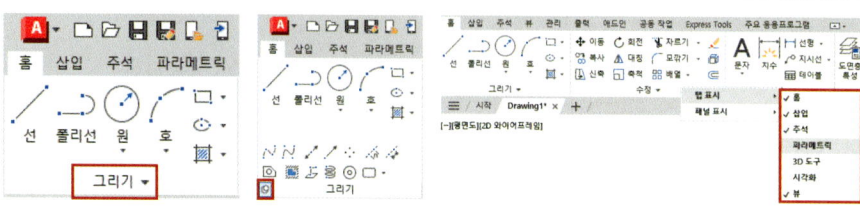

❶ [그리기▼]클릭-좌측의 핀모양을 체크하여 확장 메뉴를 고정
❷ 리본 위에 마우스 우클릭 [탭 표시] 또는 [패널 표시]에서 보고자 하는 항목에만 체크

2. 환경에 현재 폴더 추가로 빠르게 파일을 찾아서 열기

자주 사용하는 작업 폴더를 즐겨찾기처럼 등록하고 제거해 봅니다.

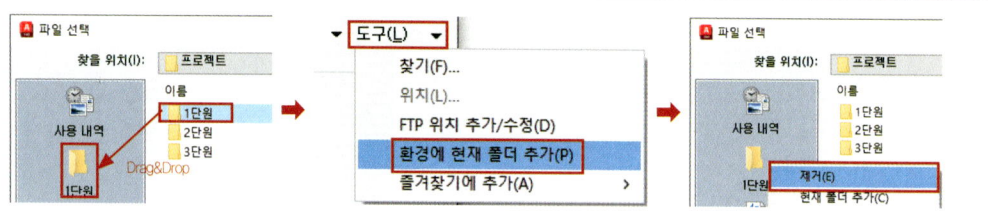

❶ 열기 📂 를 클릭하고 등록하고 싶은 폴더를 찾아 왼쪽 환경에 Drag&Drop 또는 [도구]-[환경에 현재 폴더 추가]를 클릭
❷ 해당 폴더를 우클릭, 메뉴에서 [제거]를 클릭하여 환경에서 삭제

3. 자주 쓰는 아이콘을 신속 접근 도구막대에 추가하기

❶ [주석]탭-[치수]패널-[빠른 작업]과 [공간조정] 선택 후 마우스 우클릭 메뉴에서 [신속 접근 도구막대에 추가]를 선택
❷ 신속 접근 도구막대에서 아이콘을 삭제할 때는 [신속 접근 도구막대에서 제거]를 클릭

※빠른 작업은 여러 객체를 선택 후 한 번에 치수를 기입할 때 편리하고 공간조정은 치수를 같은 간격으로 배치할 때 주로 사용합니다. 2.4-5 치수(DIM) 작성과 편집하기 참조합니다.

4. 화면이 3차원 뷰로 보일 때 2차원 평면 뷰로 바꾸기

휠마우스로 작업하다 보면 나도 모르게 Shift 와 마우스 휠을 누른 채로 움직여 뷰가 3차원이 될 경우가 있습니다. 이럴 경우엔 아래 3가지 방법 중에서 선택하여 실행합니다.

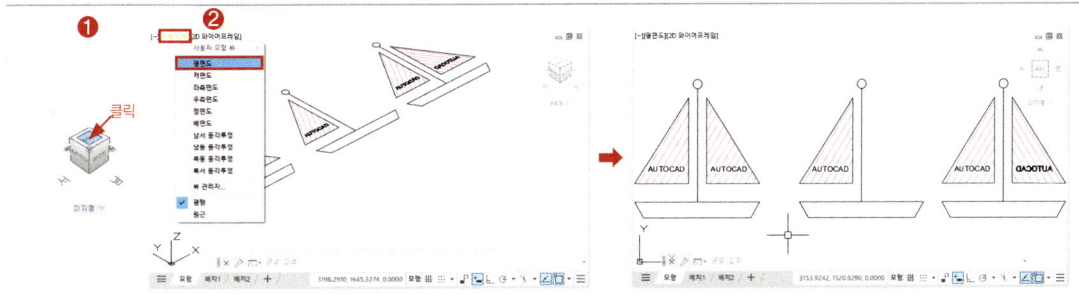

❶ 뷰큐브의 평면도를 클릭
❷ 화면 왼쪽 상단의 뷰포트 컨트롤에서 [사용자 뷰]를 클릭해 [평면도]로 선택
❸ 명령행에 "PLAN"을 입력 후 [현재 UCS]로 실행

Ⅱ
도면 작성하기

2.1_ 좌표계 종류

2.2_ 그리기 명령

2.3_ 편집 명령

2.4_ 문자, 치수 지시선, 필드 작성

2.5_ 블록 작성 및 편집

2.6_ 도면 정보 확인

2.1 좌표계 종류

학습목표 : 정확한 치수로 작도하기 위하여 좌표계의 종류를 파악하고 이를 활용할 수 있다.

▶ 7강_ https://cafe.naver.com/answerbook/5567

캐드에서는 상대좌표계를 주로 사용하며 현재 지점에서부터 거리값을 환산하여 작성됩니다.

❶ **절대좌표** : 원점(0,0)을 기준으로 X축과 Y축 값을 입력하여 객체를 생성합니다.
❷ **상대좌표** : 동적입력 F12 이 켜진 상태이며 현재 지점에서부터 거리를 계산하여 객체를 작성합니다. 동적 입력 F12 이 꺼진 상태는 거리값 앞에 @를 표시하여 값을 입력해야 상대좌표가 됩니다.
❸ **극좌표** : 거리와 각도(◇)로 점을 지정하고 절대극좌표, 상대극좌표로 나뉘며 각도 기본 설정은 반시계방향으로 측정합니다.

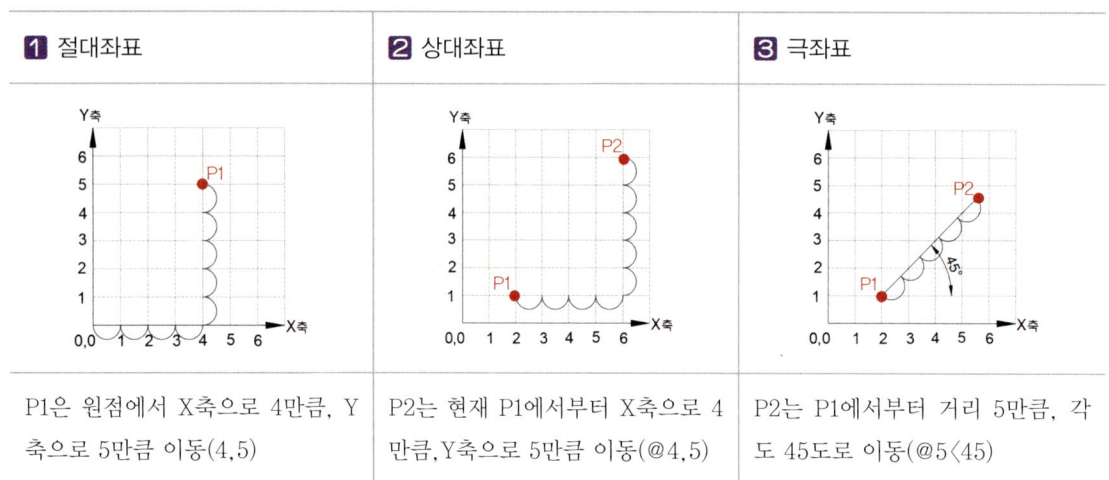

❶ 절대좌표	❷ 상대좌표	❸ 극좌표
P1은 원점에서 X축으로 4만큼, Y축으로 5만큼 이동(4,5)	P2는 현재 P1에서부터 X축으로 4만큼, Y축으로 5만큼 이동(@4,5)	P2는 P1에서부터 거리 5만큼, 각도 45도로 이동(@5〈45)

2.2 그리기 명령

학습목표 : 도형작도 명령을 이용하여 여러 가지 도면요소들을 작도할 수 있다.

1 선 작성하기 (LINE)

선은 도면에서 가장 기본적이고 자주 사용되는 객체입니다.

리본	[홈]탭-[그리기]패널-[선 /]		
명령	LINE	단축키	L

1 직교모드 F8 을 이용한 수직선, 수평선 작성

❶ 명령: L Space Bar
❷ P1(시작점) 좌클릭, F8 켜기
❸ 마우스 오른쪽 이동 후 3 Space Bar , 마우스 위로 이동 후 3 Space Bar
❹ Space Bar (명령 종료)

2 X,Y좌표값 입력으로 사선 작성

❶ 명령: L Space Bar
❷ P1(시작점) 좌클릭, F8 켜기
❸ 마우스 오른쪽 이동 후 3 Space Bar , F8 끄기
❹ 2,3 Space Bar (X축 2, Y축 3)
❺ Space Bar (명령 종료)

3 거리&각도값 입력으로 사선 작성

❶ 명령: L Space Bar
❷ P1(시작점) 좌클릭, F8 켜기
❸ 마우스 오른쪽 이동 후 3 Space Bar , F8 끄기
❹ 3 Tab 45 Enter (거리3, 각도45)
❺ Space Bar (명령 종료)

◀ 여기서 잠깐 ▶

X,Y 좌표값을 입력하는 방법은 첫 번째 점을 원점으로 계산하여 수평 방향을 X축, 수직 방향을 Y축으로 위치를 지정합니다.

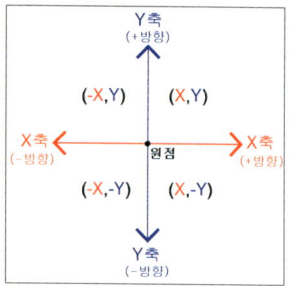

극좌표 추적 F10 은 지정한 각도로 선을 그릴 수 있도록 자동으로 인식해 주는 기능입니다.

마우스 커서를 지정한 각도로 이동하면 정렬 경로(녹색 점선)가 보이고 거리값만 입력하고 Enter 를 누르면 선이 작성됩니다.

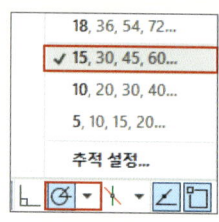 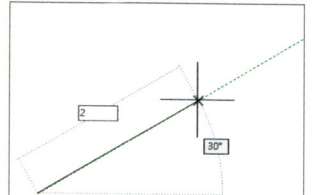

연습도면 1

선, 치수 작성(선형, 정렬, 각도)

▶ 8강_ https://cafe.naver.com/answerbook/5568

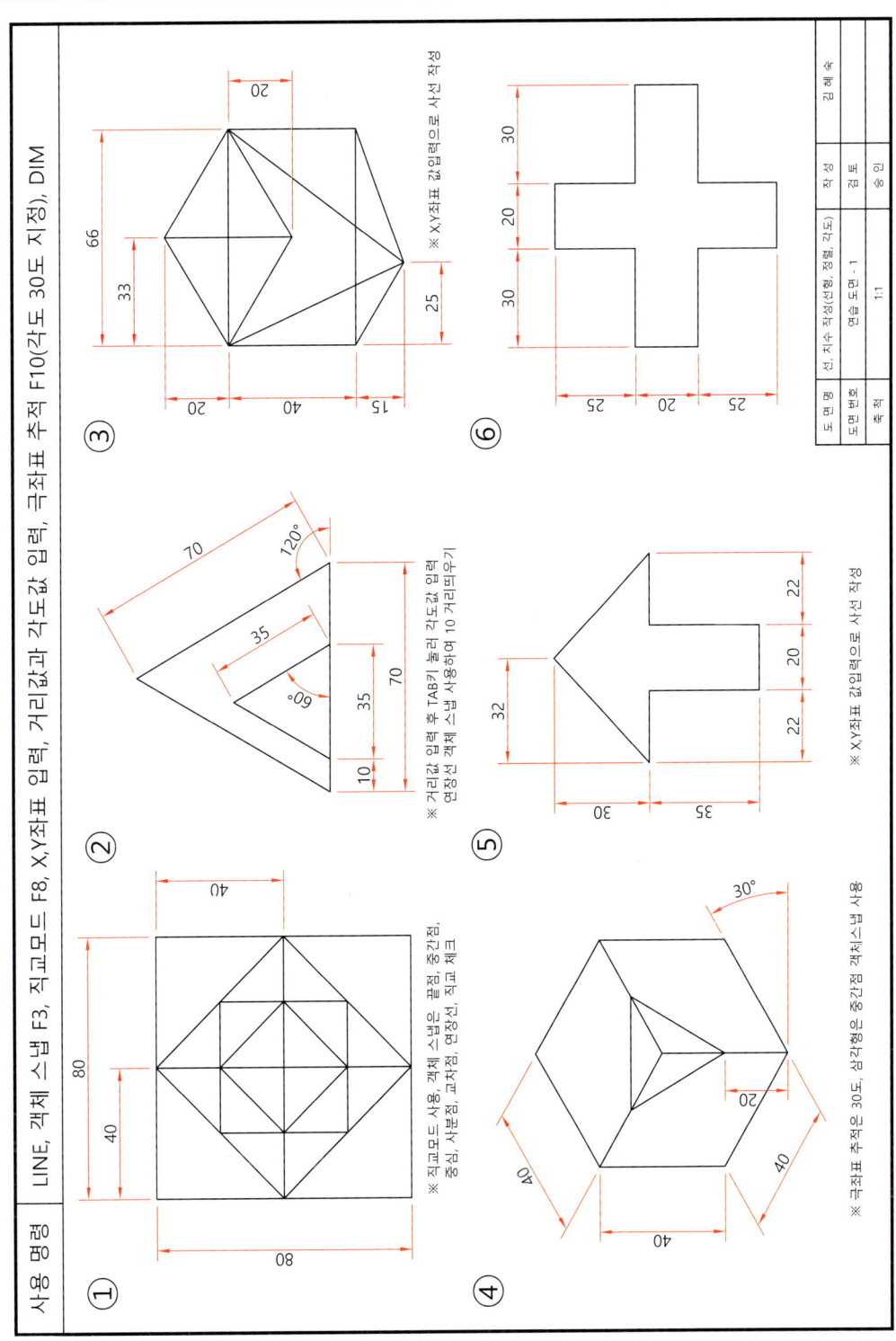

연습도면 2

선, 치수 작성(선형, 정렬, 각도)

▶ 9강_ https://cafe.naver.com/answerbook/5569

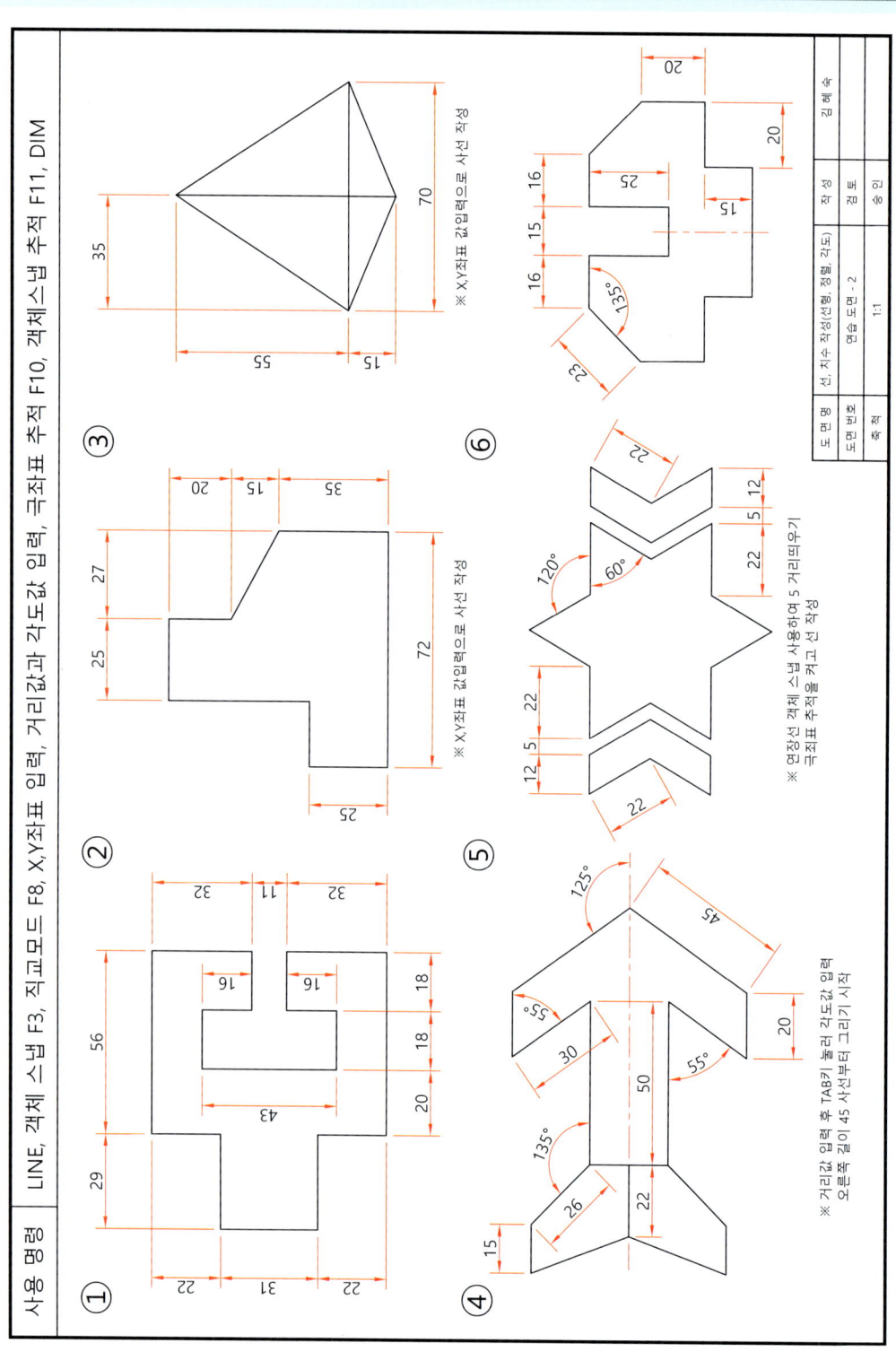

2 원 작성하기 (CIRCLE)

▶ 10강_ https://cafe.naver.com/answerbook/5570

원은 중심점, 반지름, 지름, 원주의 점 및 다른 객체의 점을 조합해 작성합니다.

리본	[홈]탭-[그리기]패널-[원 ⊙]		
명령	CIRCLE	단축키	C

1 중심점, 반지름 옵션

① 명령: C Space Bar
② P1(원의 중심점) 좌클릭
③ 5 Space Bar (반지름값)

2 중심점, 지름 옵션

① 명령: C Space Bar
② P1(원의 중심점) 좌클릭
③ D Space Bar (지름)
④ 10 Space Bar (지름값)

3 2점 옵션

① 명령: C Space Bar
② 2P Space Bar (2점)
③ P1(선의 중간점) 좌클릭
④ P2(선의 중간점) 좌클릭

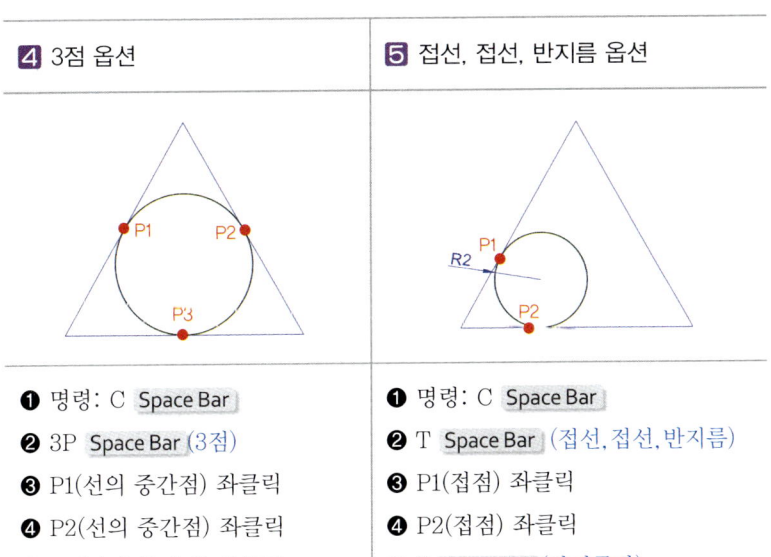

4 3점 옵션

① 명령: C Space Bar
② 3P Space Bar (3점)
③ P1(선의 중간점) 좌클릭
④ P2(선의 중간점) 좌클릭
⑤ P3(선의 중간점) 좌클릭

5 접선, 접선, 반지름 옵션

① 명령: C Space Bar
② T Space Bar (접선,접선,반지름)
③ P1(접점) 좌클릭
④ P2(접점) 좌클릭
⑤ 2 Space Bar (반지름값)

3 호 작성하기 (ARC)

호는 기본적으로 시계 반대방향으로 그려집니다.

리본	[홈]탭-[그리기]패널-[호]		
명령	ARC	단축키	A

1 3점 옵션

2 시작점, 끝점, 반지름 옵션(반시계 방향)

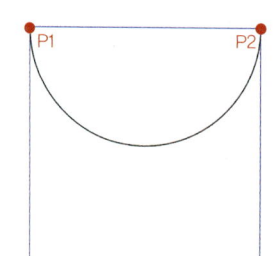
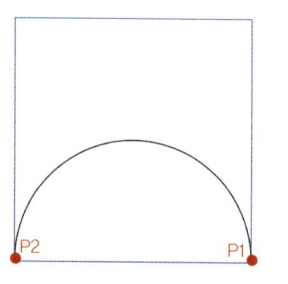

1 3점 옵션
- ❶ 명령: A Space Bar
- ❷ P1(호의 시작점) 좌클릭
- ❸ P2(두 번째 점) 좌클릭
- ❹ P3(끝점) 좌클릭

2 시작점, 끝점, 반지름 옵션 (가운데 그림)
- ❶ 명령: A Space Bar
- ❷ P1(호의 시작점) 좌클릭
- ❸ E Space Bar (끝점)
- ❹ P2(호의 끝점) 좌클릭
- ❺ R Space Bar (반지름)
- ❻ 5 Space Bar (반지름값)

2 시작점, 끝점, 반지름 옵션 (오른쪽 그림)
- ❶ 명령: A Space Bar
- ❷ P1(호의 시작점) 좌클릭
- ❸ E Space Bar (끝점)
- ❹ P2(호의 끝점) 좌클릭
- ❺ R Space Bar (반지름)
- ❻ 5 Space Bar (반지름값)

◀ 여기서 잠깐 ▶

명령을 선택하지 않은 상태에서 Enter 를 누르면 마지막에 사용한 명령이 반복되지만 원은 무조건 〈중심점, 반지름〉 옵션이, 호는 〈3점〉옵션이 실행되므로 다른 명령 옵션을 사용하려면 리본에서 해당 명령을 선택하거나 명령행에서 다른 옵션을 실행해야 합니다.

연습도면 3

원, 호, 치수 작성(반지름, 지름)   11강_ https://cafe.naver.com/answerbook/5571

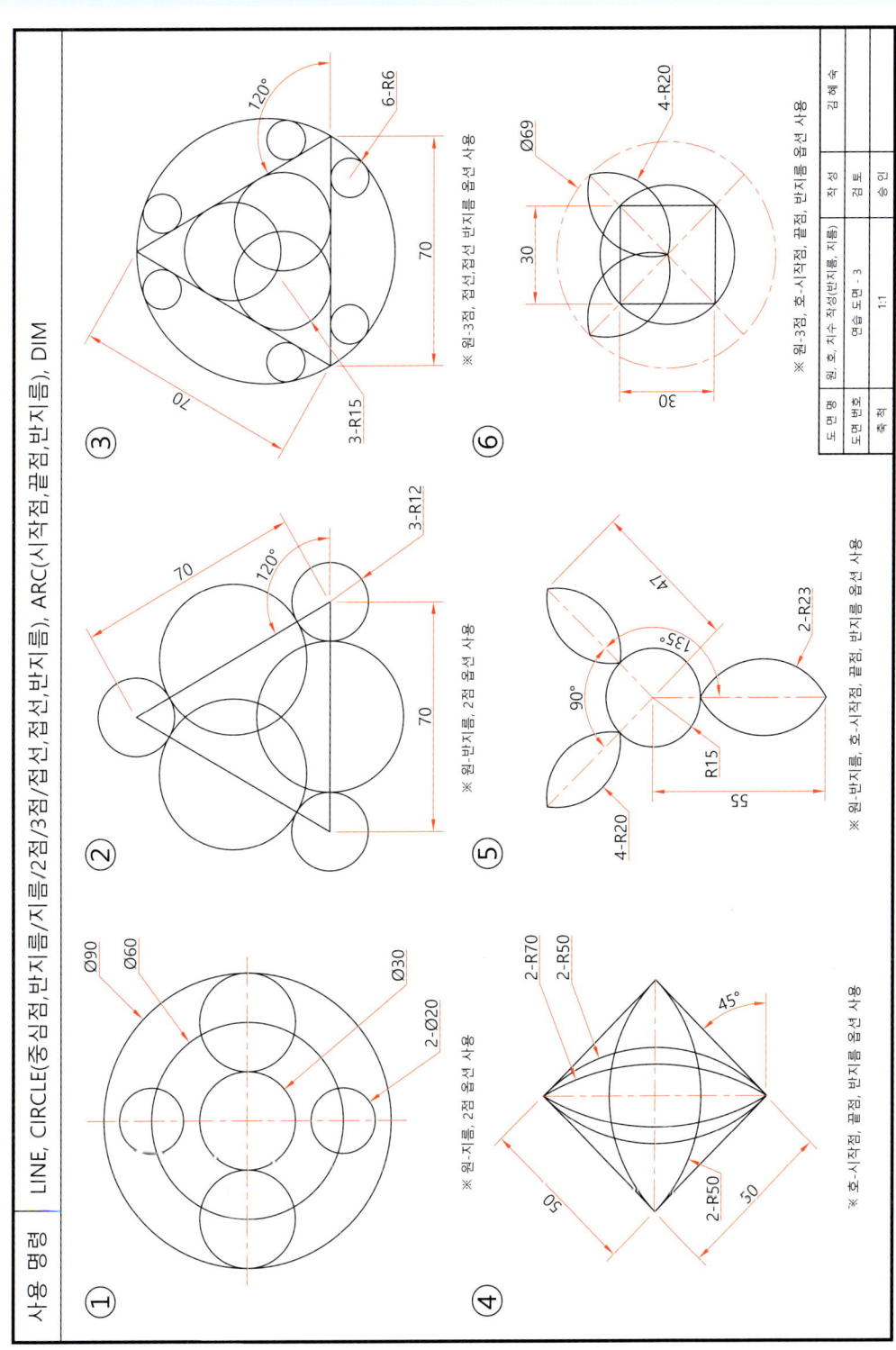

4 폴리선 작성과 편집하기 (POLYLINE, PEDIT)

▶ 12강_ https://cafe.naver.com/answerbook/5572

폴리선은 단일 객체의 연결된 선으로 직선과 호를 같이 작성할 수 있습니다. 선을 폴리선으로 전환하려면 폴리선 편집(PEDIT)명령을 사용합니다.

리본	[홈]탭-[그리기]패널-[폴리선 ↺], [홈]탭-[수정]패널-▼확장메뉴-[폴리선 편집 ✎]		
명령	PLINE(폴리선)/PEDIT(폴리선 편집)	단축키	PL(폴리선)/PE(폴리선 편집)

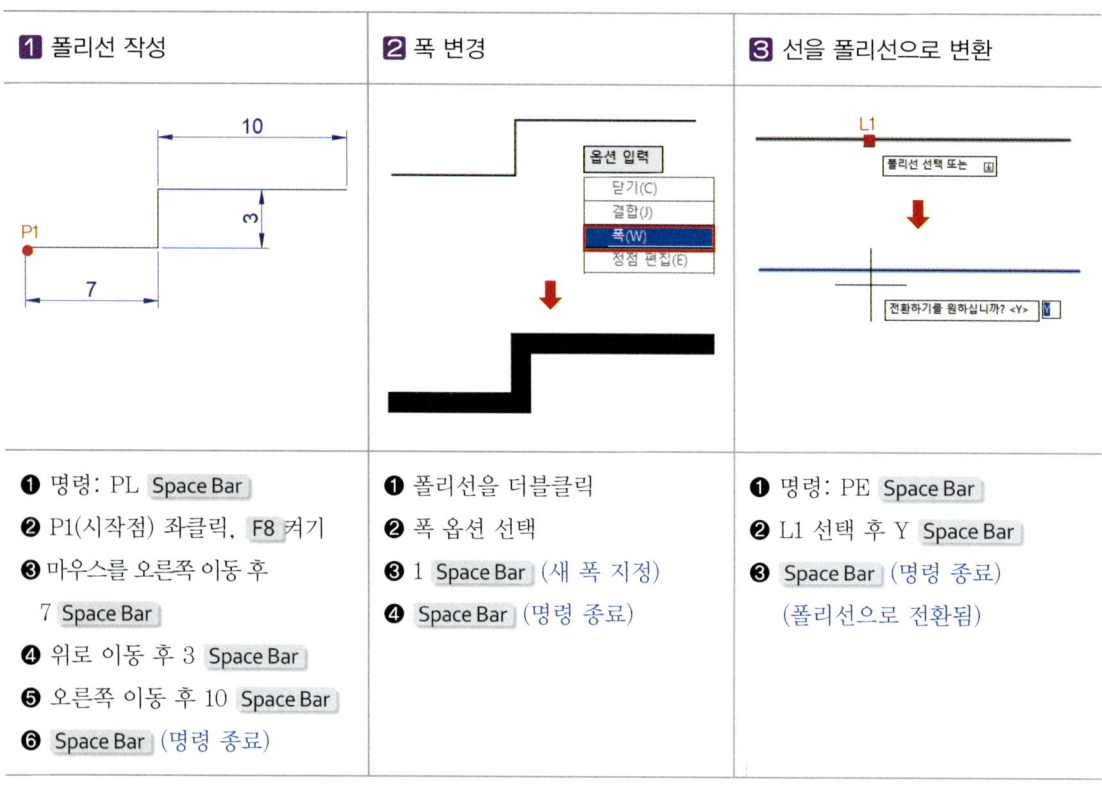

1 폴리선 작성
① 명령: PL `Space Bar`
② P1(시작점) 좌클릭, `F8` 켜기
③ 마우스를 오른쪽 이동 후
   7 `Space Bar`
④ 위로 이동 후 3 `Space Bar`
⑤ 오른쪽 이동 후 10 `Space Bar`
⑥ `Space Bar` (명령 종료)

2 폭 변경
① 폴리선을 더블클릭
② 폭 옵션 선택
③ 1 `Space Bar` (새 폭 지정)
④ `Space Bar` (명령 종료)

3 선을 폴리선으로 변환
① 명령: PE `Space Bar`
② L1 선택 후 Y `Space Bar`
③ `Space Bar` (명령 종료)
   (폴리선으로 전환됨)

◀ 여기서 잠깐 ▶

폴리선의 폭옵션을 사용하면 화살표를 작성할 수 있습니다

① 명령: PL `Space Bar`
② 시작점 클릭 후 W `Space Bar`
③ 5 `Space Bar` `Space Bar`
   (시작폭과 끝폭을 5로 지정)
④ `F8` 켠 후 30 `Space Bar` (길이 30으로 작성)
⑤ W `Space Bar`
⑥ 10 `Space Bar` (시작폭 10지정)
⑦ 0 `Space Bar` (끝폭 0지정)
⑧ 25 `Space Bar` `Space Bar` (길이 25로 작성)

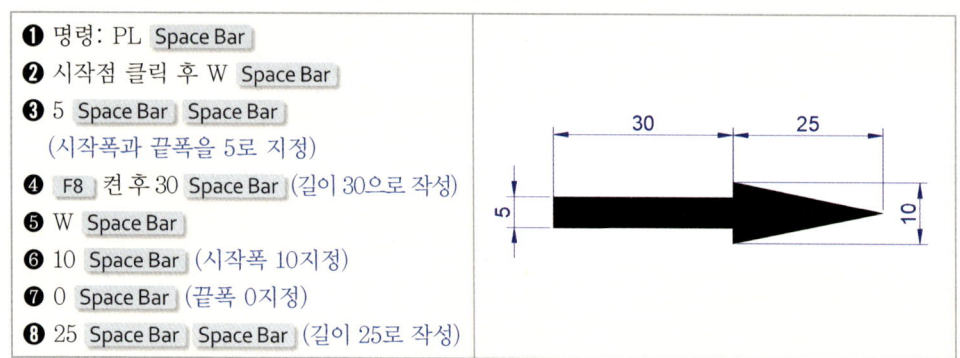

5 직사각형 작성하기 (RECTANG)

직사각형 명령으로 그린 선은 폴리선이 됩니다.

리본	[홈]탭-[그리기]패널-[직사각형 ▢]		
명령	RECTANG	단축키	REC

1 X,Y좌표값 입력으로 작성

❶ 명령: REC `Space Bar`
❷ P1(시작점) 좌클릭
❸ 5,4 `Space Bar`

2 모깎기 옵션

❶ 명령: REC `Space Bar`
❷ F `Space Bar` (모깎기)
❸ 1 `Space Bar` (반지름값)
❹ P1(시작점) 좌클릭
❺ 5,4 `Space Bar`

3 모따기 옵션

❶ 명령: REC `Space Bar`
❷ C `Space Bar` (모따기)
❸ 2 `Space Bar` (첫 번째 거리값)
❹ 2 `Space Bar` (두 번째 거리값)
❺ P1(시작점) 좌클릭
❻ 5,5 `Space Bar`

4 치수 옵션

❶ 명령: REC `Space Bar`
❷ P1(시작점) 좌클릭
❸ D `Space Bar` (치수)
❹ 5 `Space Bar` (길이값)
❺ 4 `Space Bar` (폭값)
❻ P2(다른 구석점) 좌클릭

5 폭 옵션

❶ 명령: REC `Space Bar`
❷ W `Space Bar` (폭)
❸ 0.1 `Space Bar` (폭 지정)
❹ P1(시작점) 좌클릭
❺ 5,4 `Space Bar`

추가: 마우스 이동 방식 (2번째 그림)

❶ 명령: REC `Space Bar`
❷ P1(시작점) 좌클릭
❸ 마우스를 왼쪽 아래로 이동 후
   3 `Tab` 2 `Enter`

◀ 여기서 잠깐 ▶

직사각형 작성에서 주의할 점은 일부 옵션을 실행하면 설정값이 그대로 남아있기 때문에 기본값 0으로 되돌린 후에 작성을 해야 합니다.

6 다각형 작성하기 (POLYGON) ▶ 13강_ https://cafe.naver.com/answerbook/5573

닫힌 등변 폴리선을 작성합니다. 변의 수는 3~1024까지 지정 가능합니다.

리본	[홈]탭-[그리기]패널-[폴리곤 ⬡]		
명령	POLYGON	단축키	POL

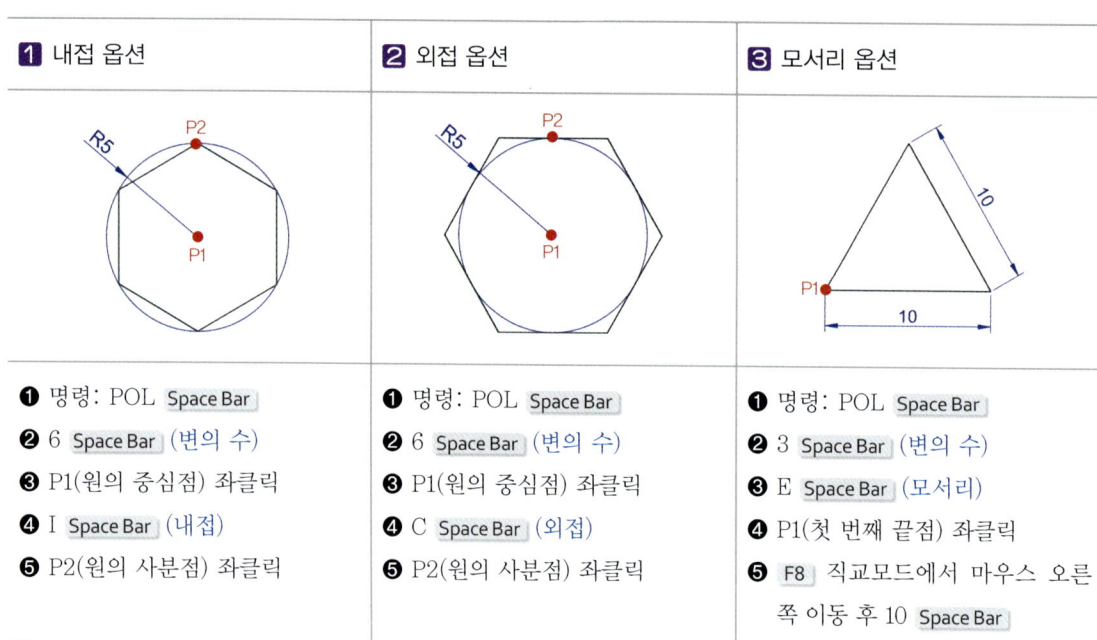

1 내접 옵션
- ❶ 명령: POL `Space Bar`
- ❷ 6 `Space Bar` (변의 수)
- ❸ P1(원의 중심점) 좌클릭
- ❹ I `Space Bar` (내접)
- ❺ P2(원의 사분점) 좌클릭

2 외접 옵션
- ❶ 명령: POL `Space Bar`
- ❷ 6 `Space Bar` (변의 수)
- ❸ P1(원의 중심점) 좌클릭
- ❹ C `Space Bar` (외접)
- ❺ P2(원의 사분점) 좌클릭

3 모서리 옵션
- ❶ 명령: POL `Space Bar`
- ❷ 3 `Space Bar` (변의 수)
- ❸ E `Space Bar` (모서리)
- ❹ P1(첫 번째 끝점) 좌클릭
- ❺ `F8` 직교모드에서 마우스 오른쪽 이동 후 10 `Space Bar`

7 스플라인 작성과 곡선 혼합하기 (SPLINE, BLEND)

스플라인은 조정 정점 또는 맞춤점을 이용하여 부드러운 곡선을 작성하고 곡선 혼합은 선택한 두 선이나 곡선 사이의 간격에 스플라인을 작성합니다.

리본	[홈]탭-[그리기]패널-▼확장메뉴-[스플라인 맞춤 ⁓][스플라인 CV ⁓], [홈]탭-[수정]패널-[곡선 혼합 ⁓]		
명령	SPLINE(스플라인)/BLEND(곡선 혼합)	단축키	SPL/없음

1 스플라인 맞춤

❶ 명령: SPL `Space Bar`
❷ M `Space Bar` (방법)
❸ F `Space Bar` (맞춤)
❹ P1~P5 좌클릭 후 `Space Bar`

※스플라인 선택 후 그립점을 이용하면 편집이 가능합니다.

2 스플라인 CV

❶ 명령: SPL `Space Bar`
❷ M `Space Bar` (방법)
❸ C `Space Bar` (CV)
❹ P1~P5 좌클릭 후 `Space Bar`

※ 스플라인 선택 후 정점을 이용하면 편집이 가능합니다.

3 곡선 혼합

❶ 명령: BLEND `Space Bar`
❷ L1 좌클릭
❸ L2 좌클릭

※지정된 연속성에 따라 스플라인 모양은 달라집니다.

연습도면 4
폴리선, 직사각형 작성

▶ 14강_ https://cafe.naver.com/answerbook/5574

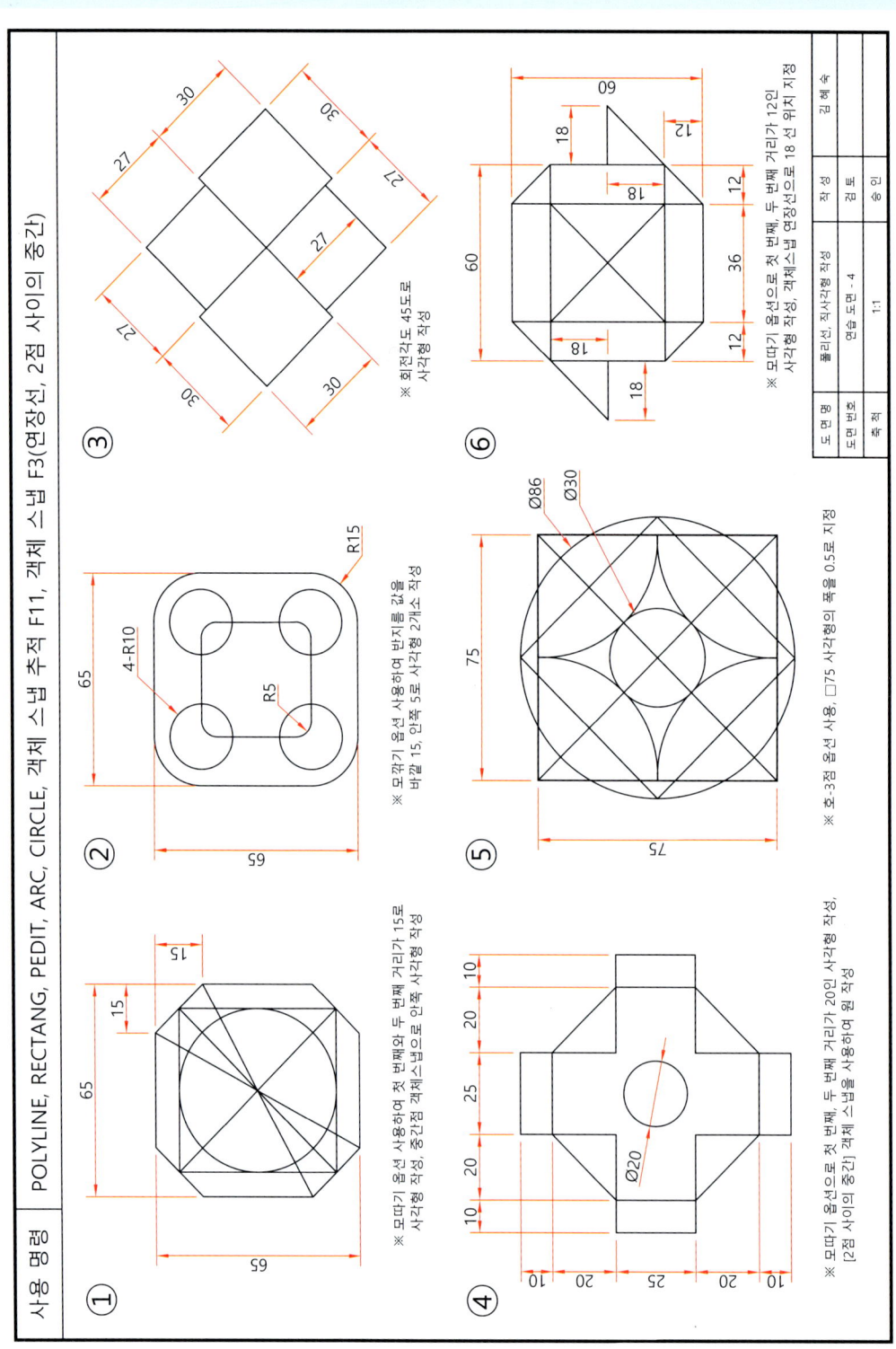

연습도면 5
다각형 작성

15강_ https://cafe.naver.com/answerbook/5575

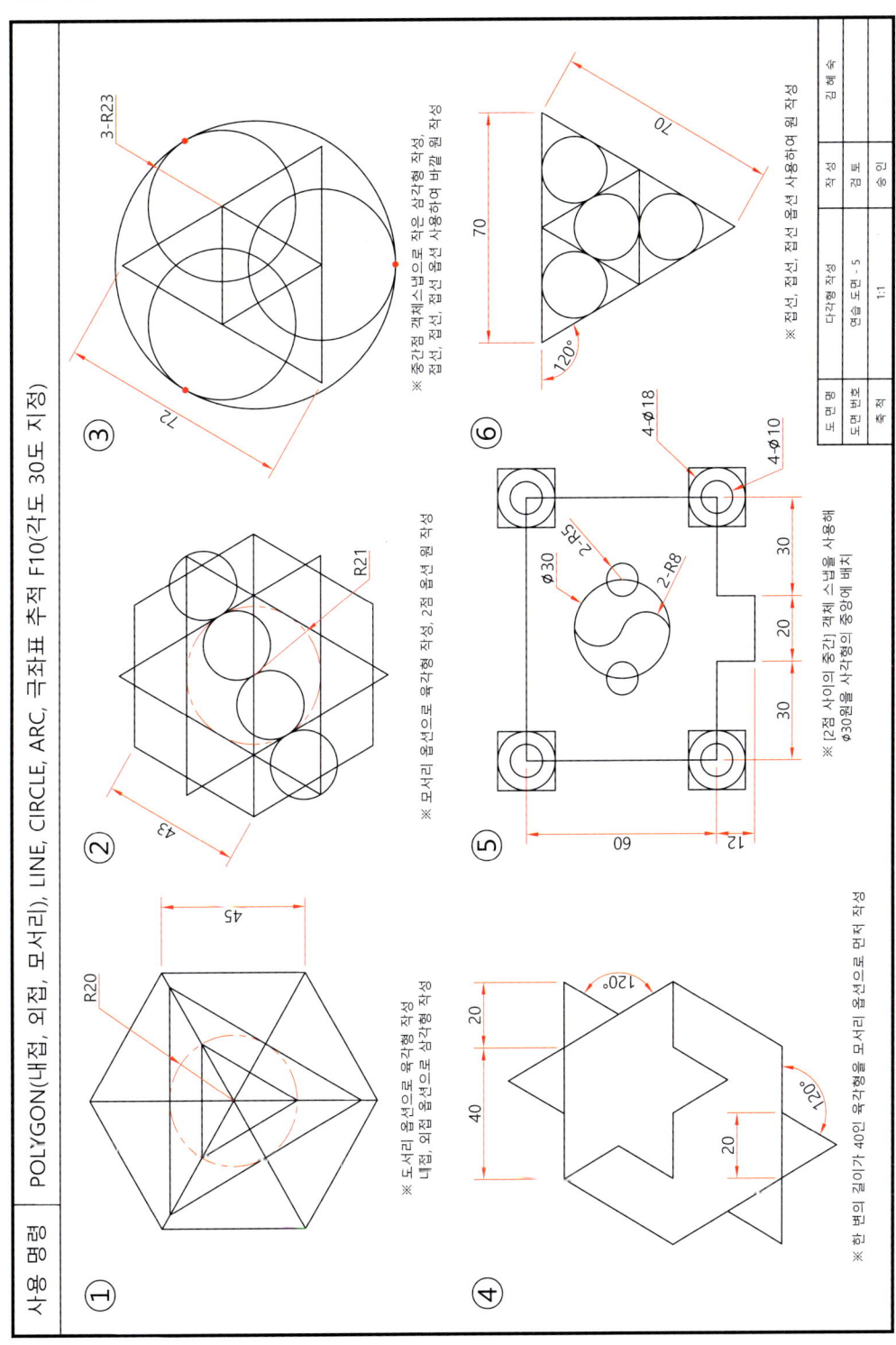

8 타원 작성하기 (ELLIPSE)

▶ 16강_ https://cafe.naver.com/answerbook/5576

해당 길이와 폭을 갖는 두 축(장축과 단축)에 의해 결정됩니다.

리본	[홈]탭-[그리기]패널-[타원 중심점 ⊙ , 축끝점 ⊙]		
명령	ELLIPSE	단축키	EL

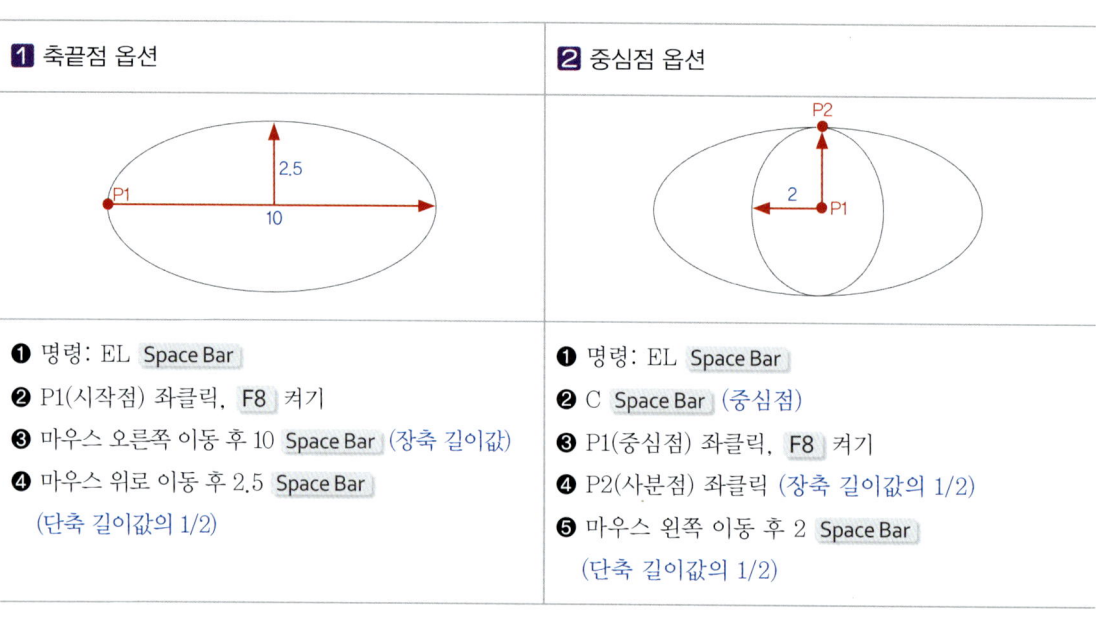

9 해치 작성하기 (HATCH)

패턴, 솔리드, 그라데이션을 작성합니다. 해치 명령을 실행하면 [해치 작성]상황별 탭이 보입니다. 경계 선택, 패턴 유형, 색상, 축척, 투명도, 각도, 원점 등을 설정합니다.

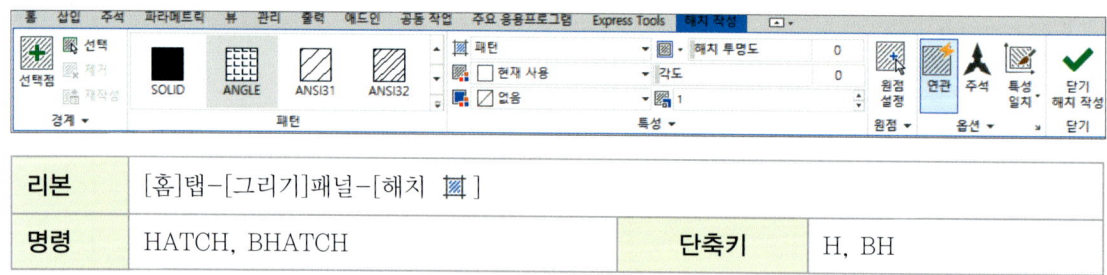

리본	[홈]탭-[그리기]패널-[해치 ▨]		
명령	HATCH, BHATCH	단축키	H, BH

① 해치 작성	② 원점 재설정 해치 작성	③ 개별 해치
❶ 명령: H Space Bar ❷ 패턴에서 ANSI31 선택 ❸ 색상을 선홍색으로 선택 ❹ 해치 축척을 0.5로 설정 ❺ 해치할 내부 점(P1~P5) 클릭 후 Space Bar	❶ 명령: H Space Bar ❷ 패턴에서 AR-BB16 선택 ❸ 해치 축척을 0.01로 설정 ❹ 해치할 내부 점(P1) 클릭 ❺ 원점설정 클릭하여 왼쪽 하단 지점(P2) 클릭 후 Space Bar (P2를 기준으로 재배치됨)	❶ 편집할 해치 선택 ❷ 옵션 확장하여 [개별 해치] 선택 ❸ Esc (선택된 객체 해제) ※해치를 한번 분리하면 원래의 단일 해체 객체로 복원은 할 수 없습니다.

10 도넛 작성하기 (DONUT)

도넛은 채워진 링 또는 솔리드-채움 원으로 폭을 가진 닫힌 폴리선입니다. 솔리드-채움 원을 작성하려면 내부 지름을 0으로 지정합니다.

리본	[홈]탭-[그리기]패널-▼확장메뉴-[도넛 ◉]		
명령	DONUT	단축키	DO

① 내부 지름이 없는 경우	② 내부 지름이 있는 경우
❶ 명령: DO Space Bar ❷ 0 Space Bar (내부 지름) ❸ 1 Space Bar (외부 지름) ❹ 도넛이 위치할 객체 끝점 클릭 후 Space Bar	❶ 명령: DO Space Bar ❷ 0.5 Space Bar (내부 지름) ❸ 1 Space Bar (외부 지름) ❹ 도넛이 위치할 객체 끝점 클릭 후 Space Bar

연습도면 6

타원, 해치, 도넛 작성

17강_ https://cafe.naver.com/answerbook/5577

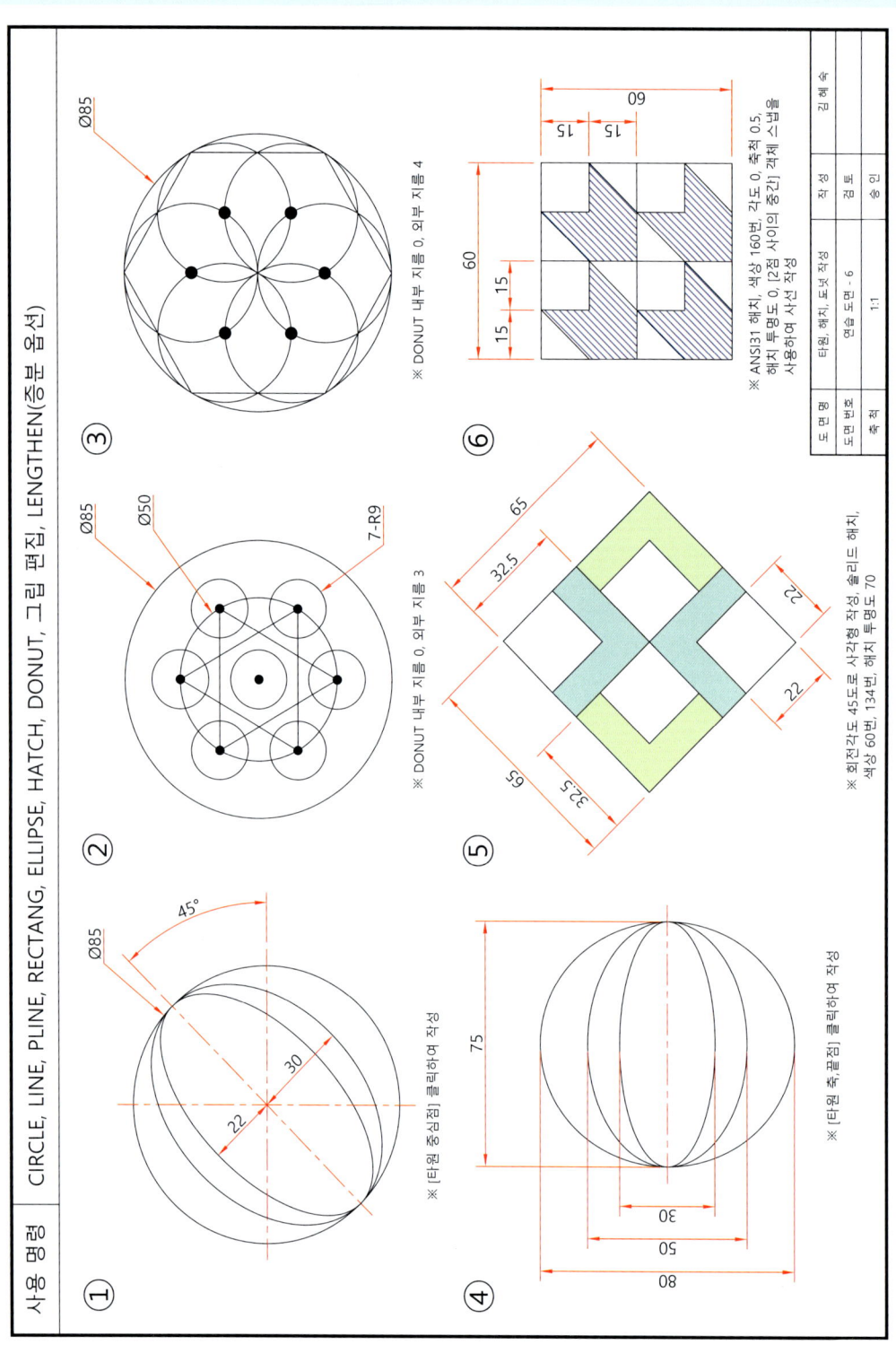

11 구름형 리비전 작성하기 (REVCLOUD)

▶ 18강_ https://cafe.naver.com/answerbook/5578

호로 구성된 구름 모양의 객체를 형성하는 닫힌 폴리선입니다. 도면에서 검토나 개정이 필요한 부분에 표식으로 사용합니다.

리본	[홈]탭-[그리기]패널-▼확장메뉴-[직사각형 구름형 리비전 □]		
명령	REVCLOUD	단축키	없음

1 직사각형 구름형 리비전	2 객체 변환 구름형 리비전	3 객체 변환 구름형 리비전
❶ 명령: REVCLOUD `Space Bar` ❷ R `Space Bar` (직사각형) ❸ A `Space Bar` (호의 현길이) ❹ 10 `Space Bar` (대략 길이지정) ❺ P1, P2 클릭 후 `Space Bar`	❶ 명령: REVCLOUD `Space Bar` ❷ `Space Bar` 〈객체(O)〉실행 ❸ 객체 선택 후 `Space Bar` 또는, 방향 반전 아니오 클릭	❶ 명령: REVCLOUD `Space Bar` ❷ S `Space Bar` (스타일) ❸ C `Space Bar` (캘리그래피) ❹ `Space Bar` 〈객체(O)〉실행 ❺ 객체 선택 후 `Space Bar` 또는, 방향 반전 아니오 클릭

12 등분할과 길이분할하기, 점스타일 변경하기 (DIVIDE, MEASURE, PTYPE)

등분할(DIVIDE)은 객체의 길이 또는 둘레를 따라 일정한 간격으로 점 객체 또는 블록을 작성합니다. 길이분할(MEASURE)은 객체를 따라 정해진 길이로 점 객체 또는 블록을 작성합니다.

리본	[홈]탭-[그리기]패널-▼확장메뉴-[등분할][길이분할] [홈]탭-[유틸리티]패널-▼확장메뉴-[점스타일]		
명령	DIVIDE(등분할)/MEASURE(길이분할)/PTYPE(점스타일)	단축키	DIV/ME/없음

1 점스타일 변경
① 명령: PTYPE
② 점스타일 변경 후 [확인]
※객체 스냅 중 [노드]를 선택해야 짐이 클릭됩니다.

2 등분할
① 명령: DIV `Space Bar`
② L1 선택 (등분할 객체)
③ 7 `Space Bar` (세그먼트 개수)
(선이 7등분 됨)

3 길이분할
① 명령: ME `Space Bar`
② L1 선택 (길이분할 객체)
③ 9 `Space Bar` (길이 지정)
(선이 9만큼 분할됨)

여기서 잠깐

점스타일의 크기는 화면에 상대적인 크기입니다. 점스타일이 좌측처럼 갑자기 크게 확대되어 보인다면 [REGEN]명령을 실행하여 점스타일의 크기를 현재 화면에 맞도록 조정합니다.
REGEN(단축키:RE)은 모든 객체의 위치 및 가시성을 다시 계산합니다.

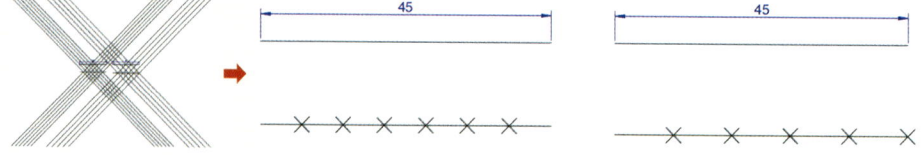

13 구성선과 여러 줄 작성하기 (XLINE, MLINE)

XLINE은 길이가 무한한 선을 작성하며 참조선을 작성할 때 유용합니다. MLINE은 평행선을 여러 개 작성하며 STANDARD 스타일 또는 새로 스타일을 만들어 작성합니다.

리본	[홈]탭-[그리기]패널-▼확장메뉴-[구성선 ✐][여러 줄은 리본에 없음]		
명령	XLINE(구성선)/MLINE(여러 줄)	단축키	XL(구성선)/ML(여러 줄)

1 구성선

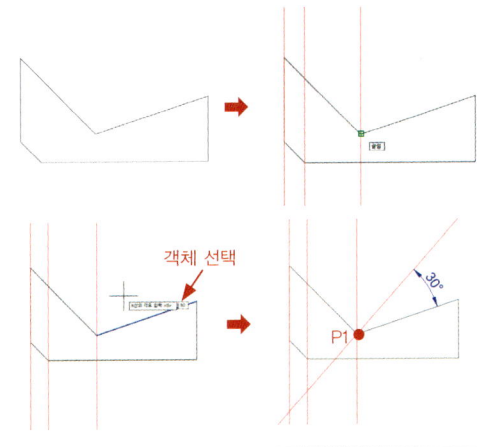

2 여러 줄

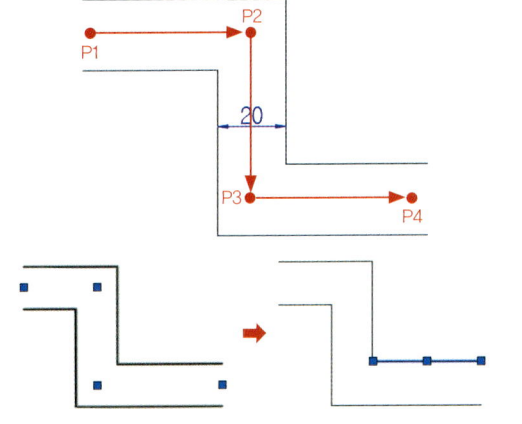

❶ 명령: XL `Space Bar`
❷ V `Space Bar` (수직)
❸ 통과점 클릭 후 `Space Bar`
❹ `Space Bar` (명령 반복)
❺ A `Space Bar` (각도)
❻ R `Space Bar` (참조)
❼ 참조할 선 선택 후 30 `Space Bar` (각도값)
❽ P1 통과점 클릭 후 `Space Bar` (명령 종료)

❶ 명령: ML `Space Bar`
❷ J `Space Bar` (자리맞추기)
❸ Z `Space Bar` (0)
❹ S `Space Bar` (축척)
❺ 20 `Space Bar` (축척값)
❻ 시작점(P1)부터 P4까지 클릭 후 `Space Bar`
❼ X `Space Bar` (여러 줄 선택하여 분해, 선으로 변환)

2.3 편집 명령

학습목표 : 도면요소를 선택하여 지우기, 대칭, 신축, 회전, 길이 조정 등 수정할 수 있다.
도면요소를 복사, 이동, 축척, 배열 등 편집하고 변환시킬 수 있다.

▶ 19강_ https://cafe.naver.com/answerbook/5579

1 객체 지우기 (ERASE)

객체를 선택하여 지웁니다.

리본	[홈]탭-[수정]패널-[지우기 ✎]		
명령	ERASE	단축키	E

1 PICK 선택 후 지우기

❶ 명령: E `Space Bar`
❷ 지울 객체 PICK 선택 후 `Space Bar`

2 영역 지정 후 지우기

❶ 명령: E `Space Bar`
❷ 지울 객체 범위 지정 후 `Space Bar`

3 울타리 옵션으로 지우기

❶ 명령: E `Space Bar`
❷ F `Space Bar`
❸ 울타리점(P1~P4) 클릭 후 `Space Bar` `Space Bar`

2 분해하기 (EXPLODE)

분해는 폴리선, 치수, 해치, 블록 참조 등과 같은 복합 객체를 개별 요소로 변환해 줍니다.

리본	[홈]탭-[수정]패널-[분해 🗇]		
명령	EXPLODE	단축키	X

1 폭이 있는 폴리선 분해

❶ 명령: X Space Bar
❷ L1 선택 후 Space Bar
(폴리선이 폭이 0인 선으로 바뀜)

2 해치 분해

❶ 명령: X Space Bar
❷ 해치 선택 후 Space Bar
(해치가 선 개별 객체로 바뀜)

3 블록 분해

❶ 명령: X Space Bar
❷ 블록 선택 후 Space Bar
(블록이 선, 원, 해치 등 개별 객체로 바뀜)
※블록은 [2.5.블록 작성 및 활용]편 참조합니다.

3 객체 간격 띄우기 (OFFSET)

지정된 거리로 선택한 객체와 평행하거나 동심인 객체를 작성합니다. 선을 간격띄우기하면 평행복사가 되고 원 및 호는 반지름이 변경됩니다. 폴리선은 자동으로 코너가 자르기 또는 연장되므로 도형의 종류에 따른 결과를 기억해 둡니다.

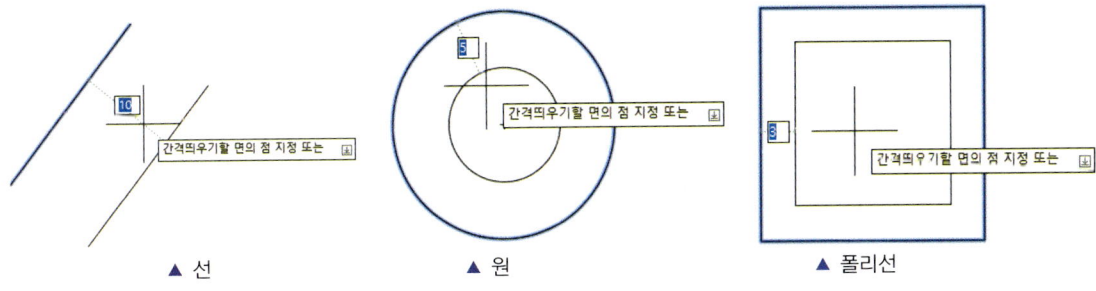

▲ 선　　　　　　▲ 원　　　　　　▲ 폴리선

리본	[홈]탭-[수정]패널-[간격띄우기 ⊆]		
명령	OFFSET	단축키	O

1 객체 간격띄우기

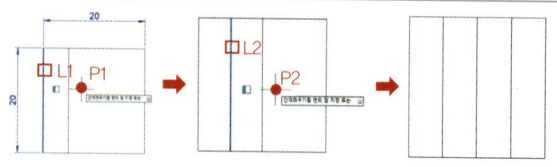

❶ 명령: O `Space Bar`
❷ 5 `Space Bar` (거리값)
❸ L1 선택 후 오른쪽으로 P1 클릭 (L2 생성)
❹ L2 선택 후 오른쪽으로 P2 클릭
❺ 반복 실행

2 도면층 옵션

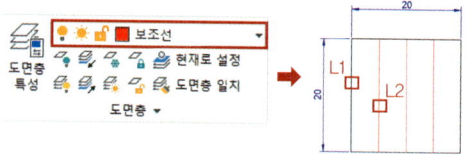

❶ 명령: O `Space Bar`
❷ L `Space Bar` (도면층)
❸ C `Space Bar` (현재)
❹ 5 `Space Bar` (거리값)
❺ L1 선택 후 L2작성, 반복 실행
(간격띄우기가 되면서 도면층이 현재 도면층으로 적용됨)

◀ 여기서 잠깐 ▶

일부 명령에서는 값을 입력할 때 바로 앞에 사용했던 값이 그대로 보입니다. 똑같은 값을 사용한다면 `Enter` 를 눌러 진행합니다.

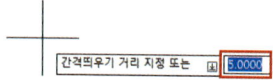

4 자르기 및 연장하기 (TRIM, EXTEND)

▶ 20강_ https://cafe.naver.com/answerbook/5580

교차점을 기준으로 자르거나 지정한 객체까지 연장합니다.

리본	[홈]탭-[수정]패널-[자르기 ✂][연장 ⇢]		
명령	TRIM(자르기)/EXTEND(연장)	단축키	TR(자르기)/EX(연장)

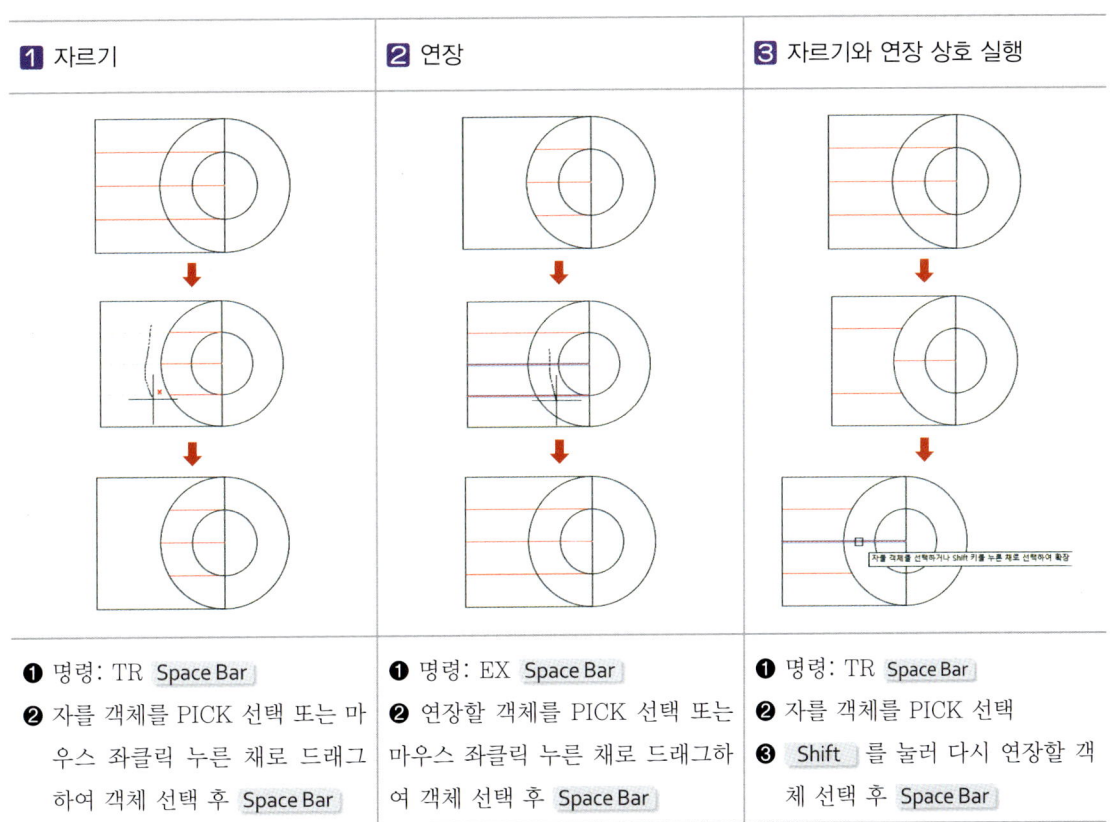

1 자르기
- ❶ 명령: TR Space Bar
- ❷ 자를 객체를 PICK 선택 또는 마우스 좌클릭 누른 채로 드래그하여 객체 선택 후 Space Bar

2 연장
- ❶ 명령: EX Space Bar
- ❷ 연장할 객체를 PICK 선택 또는 마우스 좌클릭 누른 채로 드래그하여 객체 선택 후 Space Bar

3 자르기와 연장 상호 실행
- ❶ 명령: TR Space Bar
- ❷ 자를 객체를 PICK 선택
- ❸ Shift 를 눌러 다시 연장할 객체 선택 후 Space Bar

◀ 여기서 잠깐 ▶

위에서 설명한 단계는 빠른 작업 모드에서 작동합니다. 표준 모드의 경우 먼저 자를 경계를 선택하고 Space Bar 를 누른 뒤 자를 객체를 선택합니다.

5 복사하기 (COPY)

좌표, 객체 스냅, 그립, 클립보드를 사용하여 정밀하게 객체를 복사합니다.

리본	[홈]탭-[수정]패널-[복사] / [홈]탭-[클립보드]패널-[복사][붙여넣기]		
명령	COPY, Ctrl + C (복사)/ Ctrl + V (붙여넣기)	단축키	CO, CP

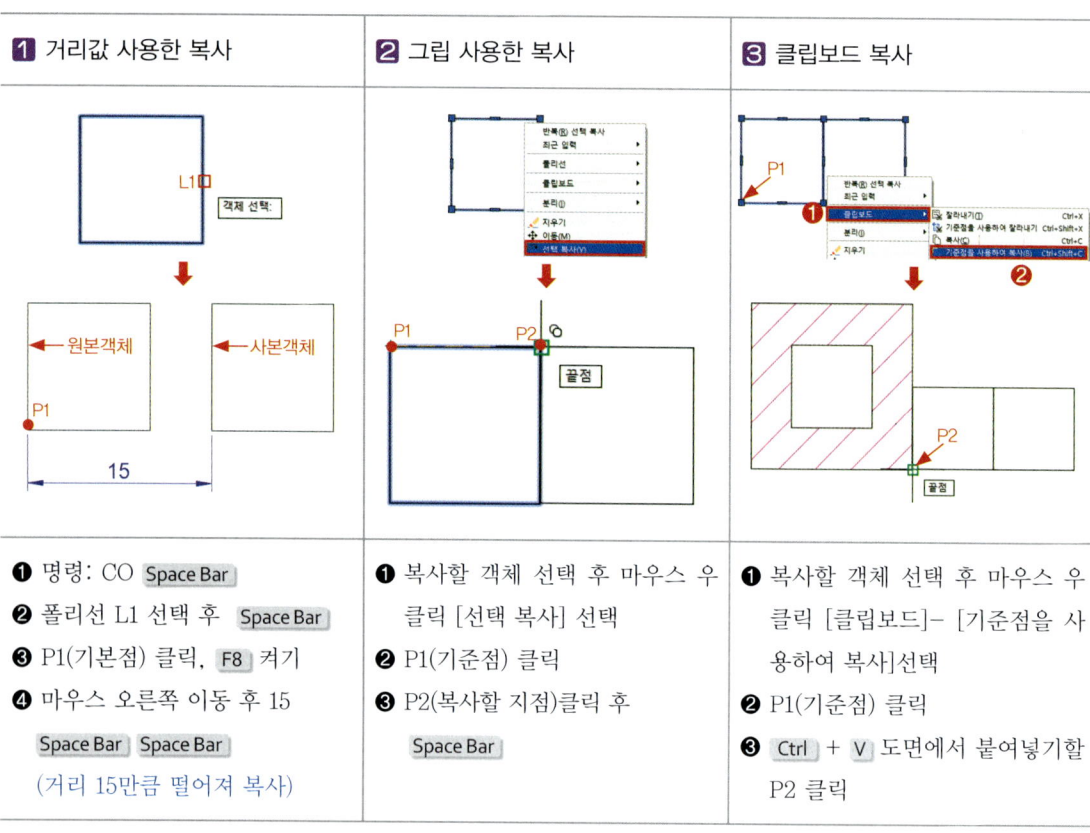

1 거리값 사용한 복사
❶ 명령: CO Space Bar
❷ 폴리선 L1 선택 후 Space Bar
❸ P1(기본점) 클릭, F8 켜기
❹ 마우스 오른쪽 이동 후 15 Space Bar Space Bar
(거리 15만큼 떨어져 복사)

2 그립 사용한 복사
❶ 복사할 객체 선택 후 마우스 우클릭 [선택 복사] 선택
❷ P1(기준점) 클릭
❸ P2(복사할 지점)클릭 후 Space Bar

3 클립보드 복사
❶ 복사할 객체 선택 후 마우스 우클릭 [클립보드]- [기준점을 사용하여 복사]선택
❷ P1(기준점) 클릭
❸ Ctrl + V 도면에서 붙여넣기할 P2 클릭

여기서 잠깐

COPYCLIP(복사) 또는 CUTCLIP(잘라내기) 명령과 PASTECLIP(붙여넣기) 명령을 사용하여 객체를 복사한 경우는 복사한 객체와 삽입점과의 위치관계는 유지되지 않습니다. 따라서 정밀도를 요구하는 객체를 복사하려면 COPYBASE(기준점 복사) 또는 CUTBASE(기준점 잘라내기-2023버전 새로운 기능)명령을 사용하여 기준점을 지정한 후 붙여넣거나 잘라내기 합니다.

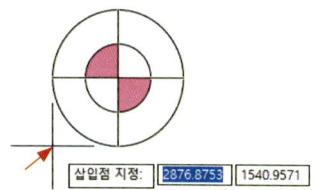
▲ 복사/붙여넣기: 붙여넣기 삽입점이 임의로 지정됨

▲ 기준점 사용하여 복사/붙여넣기: 붙여넣기 삽입점이 지정한 점이 됨

연습도면 7

간격띄우기, 등분할, 길이분할

21강_ https://cafe.naver.com/answerbook/5581

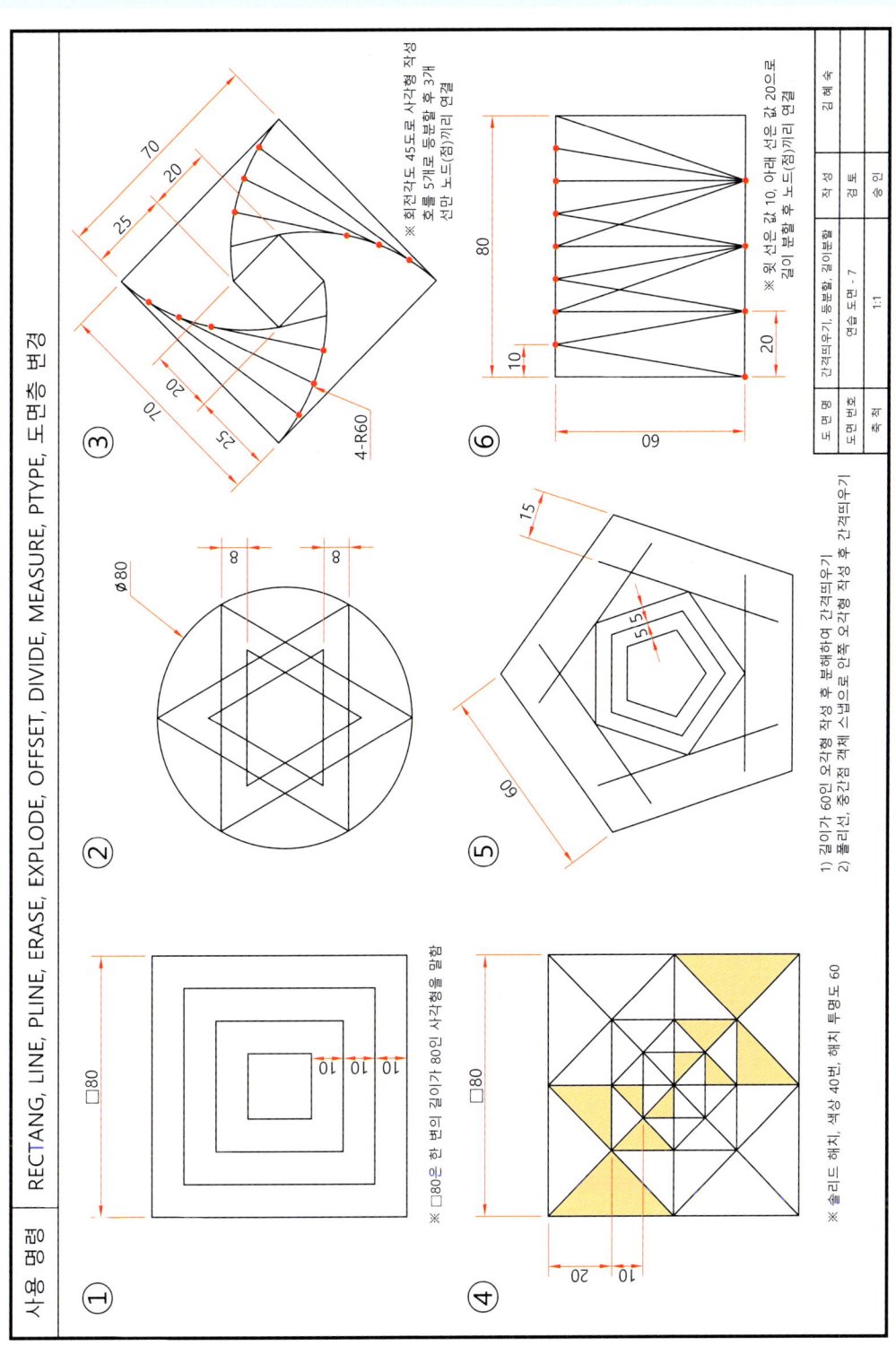

연습도면 8

자르기, 연장, 복사

22강_ https://cafe.naver.com/answerbook/5582

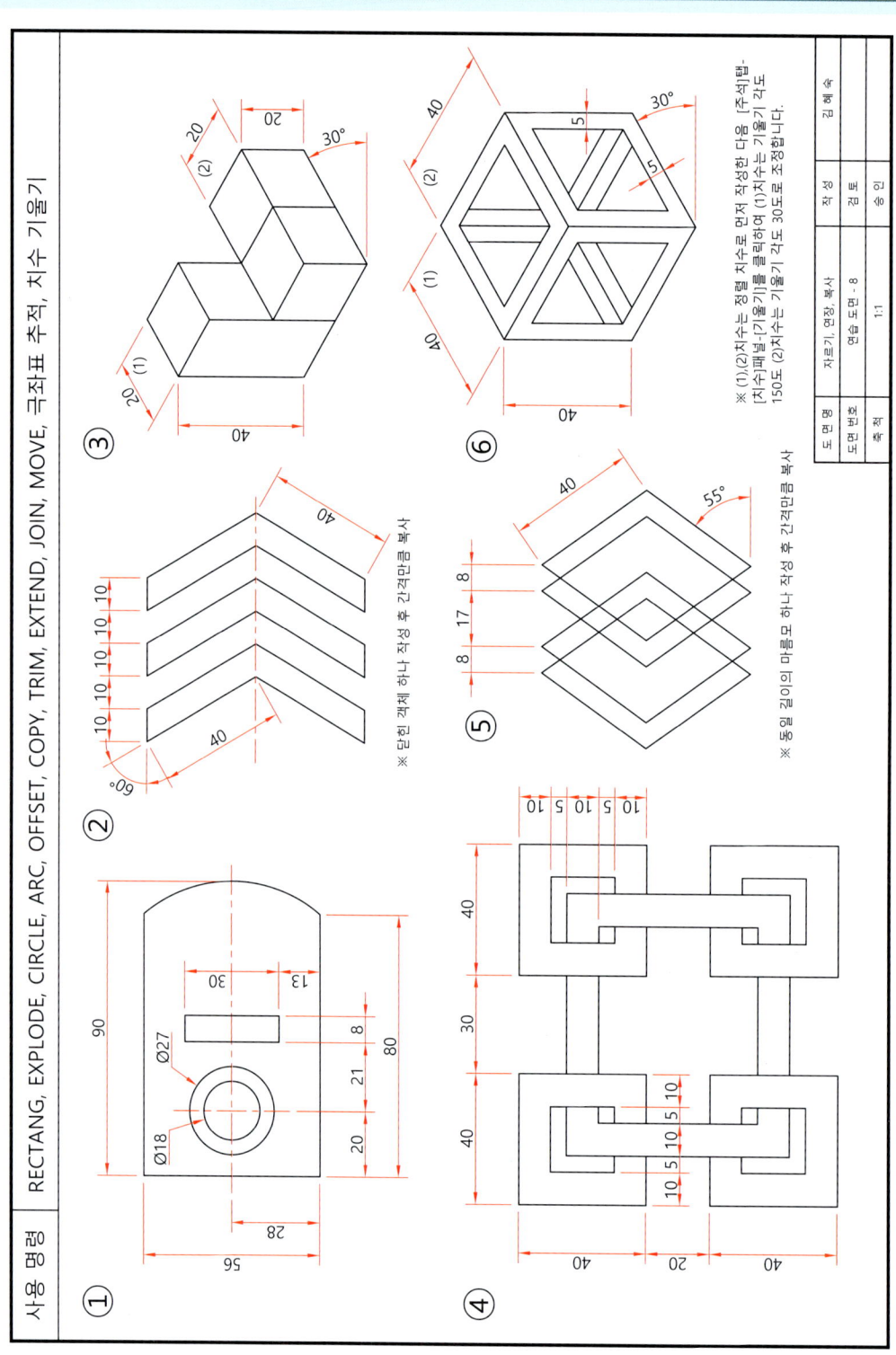

6 이동하기 (MOVE)

▶ 23강_ https://cafe.naver.com/answerbook/5583

선택한 객체를 지정한 곳으로 이동합니다.

리본	[홈]탭-[수정]패널-[이동 ✥]		
명령	MOVE	단축키	M

1 기준점 지정한 이동

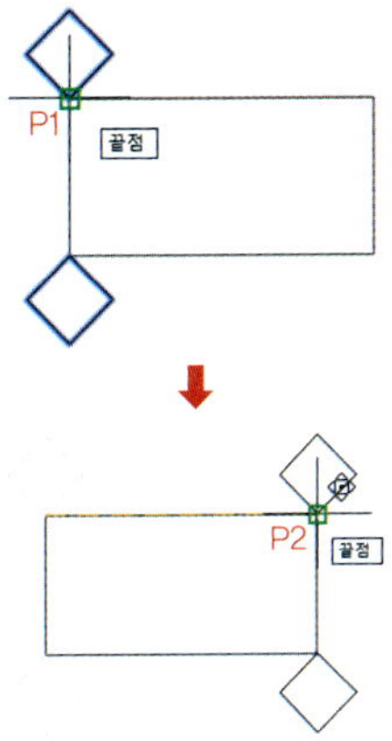

❶ 명령: M `Space Bar`
❷ 이동할 객체 선택 후 `Space Bar`
❸ P1(기준점) 클릭
❹ P2(이동할 곳) 끝점 클릭

2 거리값 사용한 이동

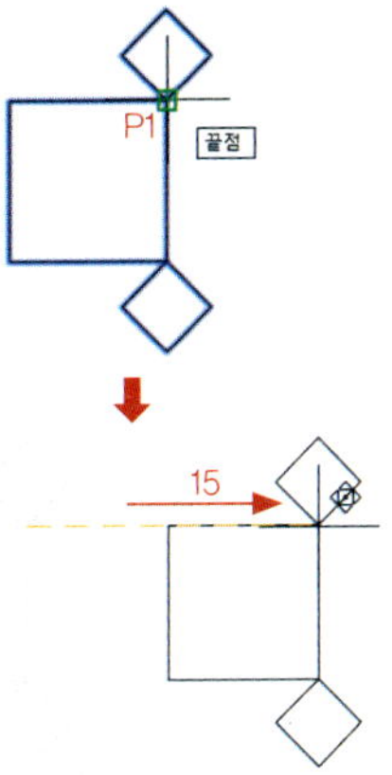

❶ 명령: M `Space Bar`
❷ 이동할 객체 선택 후 `Space Bar`
❸ P1(기준점) 클릭, `F8` 켜기
❹ 마우스 오른쪽 이동 후 15
`Space Bar`
(거리 15만큼 떨어져 이동)

3 그립 사용한 이동

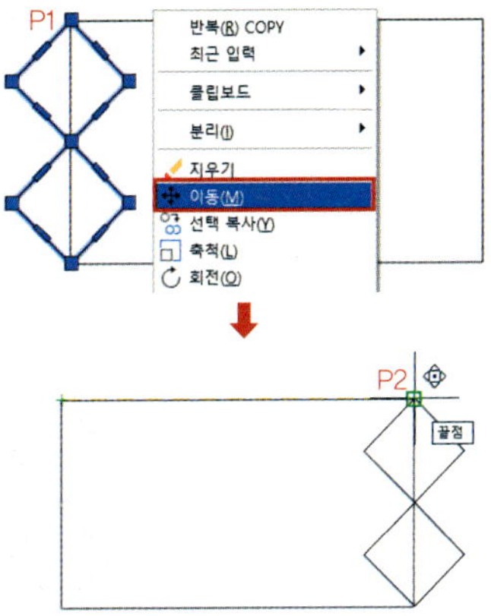

❶ 이동할 객체 선택 후 마우스 우 클릭 [이동] 선택
❷ P1(기준점) 클릭
❸ P2(이동할 곳) 끝점 클릭

7 대칭하기 (MIRROR)

지정한 축을 중심으로 객체를 반전하여 대칭 이미지를 작성합니다. 거울에 반사하듯이 반전시켜 좌우 또는 상하 대칭 객체를 작성할 때 사용하면 매우 편리합니다.

리본	[홈]탭-[수정]패널-[대칭 ⚠]		
명령	MIRROR	단축키	MI

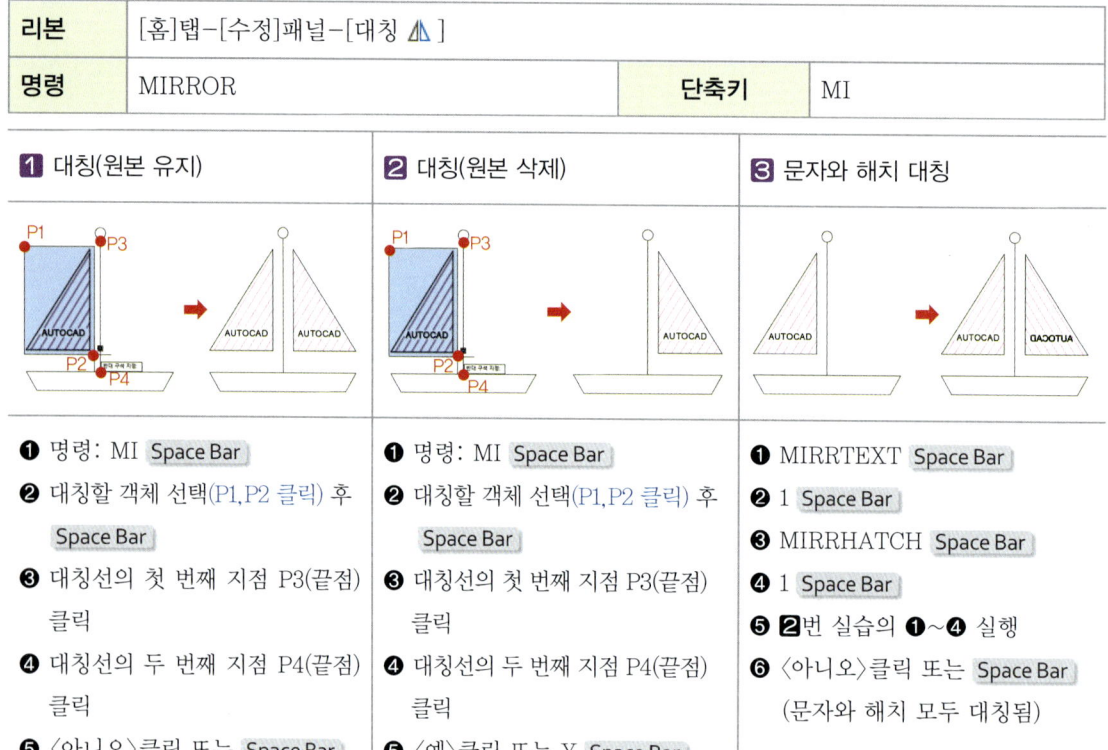

① 대칭(원본 유지)
❶ 명령: MI `Space Bar`
❷ 대칭할 객체 선택(P1,P2 클릭) 후 `Space Bar`
❸ 대칭선의 첫 번째 지점 P3(끝점) 클릭
❹ 대칭선의 두 번째 지점 P4(끝점) 클릭
❺ 〈아니오〉클릭 또는 `Space Bar`

② 대칭(원본 삭제)
❶ 명령: MI `Space Bar`
❷ 대칭할 객체 선택(P1,P2 클릭) 후 `Space Bar`
❸ 대칭선의 첫 번째 지점 P3(끝점) 클릭
❹ 대칭선의 두 번째 지점 P4(끝점) 클릭
❺ 〈예〉클릭 또는 Y `Space Bar`

③ 문자와 해치 대칭
❶ MIRRTEXT `Space Bar`
❷ 1 `Space Bar`
❸ MIRRHATCH `Space Bar`
❹ 1 `Space Bar`
❺ ②번 실습의 ❶~❹ 실행
❻ 〈아니오〉클릭 또는 `Space Bar` (문자와 해치 모두 대칭됨)

◀ 여기서 잠깐 ▶

대칭에서 사용되는 대칭선은 임의의 2점을 잇는 가상 축선입니다. 따라서 실제로 대칭축을 그리지 않고 첫 번째 지점과 두 번째 지점을 클릭만 하면 됩니다.

8 신축하기 (STRETCH)

지정된 기준점을 기준으로 지정된 방향으로 지정된 거리만큼 객체를 이동하고 신축합니다.

리본	[홈]탭-[수정]패널-[신축]		
명령	STRETCH	단축키	S

1 신축(가로 길이 줄임)

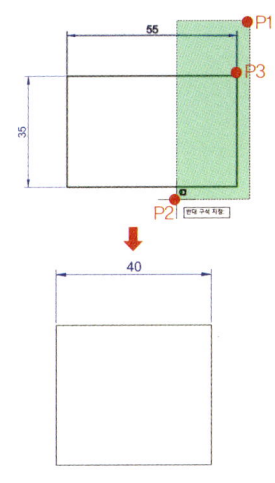

① 명령: S Space Bar
② 신축할 객체 선택(P1,P2 클릭) 후 Space Bar
③ 기준점 P3(끝점) 클릭, F8 켜기
④ 마우스를 왼쪽으로 이동 후 15 Space Bar
　(길이가 15만큼 짧아짐)

2 신축(가로 길이 늘림)

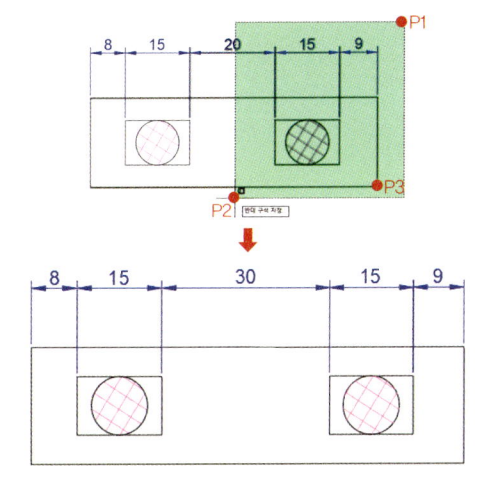

① 명령: S Space Bar
② 신축할 객체 선택(P1,P2 클릭) 후 Space Bar
③ 기준점 P3(끝점) 클릭, F8 켜기
④ 마우스를 오른쪽으로 이동 후 10 Space Bar
　(걸침이 된 20부분이 10만큼 길어짐)

◀ 여기서 잠깐 ▶

신축에서 윈도우 선택은 신축이 아니라 이동입니다. 또한, 교차 선택으로 범위를 지정할 때 선택 범위에 객체가 모두 포함된 경우는 이동하고 객체 일부가 포함된 경우만 신축합니다.

9 축척으로 크기 조정하기 (SCALE)

객체를 균일하게 확대 또는 축소합니다. 객체를 축척하려면 기준점 및 축척 비율을 지정합니다. 축척 비율이 1보다 크면 객체가 커지고 축척 비율이 0과 1사이이면 객체 크기가 줄어듭니다.

리본	[홈]탭-[수정]패널-[축척]		
명령	SCALE	단축키	SC

1 2배 확대	**2** 1/2 축소 사본 작성	**3** 지정한 정수로 축척
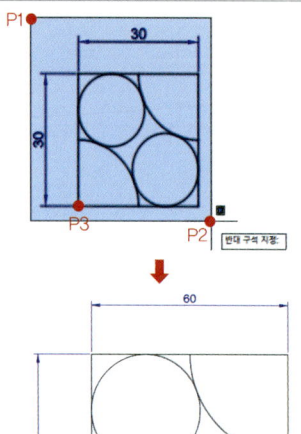	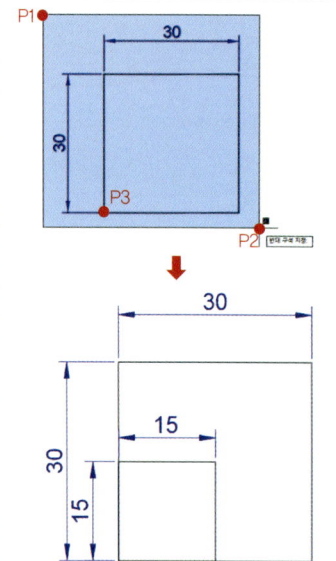	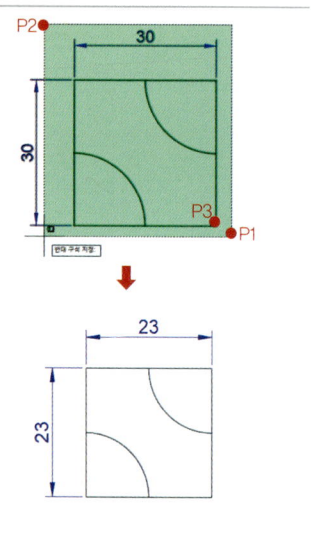
❶ 명령: SC `Space Bar` ❷ 확대할 객체 선택(P1,P2 클릭) 후 `Space Bar` ❸ 기준점 P3(끝점) 클릭 ❹ 2 `Space Bar` (2배 확대됨)	❶ 명령: SC `Space Bar` ❷ 축소할 객체 선택(P1,P2 클릭) 후 `Space Bar` ❸ 기준점 P3(끝점) 클릭 ❹ C `Space Bar` (사본 작성) ❺ 1/2 `Space Bar` (1/2로 축소됨)	❶ 명령: SC `Space Bar` ❷ 축척 적용할 객체 선택(P1,P2 클릭) 후 `Space Bar` ❸ 기준점 P3(끝점) 클릭 ❹ 23/30 `Space Bar` ※축척비율은 희망 길이/현재 길이로 입력하여 조정합니다.

여기서 잠깐

축척의 참조 옵션을 사용하면 객체의 길이를 참조로 하여 축척이 적용됩니다.

❶ 명령: SC `Space Bar`
❷ 축척 적용할 객체 선택(P1,P2 클릭) 후 `Space Bar`
❸ 기준점 P3(끝점) 클릭
❹ R `Space Bar` (참조)
❺ 참조 길이 P4,P5 클릭
❻ 새 길이 P6 클릭
 (왼쪽 사각형이 새 길이 15로 조정됨)

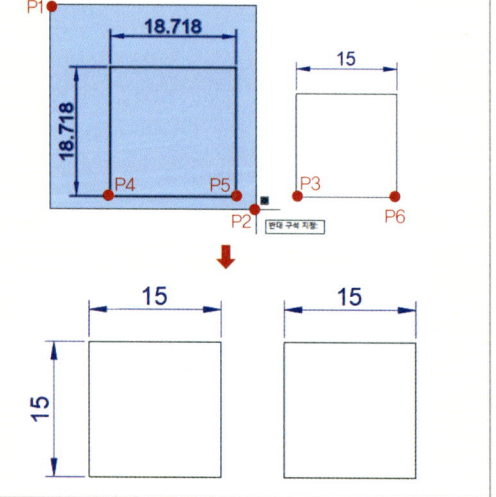

연습도면 9
대칭, 신축, 축척

24강_ https://cafe.naver.com/answerbook/5584

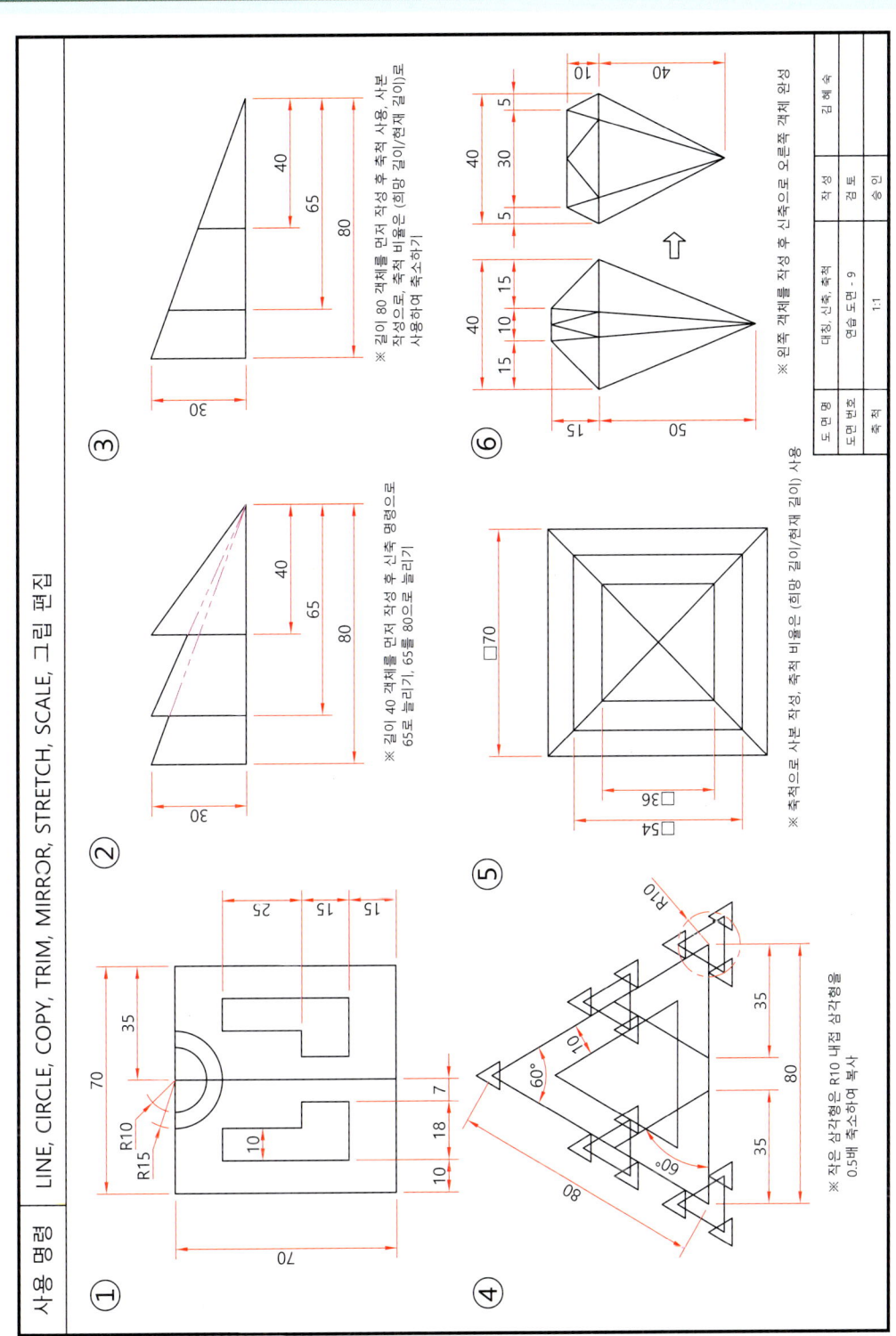

10 회전하기 (ROTATE)

📺 25강_ https://cafe.naver.com/answerbook/5585

객체를 지정된 기준점을 중심으로 회전합니다.

리본	[홈]탭-[수정]패널-[회전 ↻]		
명령	ROTATE	단축키	RO

1 극좌표 설정으로 회전	**2** 상대각도로 회전	**3** 사본이 객체 회전
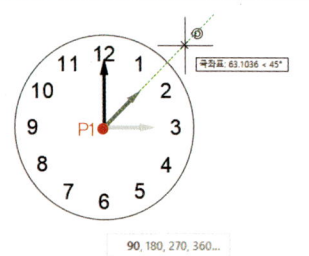	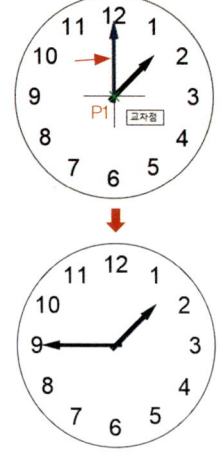	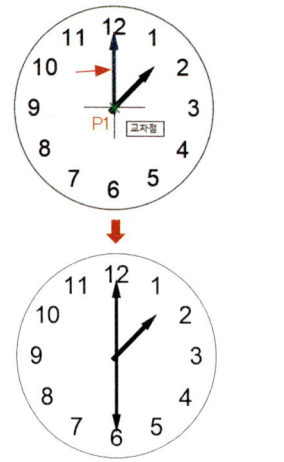
❶ 명령: RO `Space Bar` ❷ 회전할 객체 선택(단침 클릭) 후 `Space Bar` ❸ 기준점 P1(교차점) 클릭 ❹ 상태막대의 극좌표 45도로 설정 ❺ 45도 방향으로 마우스 이동하여 클릭 (45도 회전)	❶ 명령: RO `Space Bar` ❷ 회전할 객체 선택(장침 클릭) 후 `Space Bar` ❸ 기준점 P1(교차점) 클릭 ❹ 90 `Space Bar` (시계반대방향으로 90도 회전)	❶ 명령: RO `Space Bar` ❷ 회전할 객체 선택(장침 클릭) 후 `Space Bar` ❸ 기준점 P1(교차점) 클릭 ❹ C `Space Bar` (사본 작성) ❺ 180 `Space Bar` (시계 반대방향으로 180도 회전)

◀ 여기서 잠깐 ▶

회전의 참조 옵션을 사용하면 회전 각도를 몰라도 회전할 수 있습니다.

❶ 명령: RO `Space Bar`
❷ 회전할 객체 선택 후 `Space Bar` (폴리선 L1 선택)
❸ 기준점 P1(교차점) 클릭
❹ R `Space Bar` (참조 옵션)
❺ 참조 각도로 P2, P3클릭
❻ 새 각도로 P4 클릭(참조 각도 두 번째 점 지정)
※ F8 직교모드는 해제한 상태에서 회전합니다.

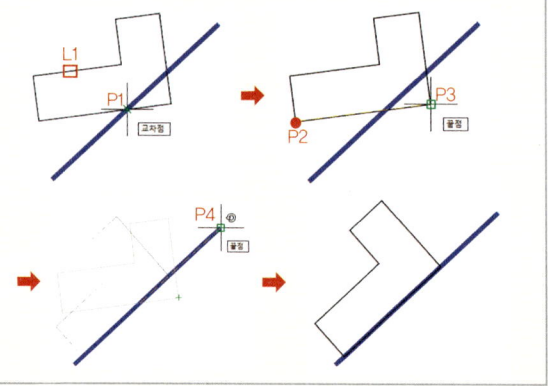

11 객체 정렬하기 (ALIGN)

객체를 2D 및 3D의 다른 객체와 정렬되도록 객체를 이동하거나 회전, 기울일 수 있습니다. 또한 축척도 적용되어 위에서 언급한 축척의 참조 옵션, 회전의 참조 옵션 대신에 사용해도 됩니다.
다만 AutoCAD LT에서는 리본에는 없으며 명령행에서만 사용할 수 있습니다.

리본	[홈]탭-[수정]패널-▼확장메뉴-[정렬 🗗]		
명령	ALIGN	단축키	AL

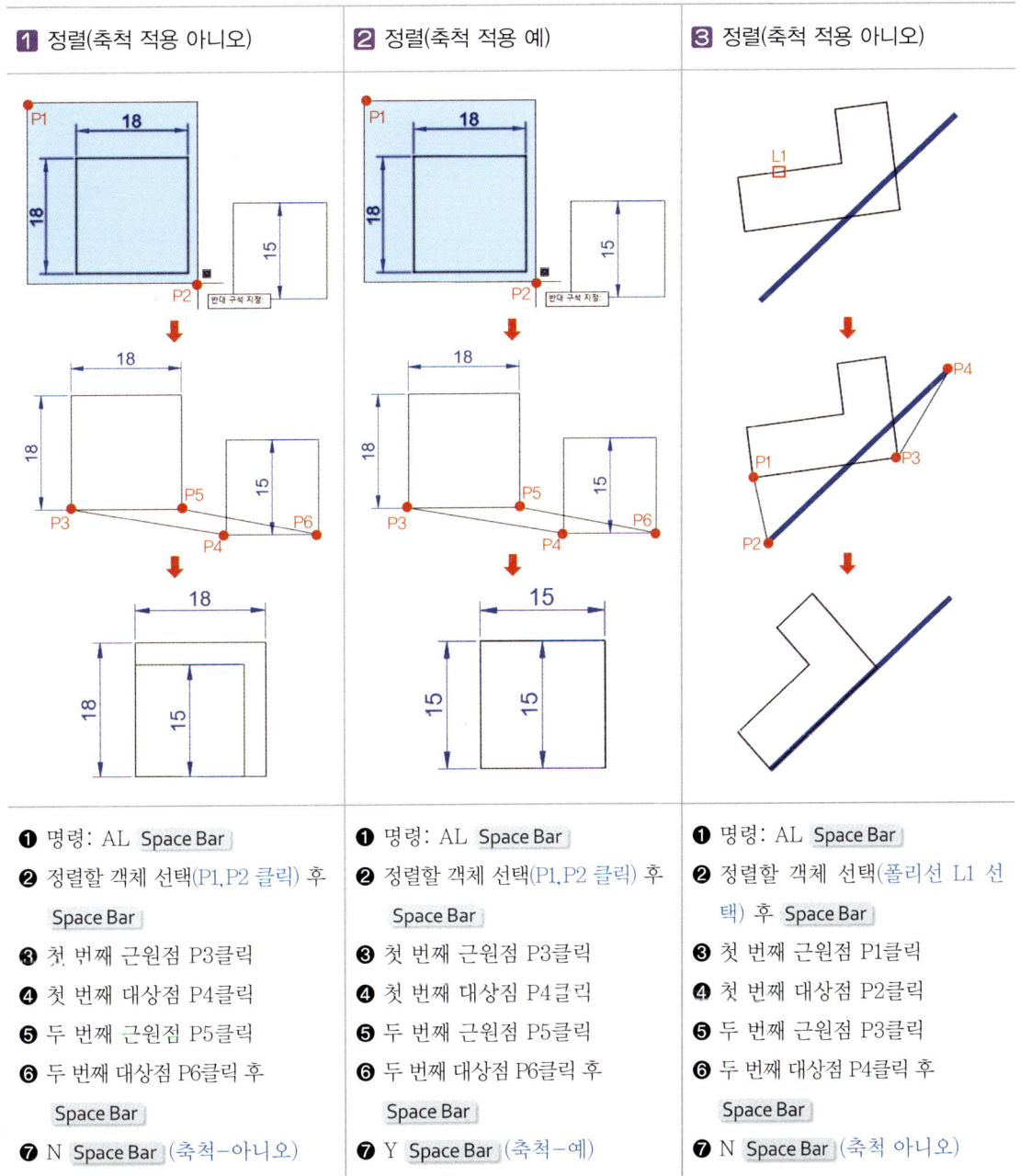

◀ 여기서 잠깐 ▶

❷번 정렬(축척 적용 예) 실습에서 기존 객체와 줄어든 객체가 서로 겹치게 됩니다. 방금 축척이 적용된 객체만 선택하여 오른쪽으로 이동해 확인해 보려면 이동 명령에서 객체 선택 옵션을 Previous(이전)을 사용합니다.

❶~❼ 실행 후
❽ 명령 : M `Space Bar`
❾ 객체 선택 : P `Space Bar`
 (이전에 선택한 객체가 선택됨)
❿ 기준점 P1클릭 후 오른쪽 P2지점 클릭 이동

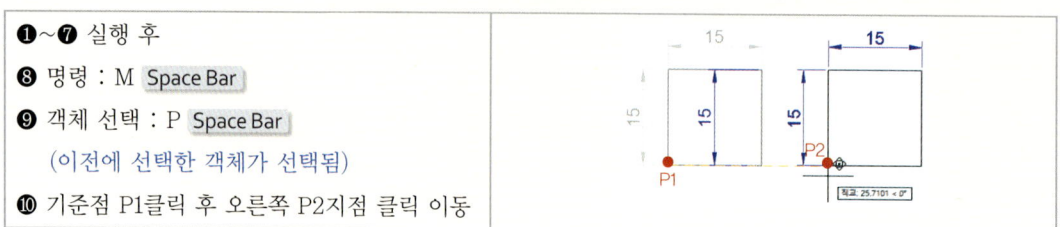

12 끊기와 점에서 끊기, 결합하기 (BREAK, BREAKATPOINT, JOIN)

선이나 호를 지정한 점에서 끊기를 합니다. BREAK는 선택한 객체를 두 점 사이에서 끊기를 하고 BREAKATPOINT는 지정된 점에서 두 객체로 나눕니다. 끊어진 객체를 다시 하나로 합치려면 JOIN을 사용합니다.

리본	[홈]탭-[수정]패널-▼확장메뉴-[끊기][점에서 끊기][결합]		
명령	BREAK(끊기)/BREAKATPOINT(점에서 끊기)/JOIN(결합)	단축키	BR(끊기)/J(결합)

1 임의로 두 점 사이 끊기
❶ 명령 : BR `Space Bar`
❷ 끊기할 객체 선택 : L1 클릭
❸ 두 번째 끊기 점 : P1 클릭
 (객체를 선택한 지점부터 두 번째 지점까지 끊어짐)

2 지정된 점에서 끊기
❶ 명령 : BR `Space Bar`
❷ 끊기할 객체 선택 : L1 클릭
❸ F `Space Bar` (첫 번째 점)
❹ 첫 번째 끊기점 : P1 클릭
❺ 두 번째 끊기점 : P2 클릭

3 결합하기
❶ 명령 : J `Space Bar`
❷ 결합할 객체 선택 : L1,L2클릭 후 `Space Bar`

4 점에서 끊기(BREAK 명령)	**5** 점에서 끊기(BREAKATPOINT 명령)
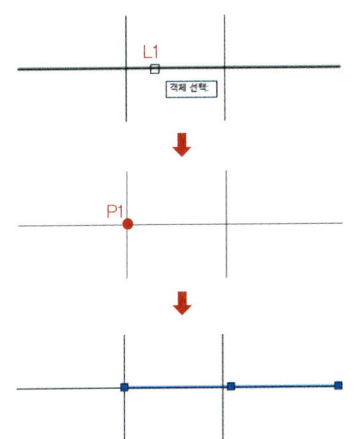	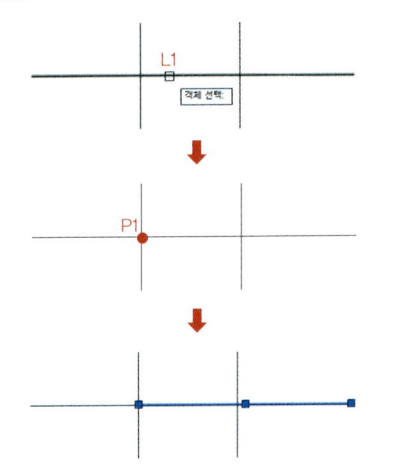
❶ 명령 : BR Space Bar ❷ 끊기할 객체 선택 : L1 클릭 ❸ F Space Bar (첫 번째 점) ❹ 첫 번째 끊기점 : P1 클릭 ❺ 두 번째 끊기점 : @ Space Bar (이전 점 사용) (P1지점에서 객체가 끊어짐)	❶ 리본에서 ▢ (점에서 끊기) 클릭 ❷ 끊기할 객체 선택 : L1 클릭 ❸ 끊기점 : P1 클릭 (**4**점에서 끊기 방법에 비해 P1지점에서 객체가 쉽게 끊어짐)

여기서 잠깐

점에서 끊기는 아이콘은 있으나 단축키가 없습니다. 단축키를 간단히 생성하여 실행해 보겠습니다. 단축키 설정은 [관리]탭–[사용자화]패널–[별칭 편집 🗒] 을 클릭합니다.

❶ [별칭 편집] 클릭
❷ acad.pgp 메모장에서 [단축키, *명령어] 입력 후 저장
(예 BB, *BREAKATPOINT)
❸ 캐드 종료 후 재실행
❹ 작업 화면에서 명령 : BB Space Bar (점에서 끊기 단축키)
❺ 객체 선택 후 끊기점 지정

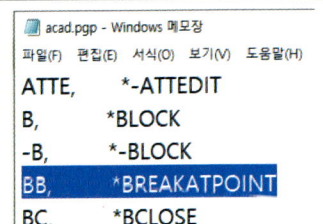

연습도면 10
회전, 정렬, 대칭

26강_ https://cafe.naver.com/answerbook/5586

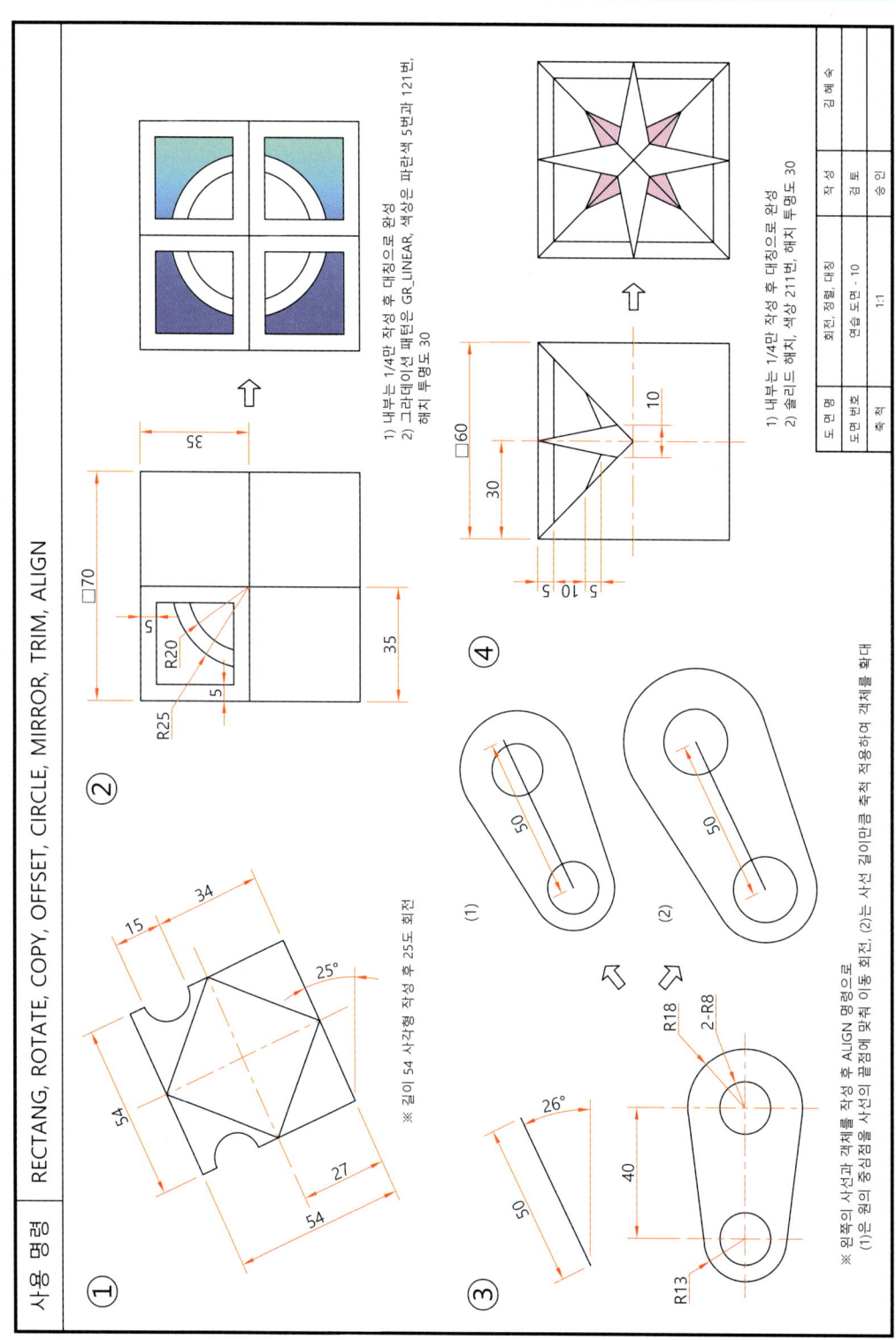

13 모깎기 (FILLET)

▶ 27강_ https://cafe.naver.com/answerbook/5587

선택한 두 모서리를 둥글게 깎기를 합니다. 반지름이 0이면 각진 모서리, 반지름 값이 있다면 입력된 값을 갖는 호로 모서리가 생성됩니다. 2개소 이상을 연속해서 모깎기를 한다면 〈다중(M)〉옵션을 사용합니다.

리본	[홈]탭-[수정]패널-[모깎기 ⌒]		
명령	FILLET	단축키	F

1 다중 옵션 사용

❶ 명령 : F `Space Bar`
❷ R `Space Bar`
❸ 5 `Space Bar` (반지름값)
❹ M `Space Bar` (다중)
❺ L1~L4 클릭 후 `Space Bar`

※자르기 모드에서는 선택한 객체가 모깎기의 끝점과 만나도록 자르기가 됩니다.

2 각진 모서리

❶ 명령 : F `Space Bar`
❷ `Shift` 누르면서 L1, L2 클릭

※ `Shift` 누르면서 객체를 선택하면 반지름값을 0으로 설정한 것처럼 각진 모서리가 작성됩니다.

3 자르지 않기 모드

❶ 명령 : F `Space Bar`
❷ R `Space Bar`
❸ 5 `Space Bar` (반지름값)
❹ M `Space Bar` (다중)
❺ T `Space Bar` (자르기)
❻ N `Space Bar` (자르지 않기)
❼ L1~L4 클릭 후 `Space Bar`

※선택한 객체는 그대로 있는 상태에서 모깎기를 합니다.

14 모따기 (CHAMFER)

선택한 두 모서리를 모따기(모떼기) 합니다. 지정한 각도와 거리는 객체를 선택한 순서대로 적용됩니다. 모깎기에서 자르기 모드를 [자르지 않기]로 했다면 모따기에서도 똑같이 [자르지 않기]옵션이 적용되므로 필요하다면 자르기 모드를 [자르기]로 변경하고 진행해야 합니다.
Shift 를 누르고 두 선을 선택하면 모깎기처럼 각진 모서리가 됩니다.

리본	[홈]탭-[수정]패널-[모따기]		
명령	CHAMFER	단축키	CHA

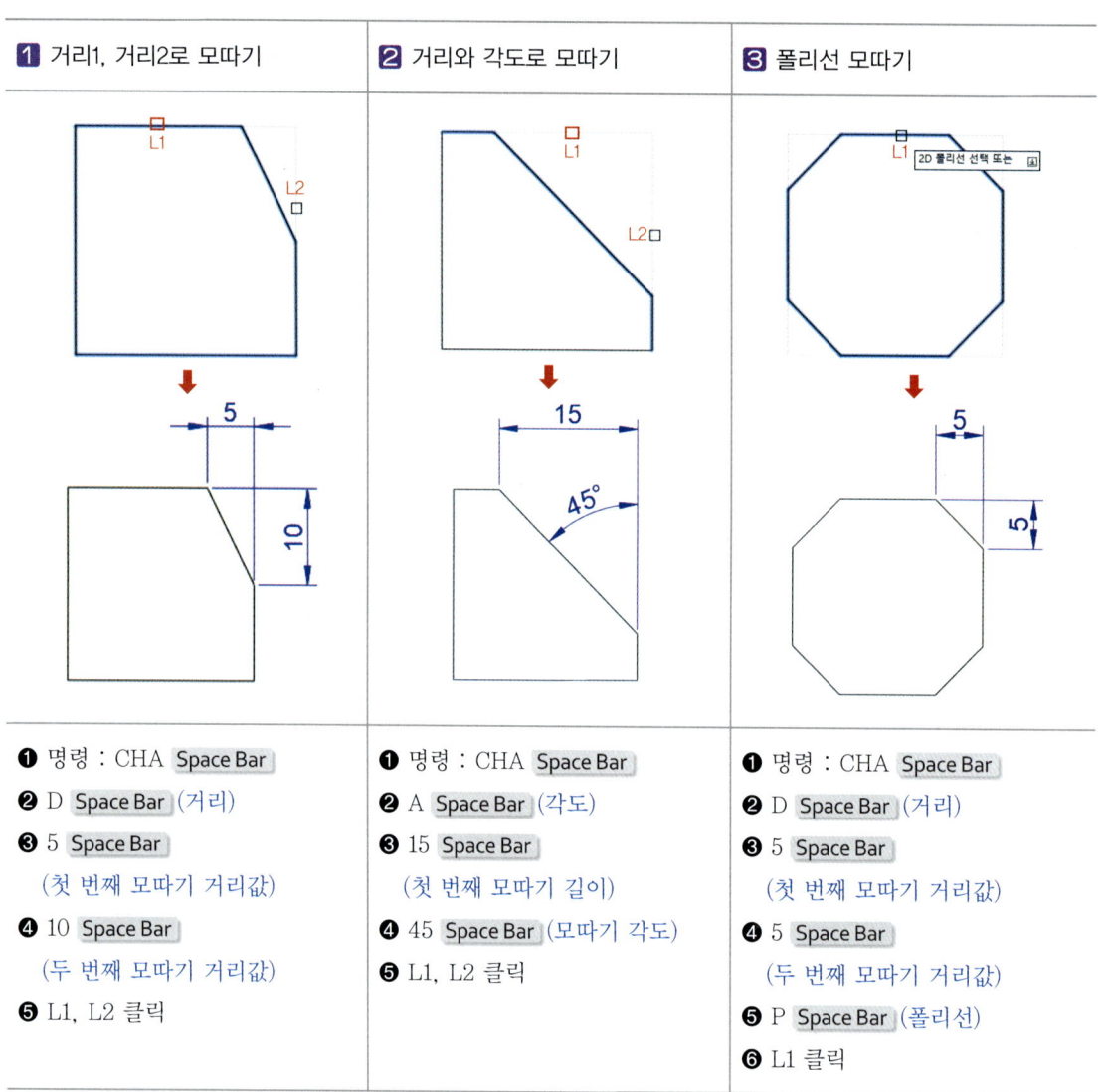

1 거리1, 거리2로 모따기
❶ 명령 : CHA Space Bar
❷ D Space Bar (거리)
❸ 5 Space Bar
　(첫 번째 모따기 거리값)
❹ 10 Space Bar
　(두 번째 모따기 거리값)
❺ L1, L2 클릭

2 거리와 각도로 모따기
❶ 명령 : CHA Space Bar
❷ A Space Bar (각도)
❸ 15 Space Bar
　(첫 번째 모따기 길이)
❹ 45 Space Bar (모따기 각도)
❺ L1, L2 클릭

3 폴리선 모따기
❶ 명령 : CHA Space Bar
❷ D Space Bar (거리)
❸ 5 Space Bar
　(첫 번째 모따기 거리값)
❹ 5 Space Bar
　(두 번째 모따기 거리값)
❺ P Space Bar (폴리선)
❻ L1 클릭

15 길이 조정하기 (LENGTHEN)

객체의 크기를 조정하여 한 방향으로만 길거나 짧게 만들 수 있습니다.

리본	[홈]탭-[수정]패널-▼확장메뉴-[길이조정 ✎]		
명령	LENGTHEN	단축키	LEN

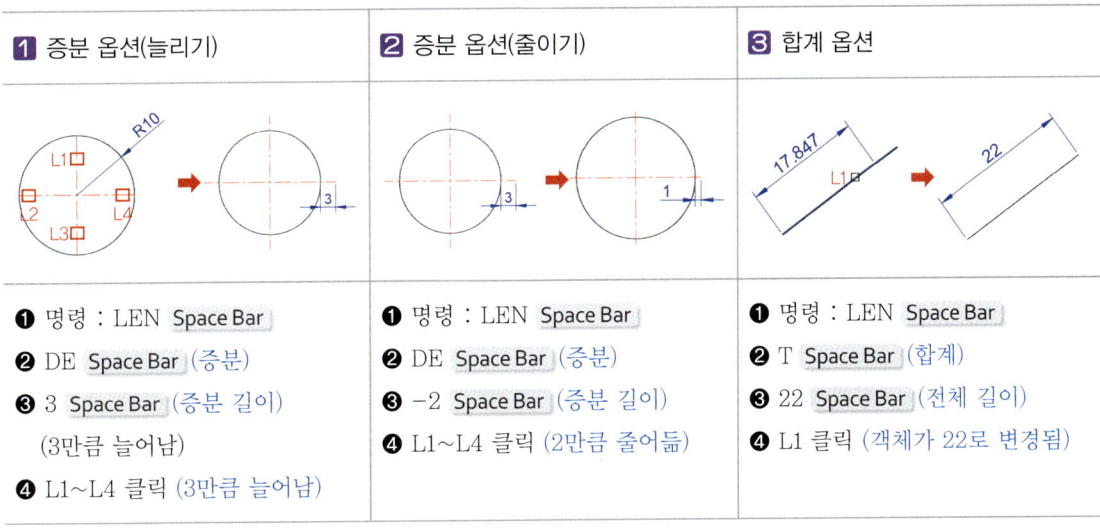

1 증분 옵션(늘리기)
- ❶ 명령 : LEN `Space Bar`
- ❷ DE `Space Bar` (증분)
- ❸ 3 `Space Bar` (증분 길이)
  (3만큼 늘어남)
- ❹ L1~L4 클릭 (3만큼 늘어남)

2 증분 옵션(줄이기)
- ❶ 명령 : LEN `Space Bar`
- ❷ DE `Space Bar` (증분)
- ❸ -2 `Space Bar` (증분 길이)
- ❹ L1~L4 클릭 (2만큼 줄어듦)

3 합계 옵션
- ❶ 명령 : LEN `Space Bar`
- ❷ T `Space Bar` (합계)
- ❸ 22 `Space Bar` (전체 길이)
- ❹ L1 클릭 (객체가 22로 변경됨)

◀ 여기서 잠깐 ▶

빠른 계산기는 `Ctrl` +8을 클릭하고 간단한 사칙연산은 "CAL"명령을 사용합니다.

- ❶ 명령: CAL `Space Bar`
- ❷ CAL>> 표현식: 25.45/2 `Enter`

16 배열로 여러 개 복사하기 (ARRAY)

▶ 28강_ https://cafe.naver.com/answerbook/5588

선택한 객체의 사본을 작성하여 배열이라는 하나의 패턴으로 정렬할 수 있습니다. 복제할 객체를 원본 객체라 하며 직사각형, 경로, 원형 등 세 가지 유형이 있습니다. 경로 배열의 경우는 경로로 사용할 선, 폴리선, 스플라인, 호, 원, 타원 등이 필요합니다.

연관 배열로 완성된 배열은 분해(EXPLODE)를 해야 개별 객체로 전환됩니다.

리본	[홈]탭-[수정]패널-[직사각형 배열 ▦][경로 배열 ⸛][원형 배열 ⸭]		
명령	ARRAY	단축키	AR

1 직사각형 배열

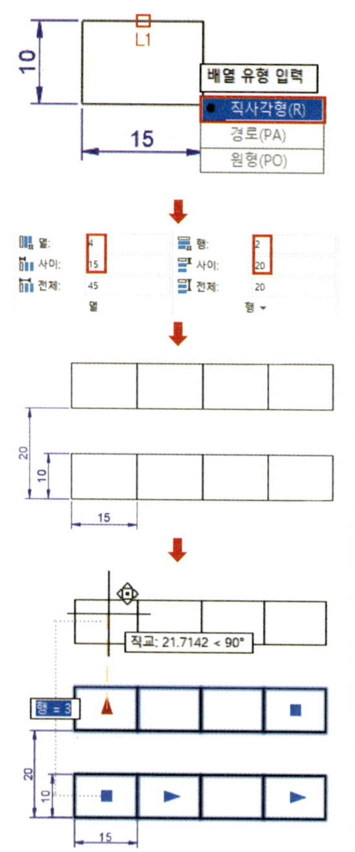

- ❶ 명령 : AR `Space Bar`
- ❷ L1 선택 후 `Space Bar`
- ❸ 직사각형 옵션 선택
- ❹ 4열, 15사이값, 2행, 20사이값 입력
- ❺ 배열 닫기 ✔ 또는 `Space Bar`
- ❻ 클릭하여 배열 편집

2 경로 배열

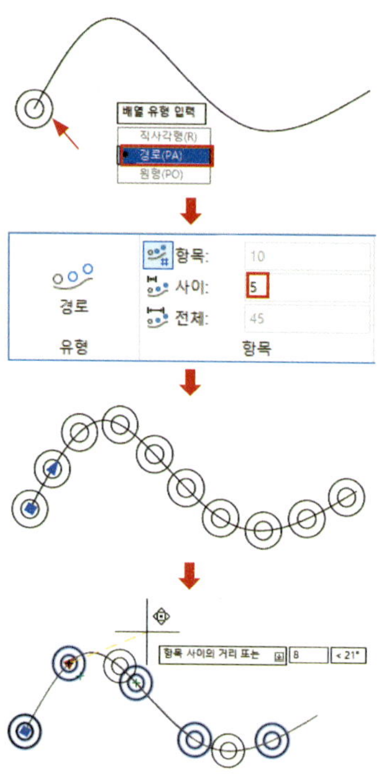

- ❶ 명령 : AR `Space Bar`
- ❷ 원 2개 선택 후 `Space Bar`
- ❸ 경로 옵션 선택
- ❹ 스플라인 선택 후 5로 사이값 입력
- ❺ 배열 닫기 ✔ 또는 `Space Bar`
- ❻ 클릭하여 배열 편집

3 원형 배열

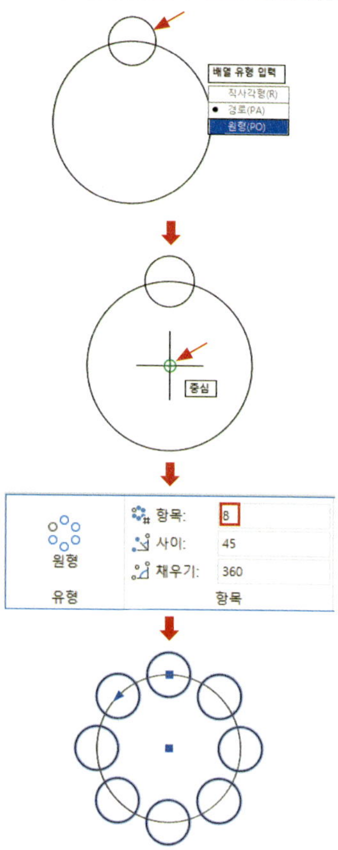

- ❶ 명령 : AR `Space Bar`
- ❷ 작은 원 선택 후 `Space Bar`
- ❸ 원형 옵션 선택
- ❹ 큰 원의 중심점 클릭 후 항목 수를 8로 입력
- ❺ 배열 닫기 ✔ 또는 `Space Bar`
- ❻ 클릭하여 배열 편집

◀ 여기서 잠깐 ▶

구버전의 배열 형식(대화상자)으로 실행하려면 명령행에 "ARRAYCLASSIC"을 입력합니다.

- ❶ 명령: ARRAYCLASSIC `Space Bar`

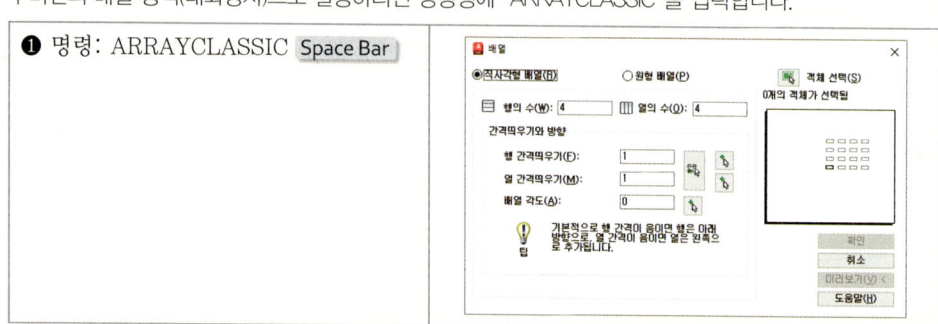

17 특성을 일치시키기 (MATCHPROP)

선택한 객체의 특성을 다른 객체에 적용합니다. 적용할 수 있는 특성 유형은 색상, 도면층, 문자 스타일, 치수 스타일, 선종류, 선종류 축척, 선가중치 및 기타 지정한 특성이 포함됩니다.

리본	[홈]탭-[특성]패널-[특성 일치 🖌]		
명령	MATCHPROP	단축키	MA

1 특성 일치

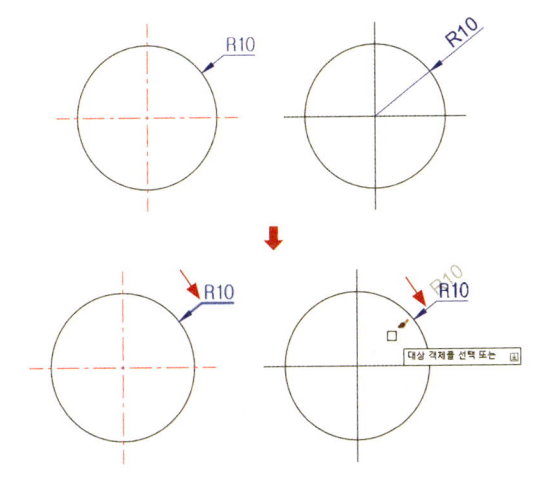 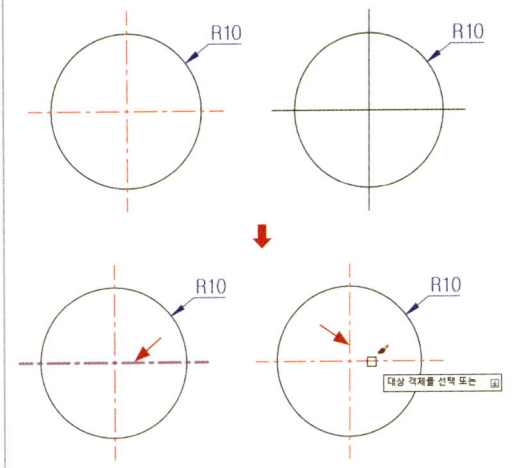

❶ 명령: MA Space Bar
❷ 원본 객체로 왼쪽의 치수 선택
❸ 대상 객체로 오른쪽의 치수 선택
　(선택한 원본과 치수 유형이 같아짐)

❶ 명령: MA Space Bar
❷ 원본 객체로 왼쪽의 빨간 중심선 선택
❸ 대상 객체로 오른쪽의 2개 선 선택
　(선택한 원본과 도면층이 같아짐)

18 선종류 축척 적용하기 (LTSCALE)

선종류 축척은 각 도면 단위에 대한 선종류 패턴의 반복 간격과 크기를 조정합니다.
LTSCALE 값을 변경하여 전체 축척 비율을 설정할 수 있습니다. 기본 전체 축척 비율은 1.0이며 축척 비율이 작을수록 패턴 간격이 좁아집니다.

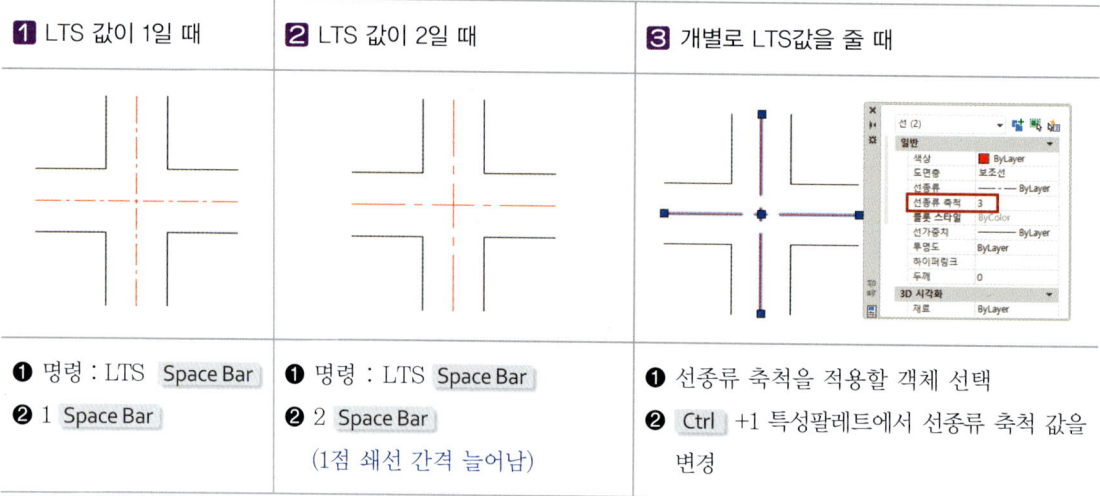

19 중복 객체 삭제하기 (OVERKILL)

중복되거나 겹치는 선, 호, 폴리선을 제거합니다.

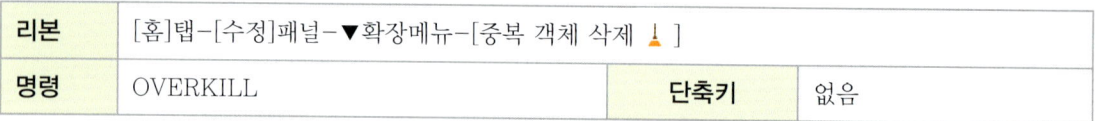

리본	[홈]탭-[수정]패널-▼확장메뉴-[중복 객체 삭제]		
명령	OVERKILL	단축키	없음

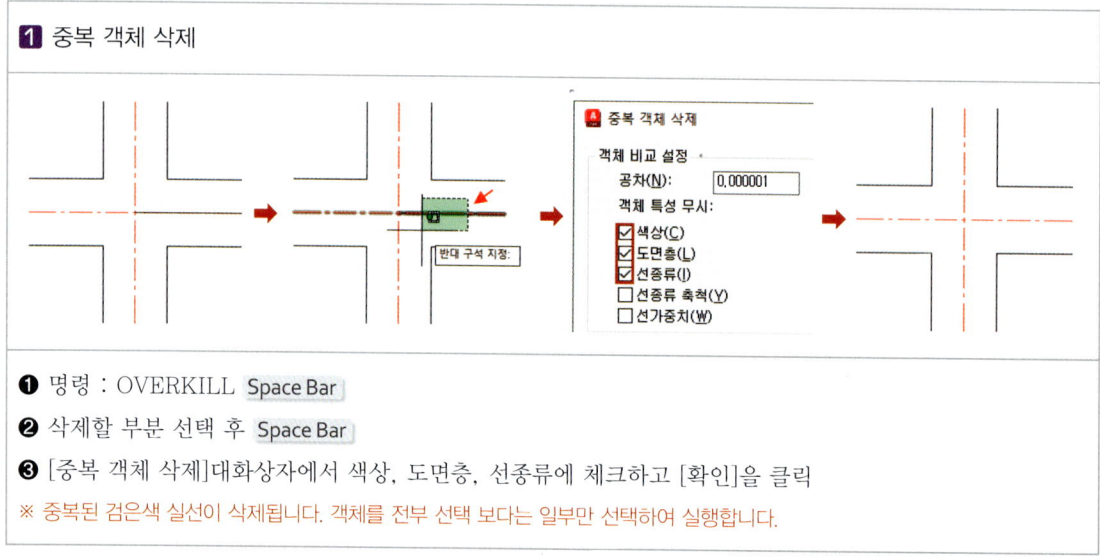

20 객체 분리와 객체 숨기기 (ISOLATEOBJECTS, HIDEOBJECTS)

🔴 29강_ https://cafe.naver.com/answerbook/5589

지정된 객체를 일시적으로 보이지 않게 설정하거나 보이지 않게 설정된 객체를 복원합니다.
객체를 선택 후 마우스 우클릭 바로가기 메뉴에서 선택하거나 상태막대에서 제어합니다.

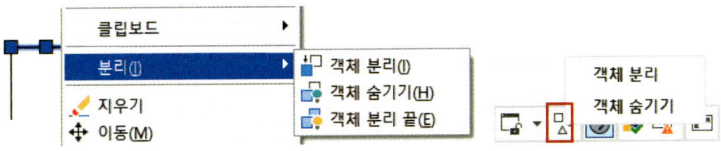

❶ 🔲 , 🔲 객체 분리	사용자가 선택한 객체를 제외한 모든 객체가 일시적으로 보이지 않게 합니다.
❷ 🔲 , 🔲 객체 숨기기	사용자가 선택한 객체를 일시적으로 보이지 않게 합니다.
❸ 🔲 , 🔲 객체 분리 끝	모든 객체의 화면 표시를 복원합니다.

1 객체 분리

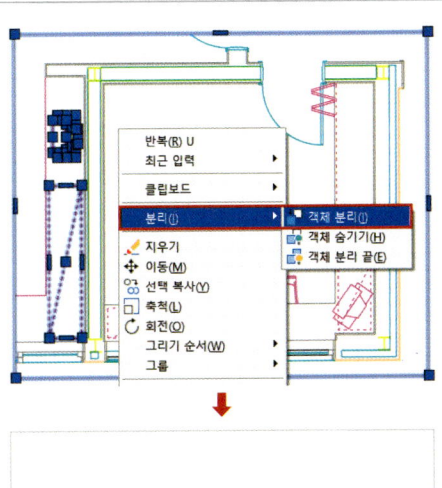

❶ 객체 선택 후 마우스 우클릭 바로가기 메뉴에서 [분리]-[객체 분리] 선택(선택한 객체만 보여짐)

2 객체 숨기기

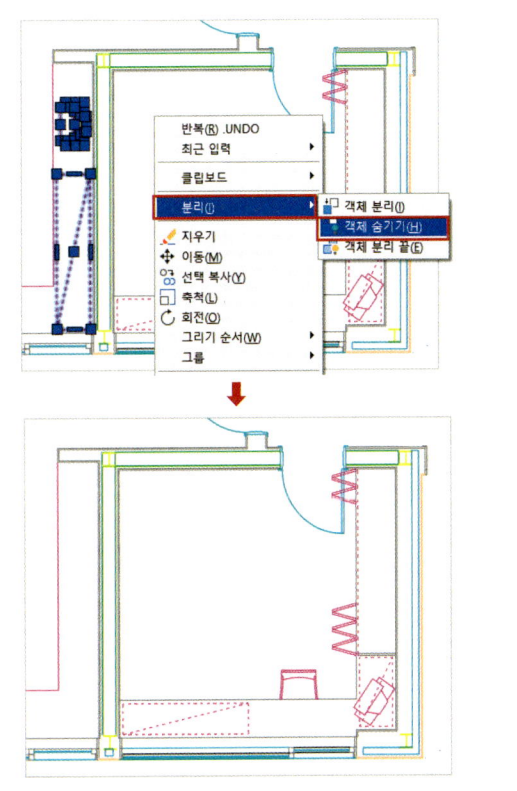

❶ 객체 선택 후 마우스 우클릭 바로가기 메뉴에서 [분리]-[객체 숨기기] 선택(선택한 객체가 보이지 않음)

21 그리기 순서와 객체 가리기 (DRAWORDER, WIPEOUT)

지정한 객체의 그리기 순서(표시 및 플롯 순서)를 변경할 수 있습니다.

일반적으로 문자, 치수는 다른 객체의 앞에, 해치와 채우기는 다른 객체의 뒤에 표시합니다.

객체 가리기는 아래쪽의 객체를 수정하지 않고 문자를 추가할 수 있는 빈 영역을 제공하는데 사용됩니다.

리본	[홈]탭-[수정]패널-▼확장메뉴-[그리기 순서] / [홈]탭-[그리기]패널-[객체 가리기]
명령	DRAWORDER/WIPEOUT
단축키	없음

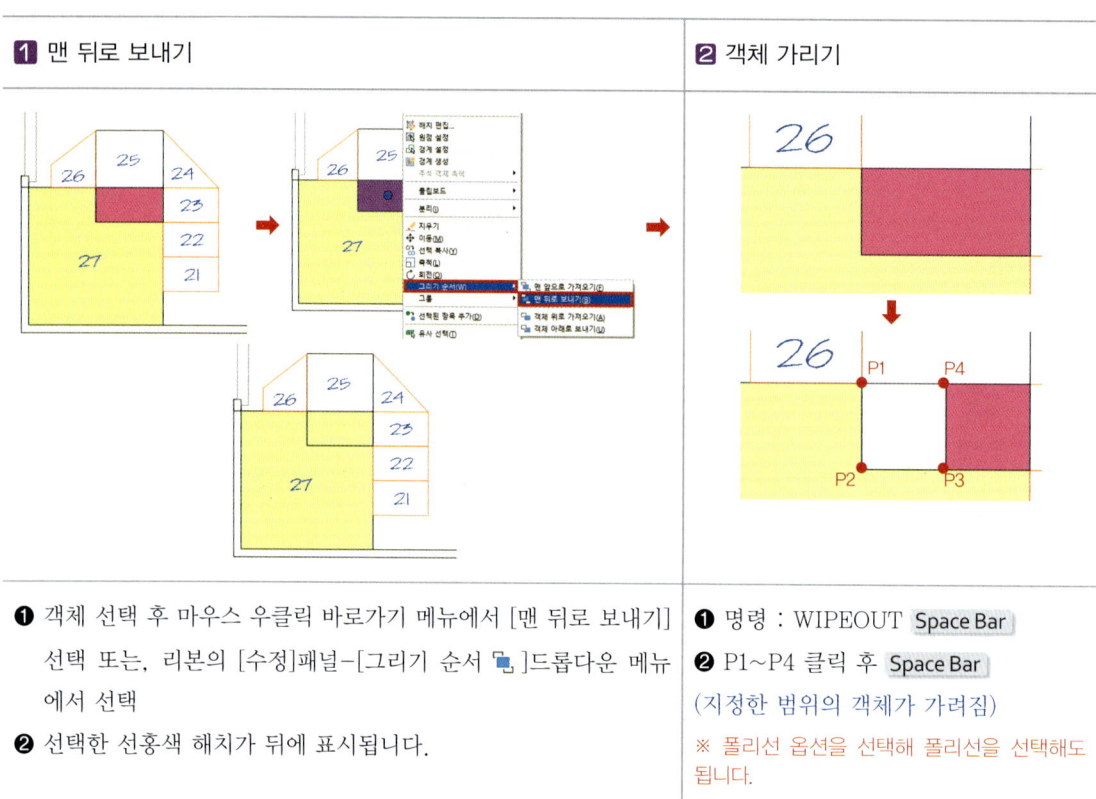

1 맨 뒤로 보내기

❶ 객체 선택 후 마우스 우클릭 바로가기 메뉴에서 [맨 뒤로 보내기] 선택 또는, 리본의 [수정]패널-[그리기 순서]드롭다운 메뉴에서 선택
❷ 선택한 선홍색 해치가 뒤에 표시됩니다.

2 객체 가리기

❶ 명령 : WIPEOUT `Space Bar`
❷ P1~P4 클릭 후 `Space Bar`
(지정한 범위의 객체가 가려짐)
※ 폴리선 옵션을 선택해 폴리선을 선택해도 됩니다.

22 선택된 항목 추가 (ADDSELECTED)

선택한 객체를 기준으로 객체를 작성합니다. 원을 선택하면 원이, 중심선을 선택하면 중심선이, 치수를 선택하면 치수가 작성됩니다.

| **1** 문자 선택 후 선택된 항목 추가 : 문자 작성 | **2** 해치 선택 후 선택된 항목 추가 : 해치 작성 |

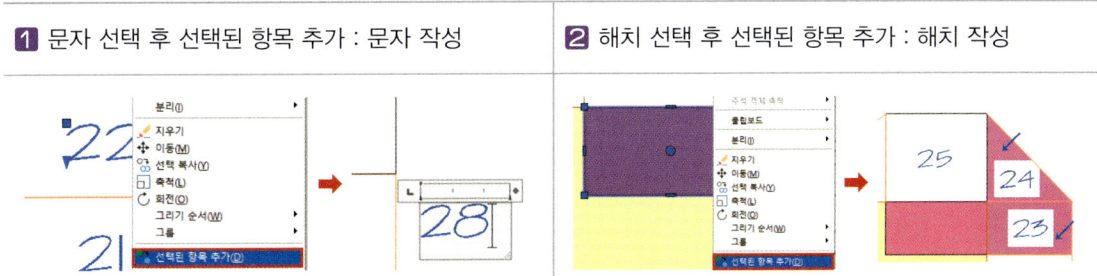

❶ 새 객체의 기준이 될 사용한 객체를 선택
❷ 마우스 우클릭 바로가기 메뉴에서 [선택된 항목 추가]를 선택
❸ 선택한 객체와 유사한 객체를 프롬프트 지시에 따라 작성합니다.

◀ 여기서 잠깐 ▶

문자 주변으로 해치가 작성 안될 경우는 해치 옵션의 [고립영역 탐지 무시]를 선택합니다.

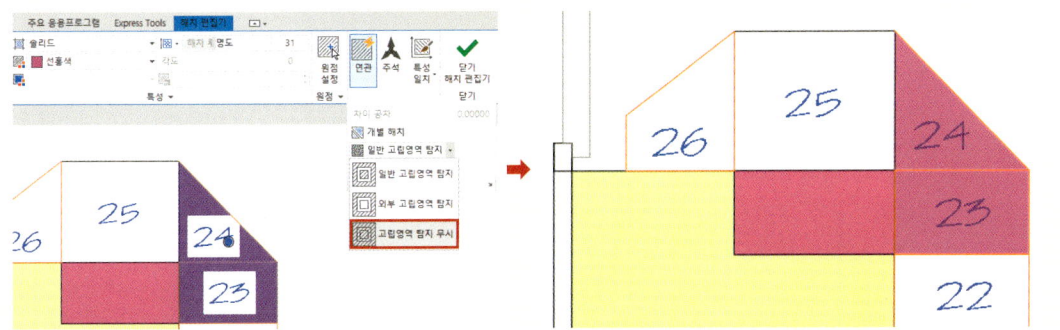

해치 경계 내의 문자 객체나 닫힌 영역은 고립영역으로 처리됩니다. [일반]은 고립영역 내의 고립영역을 해치, [외부]는 고립영역 외부 영역만 해치, 고립영역 탐지 무시는 경계 내의 모든 항목을 해치합니다.

23 그립 편집하기

명령을 사용하지 않고 직접 수정하려면 그립을 사용합니다.

선의 끝점을 클릭하면 끝점이 이동하고 중간점을 클릭하면 선 전체가 이동합니다.

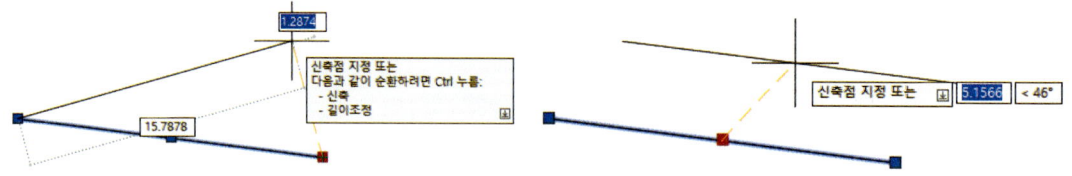

선의 기울기는 그대로 두고 길이만 변경할 수 있습니다. 끝점의 그립메뉴에서 [길이조정]을 선택하고 길이값을 입력하면 됩니다.

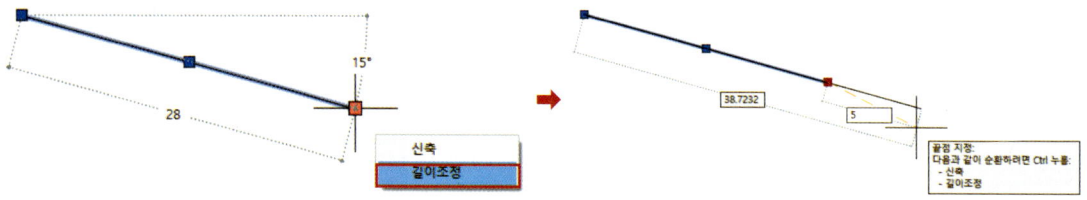

원의 사분점을 클릭하면 원의 반지름이 바뀌고 중심점을 클릭하면 원 전체가 이동합니다.

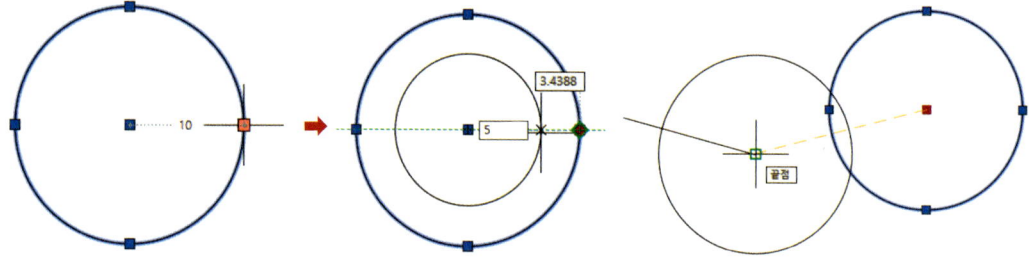

연습도면 11
끊기, 모깎기, 모따기

30강_ https://cafe.naver.com/answerbook/5590

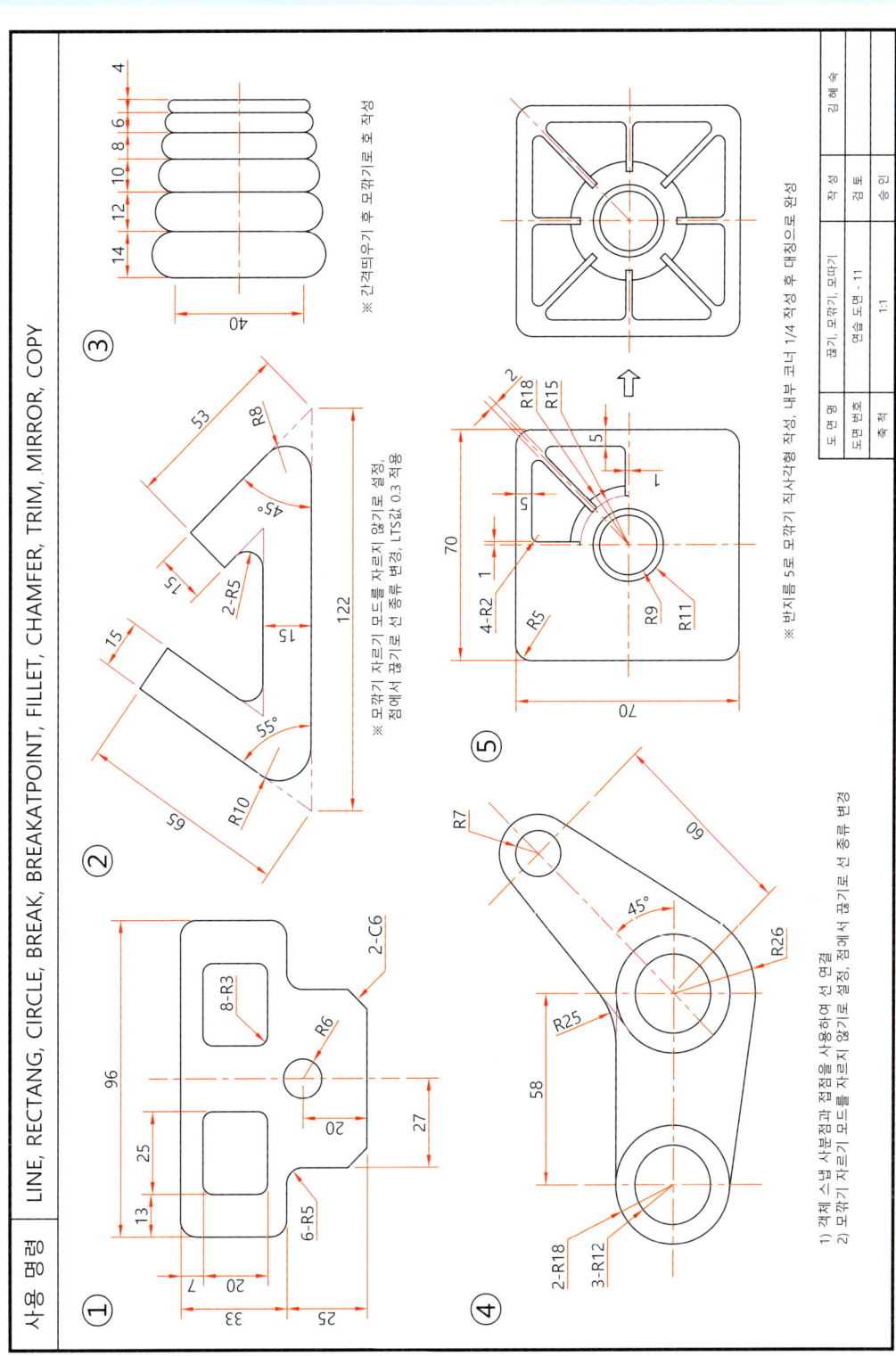

연습도면 12

모깎기, 모따기, 길이조정, 배열

31강_ https://cafe.naver.com/answerbook/5591

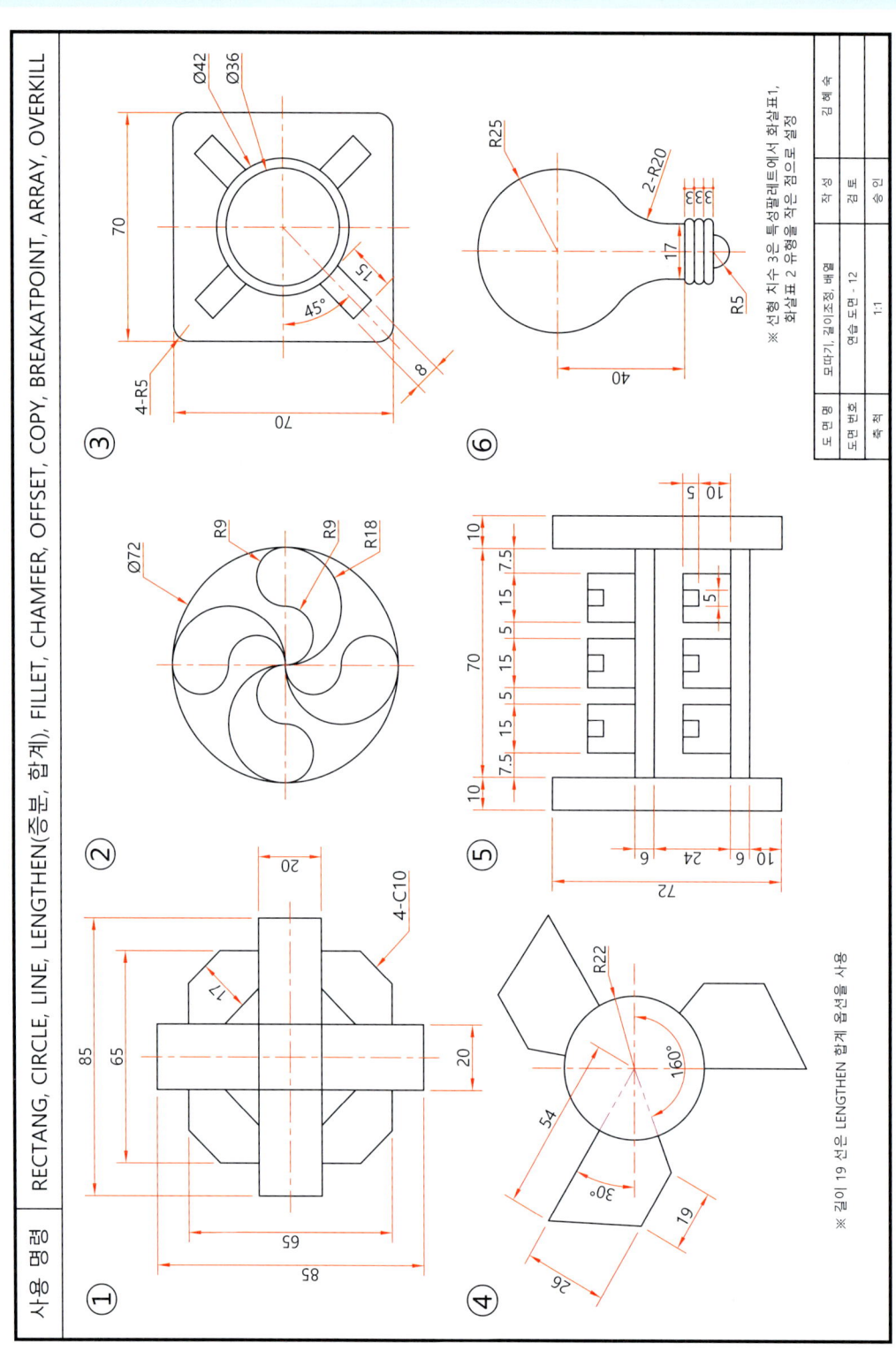

2.4 문자, 치수, 지시선, 필드 작성

학습목표 : 문자와 치수 스타일을 새로 생성하고 지정한 스타일로 주석을 작성할 수 있다.
대상물의 치수에 관련된 가공상에 적합한 공차, 기하공차를 표현할 수 있다.

▶ 32강_ https://cafe.naver.com/answerbook/5592

1 단일행 문자 작성과 편집하기 (DTEXT, TEXT)

짧고 간단하게 작성할 때는 단일행 문자로 작성합니다.

리본	[홈]탭-[주석]패널-[단일행 문자 A]		
명령	DTEXT, TEXT	단축키	DT

❶ 단일행 문자 작성	❷ 문자 내용만 편집	❸ 문자의 특성 편집
❶ 명령 : DT Space Bar ❷ 문자의 시작점 P1클릭 ❸ 5 Space Bar (문자 높이) ❹ Space Bar (회전 각도 0적용)	❶ 편집할 문자를 더블클릭 ❷ 다시 클릭하여 커서가 표시되면 문자를 새로 입력 ❸ Enter Enter (명령 종료)	❶ 편집할 문자를 선택 후 Ctrl +1 또는 마우스 우클릭 바로가기 메뉴에서 [특성] 선택 ❷ 자리맞추기는 중간, 높이값은 3 으로 "단일행 문자"로 내용 변경

◀ 여기서 잠깐 ▶

문자의 자리맞추기 기본값은 왼쪽으로 설정되어 있습니다. 자리맞추기 옵션 설정에 따라 문자 위치가 달라집니다.

2 여러 줄 문자 작성과 편집하기 (MTEXT)

여러 줄 문자는 단락 문자라고도 합니다. 여러 행의 긴 문장과 기호 삽입이 편리합니다.

리본	[홈]탭-[주석]패널-[여러 줄 문자 A]		
명령	MTEXT	단축키	T, MT

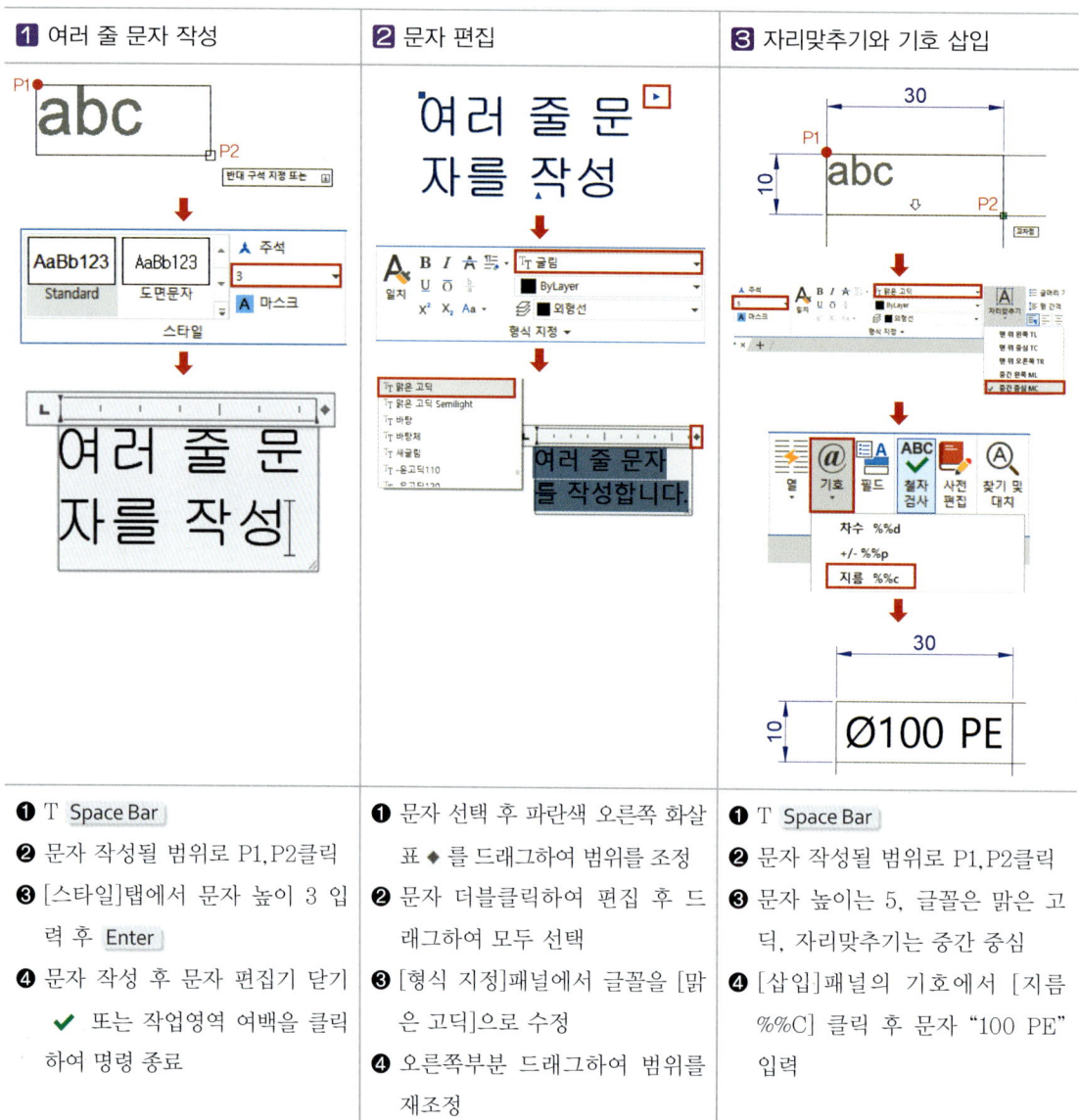

■ 여기서 잠깐

CAD는 용지 크기로 축척을 조정하고 객체 자체는 축척과 상관없이 현재 치수로 그립니다. 예를 들어, SCALE=1:100, A3 도면으로 출력한다면 (420×297mm)×100을 계산하여 작성할 용지 크기는 42000×29700mm가 됩니다. 객체도 1m는 1000mm으로 바꿔서 작성합니다.

더불어 문자도 SCALE=1:100, 5mm 문자크기로 출력한다면 실제 제도할 때 문자 높이는 5mm×100=500으로 설정하여 작성합니다.

3 문자 스타일 작성하기 (STYLE)

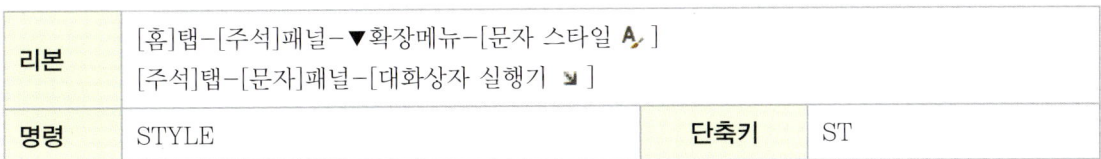

문자 스타일은 문자 설정의 집합체로 글꼴, 행 간격, 자리맞추기 및 색상과 같은 문자 모양을 조정합니다.

리본	[홈]탭-[주석]패널-▼확장메뉴-[문자 스타일 A] [주석]탭-[문자]패널-[대화상자 실행기 ↘]		
명령	STYLE	단축키	ST

1 문자 스타일 작성

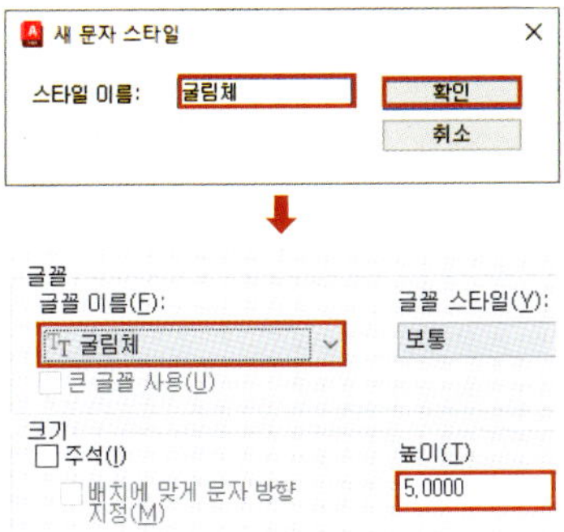

❶ ST `Space Bar`
❷ [새로 만들기] 클릭
❸ 스타일 이름 "굴림체" 입력 후 [확인]
❹ 글꼴 이름 "굴림체" 선택, 문자 높이 "5" [적용],[닫기]

2 아시아어 큰 글꼴 SHX

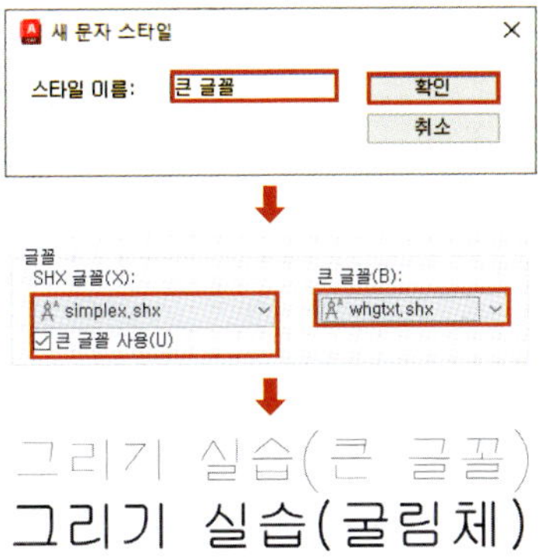

❶ ST `Space Bar`
❷ [새로 만들기] 클릭
❸ 스타일 이름 "큰 글꼴" 입력 후 [확인]
❹ SHX글꼴은 simplex.shx, 큰 글꼴 사용 체크, whgtxt.shx 선택
❺ 문자 높이 "0" [적용],[닫기]

1) whgdtxt.shx 글꼴 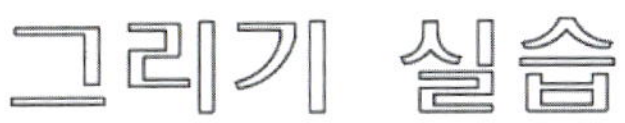
그리기 실습
2) whgtxt.shx 글꼴 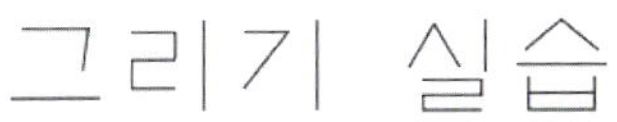
그리기 실습
3) whtgtxt.shx 글꼴 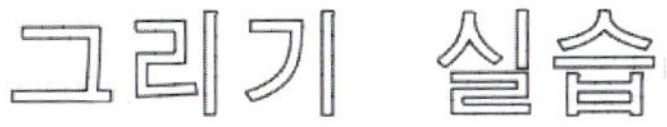
그리기 실습
4) whtmtxt.shx 글꼴
그리기 실습

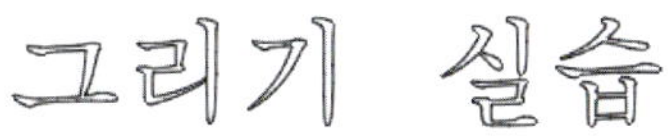

※ 큰 글꼴은 아시아 문자를 지원하기 위해 만들어진 특수한 유형의 문자 글꼴 파일입니다.
※ 굴림체처럼 트루타입 글꼴은 윈도우에서 사용하는 윤곽선 글꼴 형식입니다.

◀ 여기서 잠깐 ▶

- 문자 높이가 0으로 설정되면 단일 행 문자는 높이를 입력하라는 메시지가 표시되고 여러 줄 문자는 TEXTSIZE 시스템 변수에 지정된 값으로 기본 설정됩니다.
- 글꼴 중 @굴림체처럼 @가 붙은 글꼴은 세로로 글씨가 써지므로 주의합니다.
- 단일 행 문자를 여러 줄 문자로 바꾸려면 "TXT2MTXT"명령을 실행하고 단일행 문자를 선택하면 됩니다.

4 문자 정렬과 찾기 (TEXTALIGN, FIND)

여러 문자를 기준 객체에 맞춰 정렬할 수 있습니다. 정렬 기본값은 왼쪽으로 설정되어 있습니다.
찾기는 지정한 문자를 찾아 다른 문자로 대치합니다.

리본	[주석]탭-[문자]패널-[문자 정렬]/[찾기]		
명령	TEXTALIGN(문자 정렬)/FIND(찾기)	**단축키**	TA/없음

1 정렬-MC옵션

❶ TA `Space Bar`
❷ I `Space Bar` (정렬-alignment)
❸ MC `Space Bar` (중간 중심)
❹ 정렬할 문자 모두 선택 후 `Space Bar`
❺ [점]에 맞추어 정렬할 문자로 첫 번째 줄 문자 선택
❻ 두 번째 지점으로 P1 클릭
(중간 중심, 수직으로 정렬됨)
(간격두기 모드=현재 수직)

2 분산 옵션

❶ TA `Space Bar`
❷ I `Space Bar` (정렬)
❸ L `Space Bar` (왼쪽)
❹ O `Space Bar` (옵션)
❺ D `Space Bar` (분산-Distribute)
❻ 정렬할 문자 모두 선택 후 `Space Bar`
❼ [점]에 맞추어 정렬할 문자로 첫 번째 줄 문자 선택
❽ 정렬할 문자 모두 선택 후 `F8` 직교모드 컨 상태에서 두 번째 지점으로 P1 클릭(간격이 균등하게 정렬됨)

3 간격설정 옵션

❶ TA `Space Bar`
❷ O `Space Bar` (옵션)
❸ S `Space Bar`
(간격 설정-Set Spacing)
❹ 5 `Space Bar` (간격값)
❺ 정렬할 문자 모두 선택 후 `Space Bar`
❻ [점]에 맞추어 정렬할 문자로 첫 번째 줄 문자 선택
❼ `F8` 직교모드 컨 상태에서 두 번째 지점으로 P1 클릭
(간격이 5로 일정하게 정렬됨)

4 찾기

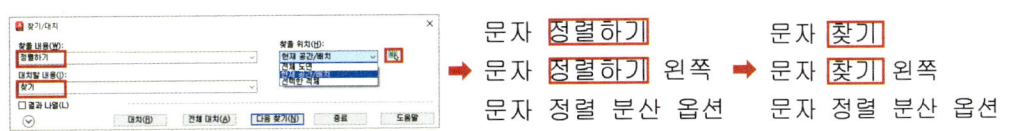

❶ 명령 : FIND Space Bar 또는 [주석]탭-[문자]패널에 문자 입력 후 🔍 찾기 클릭
❷ 찾을 내용과 대치할 내용 입력하고 찾을 위치에서 전체, 현재 공간, 또는 객체 선택
❸ [대치] 또는 [전체 대치] 클릭하여 찾아 바꾸기 ("정렬하기" 문자가 "찾기"로 바꾸기가 됨)

◀ 여기서 잠깐 ▶

파일을 열 때 [SHX 파일이 하나 이상 누락되었습니다. 어떻게 하시겠습니까?] 대화상자가 보일 때가 있습니다. 이것은 해당 글꼴이 없다는 것으로 다른 글꼴로 대체해야만 도면에 작성된 문자를 확인할 수 있습니다. [문자 스타일] 대화상자 에서 확인하면 누락된 글꼴은 노란색 삼각표식이 보입니다. 이 경우는 [각 SHX 파일에 대한 대치 지정]을 클릭 후 [whgtxt.shx] 큰 글꼴로 대체 후 [확인]을 클릭합니다.

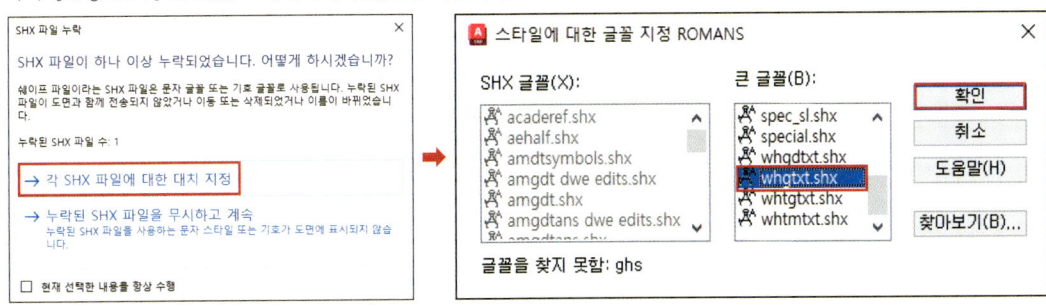

연습도면 13
문자 작성

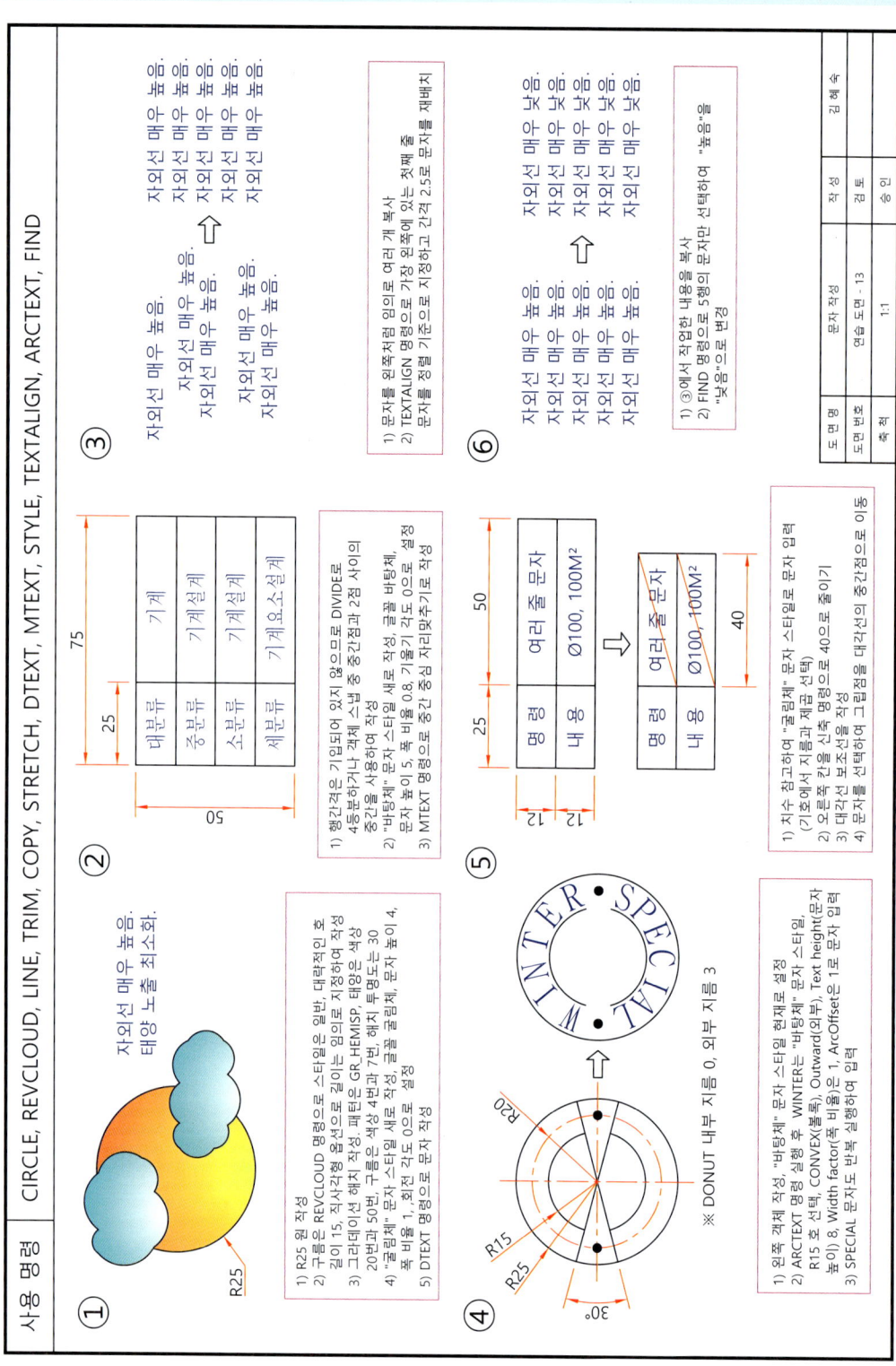

5 치수(DIM) 작성과 편집하기

▶ 35강_ https://cafe.naver.com/answerbook/5595

작성한 객체가 맞게 되었는지 확인하려면 치수를 기입해야 합니다. 기본 치수 기입 유형은 선형, 반지름, 지름, 각도, 세로 좌표 및 호 길이입니다. DIM 명령을 사용하면 치수를 기입하려는 객체 유형에 따라 자동으로 치수를 작성할 수 있습니다. 객체 위에 마우스를 놓으면 사용할 치수 유형의 미리보기가 생성됩니다.

리본	[홈]탭-[주석]패널-[치수][선형 치수][정렬 치수][각도 치수][호 길이 치수] [반지름 치수][지름 치수][세로 좌표 치수] [주석]탭-[치수]패널-[기준선 치수][연속 치수][빠른 작업][공간 조정], ▼확장메뉴-[공차]		
명령	DIM (치수)	단축키	없음
	DIMLINEAR (선형 치수)		DLI
	DIMALIGNED (정렬 치수)		DAL
	DIMANGULAR (각도 치수)		DAN
	DIMRADIUS (반지름 치수)		DRA
	DIMDIAMETER (지름 치수)		DDI
	DIMARC (호 길이 치수)		DAR
	DIMORDINATE (세로 좌표 치수)		DOR
	DIMBASELINE (기준선 치수)		DBA
	DIMCONTINUE (연속 치수)		DCO
	QDIM (빠른 작업)		없음
	DIMSPACE (공간 조정)		없음
	TOLERANCE (기하공차)		TOL
	DIMEDIT (치수 편집)		DED

1 DIM 선형 치수

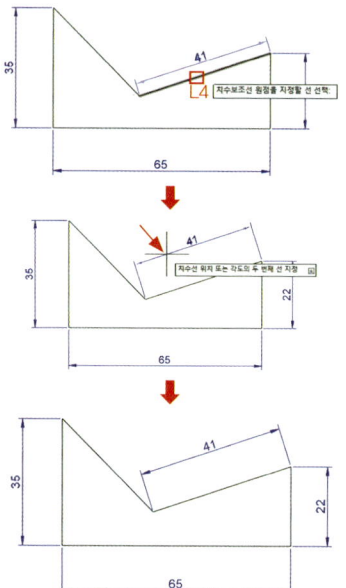

❶ [치수] 클릭
❷ 선 위에 마우스 올리기
❸ L1 선택 후 치수선 위치 클릭
❹ L2, L3도 선택하여 작성
❺ Space Bar 명령 종료

2 DIM 정렬 치수

❶ F8 직교모드 해제
❷ [치수] 클릭
❸ 선 위에 마우스 올리기
❹ L4 선택 후 치수선 위치 클릭
❺ Space Bar 명령 종료

3 DIM 각도 치수

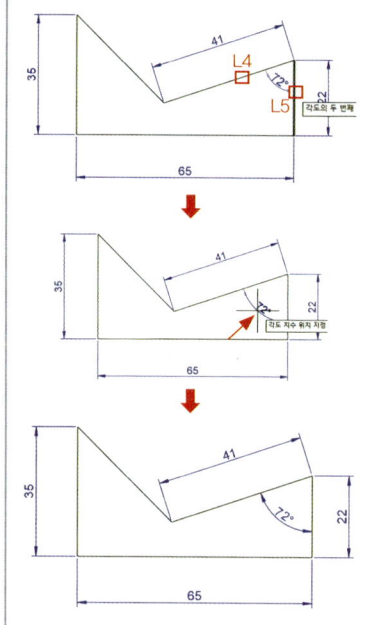

❶ [치수] 클릭
❷ L4, L5 선택 후 각도 치수선 위치 클릭
❸ Space Bar 명령 종료

4 DIM 지름 치수

❶ [치수] 클릭
❷ 지름 지정할 원 선택
❸ 지름 치수 위치 클릭
❹ Space Bar 명령 종료

5 선형 치수

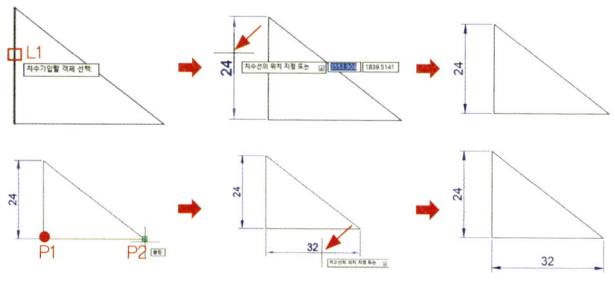

❶ 명령 : DLI Space Bar
❷ Space Bar (객체 선택 옵션 실행)
❸ 치수 기입할 객체 L1선택
❹ 치수선 위치 클릭 (DLI 명령은 한 번만 실행됨)
   Space Bar (선형 치수 명령 반복)
❺ 객체의 두 끝점(P1,P2)을 클릭
❻ 치수선 위치 클릭

6 정렬 치수 1

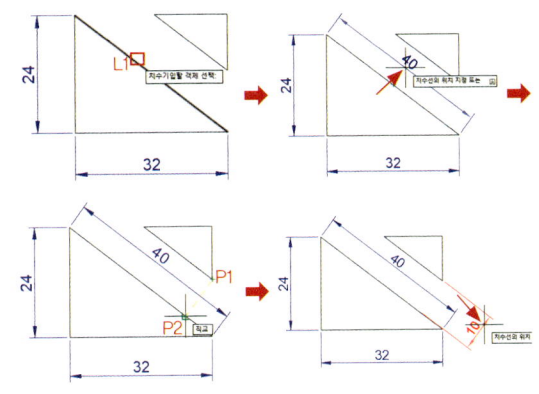

❶ 명령 : DAL `Space Bar`
❷ `Space Bar` (객체 선택 옵션 실행)
❸ 치수 기입할 객체 L1 선택
❹ 치수선 위치 클릭
❺ `Space Bar` (정렬 치수 명령 반복)
❻ 객체의 끝점(P1)과 직교(P2)를 클릭
❼ 치수선 위치 클릭

7 정렬 치수 2

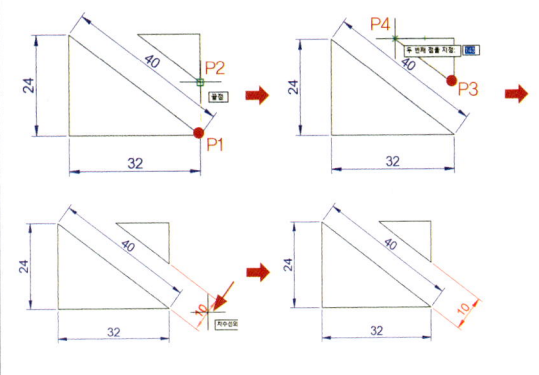

※ 6번 실습의 ❻~❼순서로 정렬 치수를 작성하면 치수보조선 일부가 검은색 실선과 겹치는 현상이 발생합니다. 이를 해결하기 위해 다음과 같은 방법으로 치수를 작성합니다.

❶ 명령 : DLI `Space Bar`
❷ 객체의 두 끝점(P1,P2)을 클릭
❸ R `Space Bar` (회전)
❹ 치수선의 각도로 P3,P4클릭 (기울기 지정)
❺ 치수선 위치 클릭 (겹침이 없음)

8 반지름 치수

❶ 명령 : DRA `Space Bar`
❷ 원 선택 후 치수선 위치 클릭

9 지름 치수

❶ 명령 : DDI `Space Bar`
❷ 원 선택 후 치수선 위치 클릭

10 호 길이 치수

❶ 명령 : DAR `Space Bar`
❷ 호 선택 후 치수선 위치 클릭

II _도면 작성하기 95

11 세로 좌표 치수

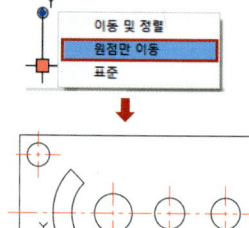
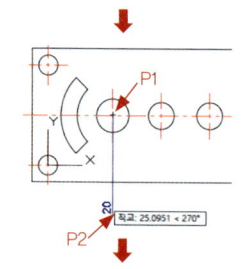
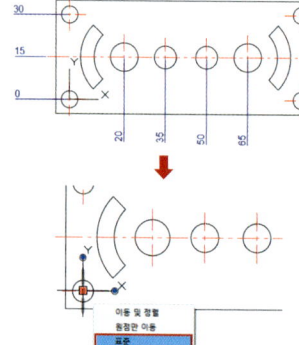

12 기준선 치수

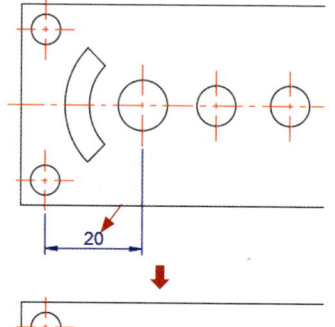
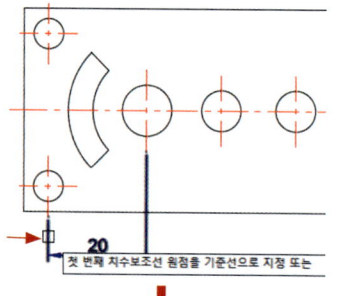
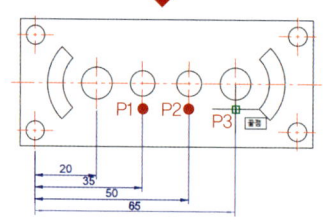

13 연속 치수

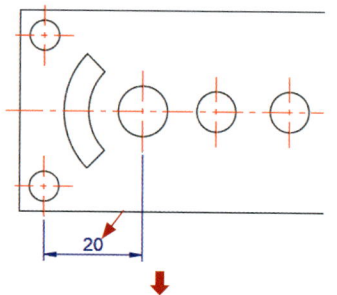
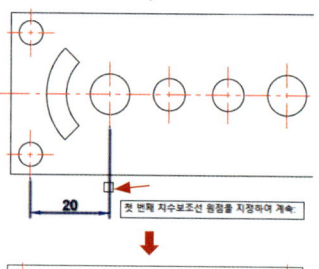
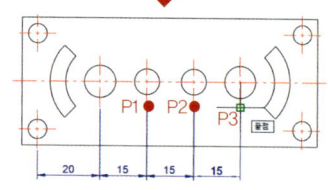

---

❶ UCS 아이콘 클릭, 그립메뉴에서 [원점만 이동] 선택
❷ 왼쪽 원의 중심점 클릭
❸ [치수] 클릭
❹ O `Space Bar` (세로좌표)
❺ 치수가 자리할 위치 지정 (P1, P2), 다른 부분도 클릭
❻ `Space Bar` `Space Bar` 명령 종료
❼ UCS 아이콘 클릭, [표준]으로 복귀

❶ [치수] 클릭
❷ 선형 치수 20 기입
❸ B `Space Bar` (기준선)
❹ 첫 번째 치수보조선 선택
❺ P1, P2, P3지점 클릭해 작성
❻ `Esc` `Esc` 명령 종료
※ `Space Bar` 대신 `Esc` 클릭해도 명령 취소가 됩니다.

❶ [치수] 클릭
❷ 선형 치수 20 기입
❸ C `Space Bar` (계속)
❹ 두 번째 치수보조선 선택
❺ P1, P2, P3지점 클릭해 작성
❻ `Esc` `Esc` 명령 종료

14 빠른 작업(연속 치수)	15 빠른 작업(기준선 치수)	16 빠른 작업(반지름 치수)
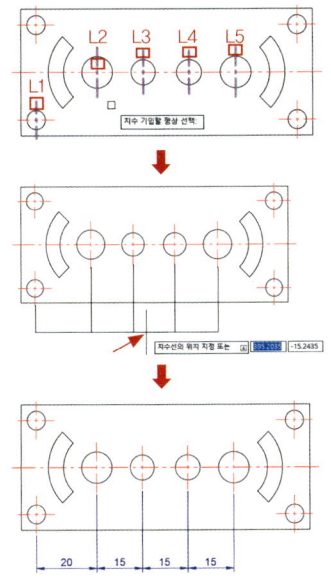	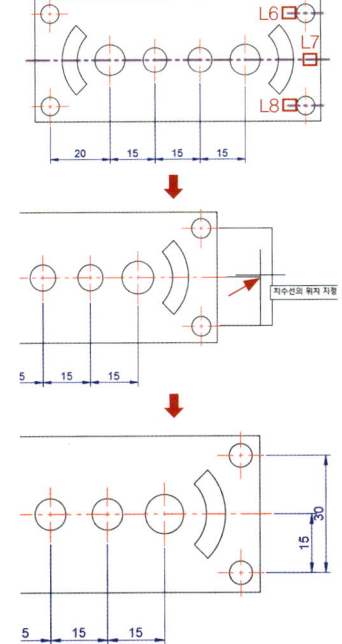	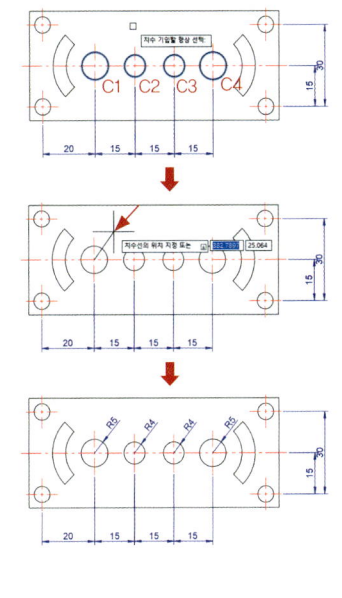
❶ [주석]탭-[치수]패널-[빠른 작업] 클릭 ❷ 치수 기입할 형상(L1~L5) 선택 후 Space Bar ❸ 치수선의 위치 지정 (연속 치수가 기입됨)	❶ Space Bar (빠른 작업 반복) ❷ 치수 기입할 형상(L6~L8) 선택 후 Space Bar ❸ B Space Bar (기준선) ❹ 치수선의 위치 지정 (기준선 치수가 기입됨)	❶ Space Bar (빠른 작업 반복) ❷ 치수 기입할 형상(C1~C4) 선택 후 Space Bar ❸ R Space Bar (반지름) ❹ 치수선의 위치 지정 (반지름 치수가 기입됨)

◀ 여기서 잠깐 ▶

그립을 사용한 치수 작성

❶ 기입된 치수를 선택
❷ 마우스를 그립점에 갖다대고 해당 메뉴에서 [치수기입 계속하기]를 클릭
❸ 치수기입할 객체의 끝점을 클릭하고 Esc Esc 명령종료

※ [화살표 반전]은 화살표 방향이 바뀌고 문자의 그립 메뉴는 문자 이동과 관계가 있습니다.

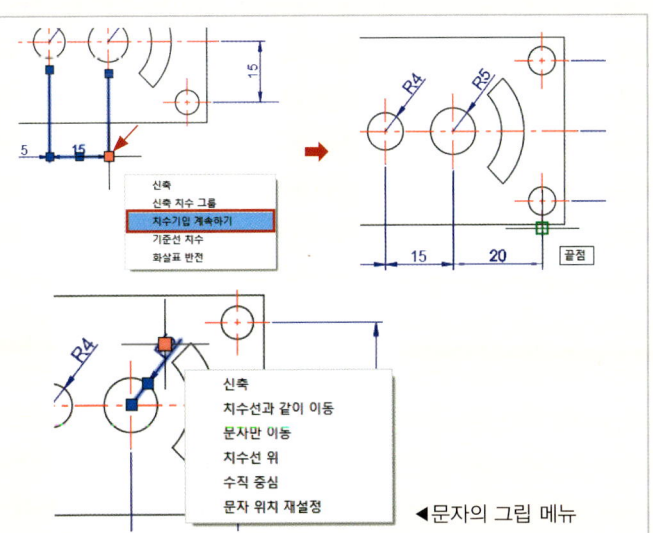

◀문자의 그립 메뉴

17 공간 조정(간격이 있을 때)	18 공간 조정(간격이 없을 때)	19 기하 공차
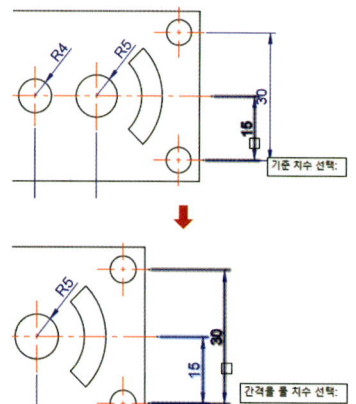	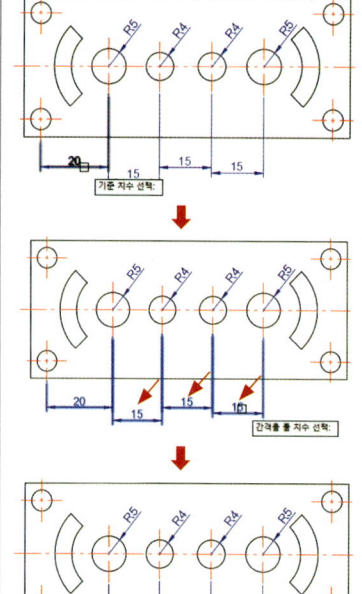	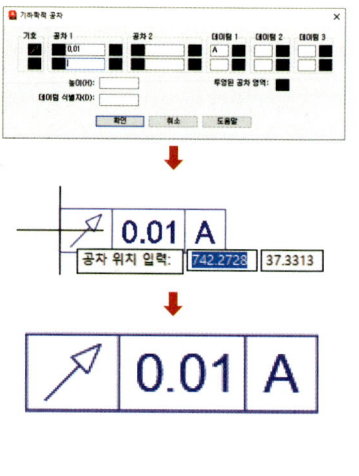
❶ [주석]탭-[치수]패널-[공간 조정] 클릭 ❷ 기준 치수 선택 ❸ 간격을 둘 치수 선택 후 `Space Bar` ❹ 8 `Space Bar` (거리값) 　(치수간격이 8로 조정됨)	❶ `Space Bar` (공간 조정 반복) ❷ 기준 치수 선택 ❸ 간격을 둘 치수 선택 후 `Space Bar` ❹ 0 `Space Bar` (거리값) ※연속 치수의 위치가 다를 때 사용합니다.	❶ 명령 : TOL `Space Bar` ❷ 공차, 데이텀 식별자 입력 후 [확인] 클릭 ❸ 공차 위치 클릭

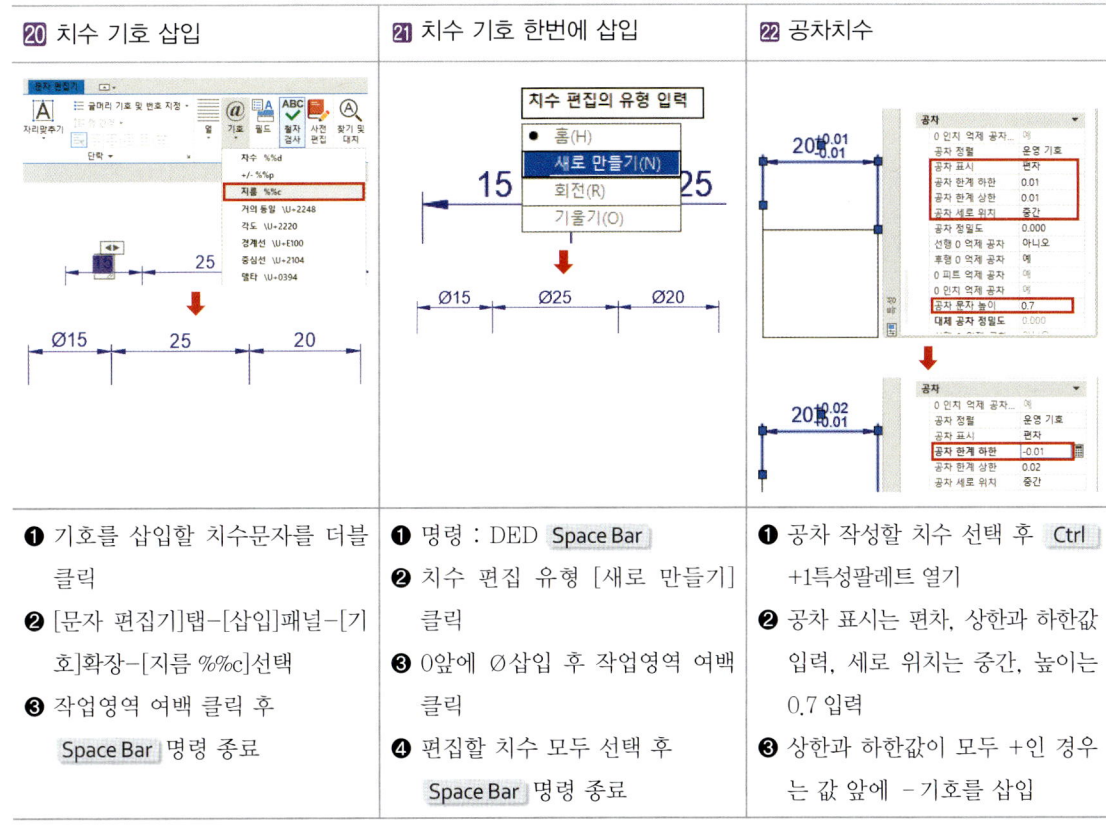

6 치수 스타일 작성하기 (DIMSTYLE)

▶ 36강_ https://cafe.naver.com/answerbook/5596

치수 스타일은 치수선, 치수보조선, 화살촉 스타일, 문자 위치 및 공차 등 치수 모양을 조정합니다. 기존 치수 스타일을 수정하려면 치수 스타일을 선택 후 [수정]을, 새로 만들려면 [새로 만들기]를 클릭합니다.

리본	[홈]탭-[주석]패널-▼확장메뉴-[치수 스타일 🖉] [주석]탭-[치수]패널-[대화상자 실행기 ↘]		
명령	DIMSTYLE	단축키	D

1 치수 스타일 새로 만들기

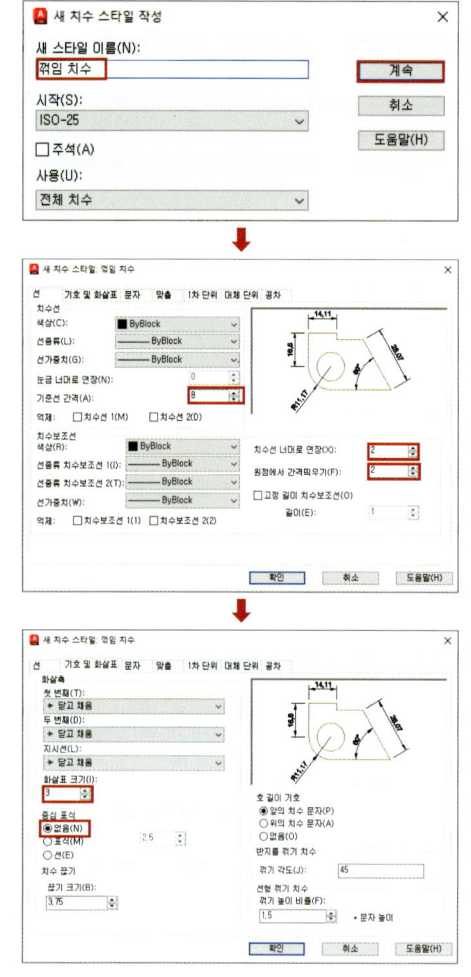
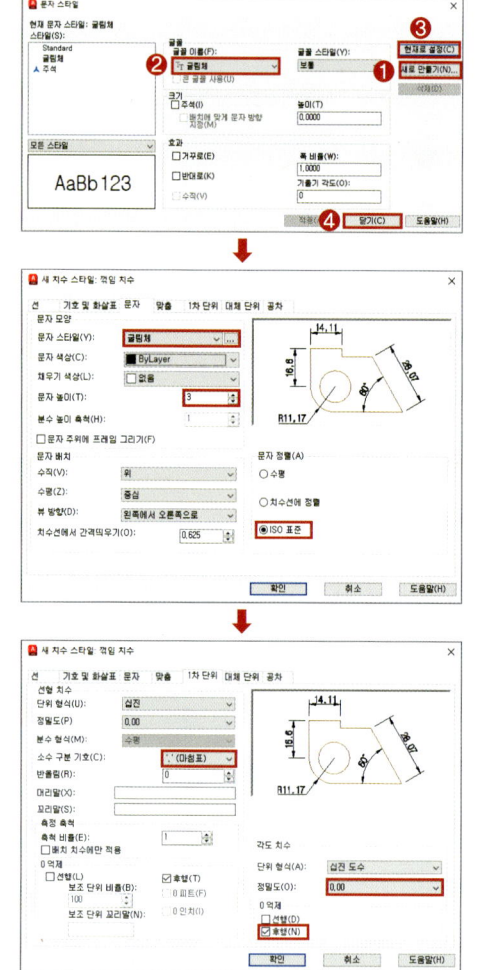

❶ 명령 : D Space Bar
❷ [새로 만들기] 클릭
❸ "꺾임 치수"로 이름 입력 후 [계속] 클릭
❹ [선]탭에서 기준선 간격은 8, 치수선 너머로 연장과 원점에서 간격띄우기 값을 2로 입력
❺ [기호 및 화살표]탭에서 화살표 크기를 3
❻ 중심 표식은 없음
❼ [문자]탭에서 문자 스타일의 ... 을 클릭
❽ [새로 만들기] 클릭하여 문자 스타일 이름과 글꼴을 굴림체로, 문자 높이는 3으로 설정 후 [닫기]
❾ 문자 정렬을 ISO 표준에 체크
❿ [1차 단위]탭에서 소수 구분 기호는 마침표, 각도 치수의 정밀도 0.00, 후행 체크
⓫ [확인][닫기]

2 치수 스타일 새로 만들기

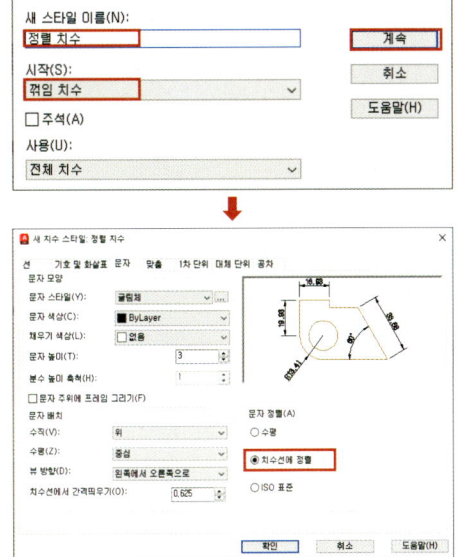

❶ 명령 : D Space Bar
❷ [새로 만들기] 클릭
❸ "정렬 치수"로 이름 입력, 시작은 꺾임 치수 확인 후 [계속] 클릭
❹ [문자]탭에서 문자 정렬을 치수선에 정렬에 체크
❺ [확인][닫기]

※ 시작을 "꺾임 치수"로 하면 설정 그대로 이어받기 때문에 필요한 것만 수정하면 됩니다.

3 치수 스타일 새로 만들기

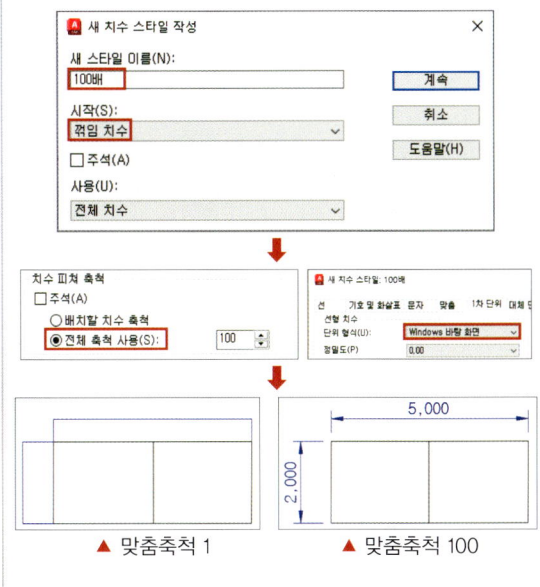

▲ 맞춤축척 1   ▲ 맞춤축척 100

❶ 명령 : D Space Bar
❷ [새로 만들기] 클릭
❸ "100배"로 이름 입력, 시작은 꺾임 치수 확인 후 [계속] 클릭
❹ [맞춤]탭에서 전체 축척 사용에 100 입력
❺ [1차 단위] 탭에서 단위형식을 Windows 바탕화면으로 선택
❻ [확인][닫기]

※ 1:100 도면일 때 치수 축척도 100배 정도 확대해야 작성한 치수가 보입니다.

◀ 여기서 잠깐 ▶

문자 스타일, 치수 스타일, 블록 등 이름을 바꾸기하려면 "RENAME"명령을 사용합니다.

❶ 명령: REN Space Bar
❷ 항목을 선택하고 아래 줄에 바꿀 이름을 입력 후 [바꿀 이름] 또는 [확인]을 클릭 (도면층 이름이 바뀌었음)

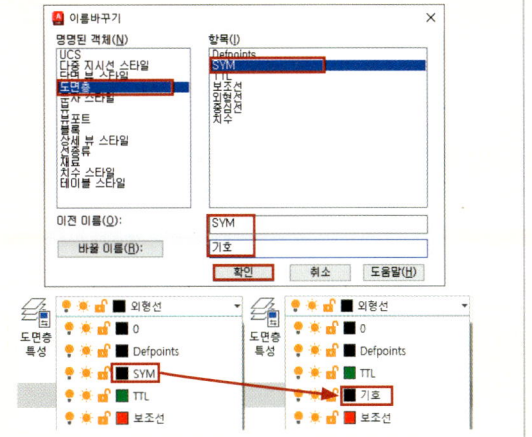

7 지시선 작성하기 (LEADER, QLEADER, MLEADER)

▶ 37강_ https://cafe.naver.com/answerbook/5597

LEADER 명령은 문자 아래에 밑줄이 표시되는 지시선으로 주로 모따기를 표현하는데 사용하고 QLEADER 명령은 데이텀, 기하공차를 작성할 때, MLEADER는 부품기호 등 블록을 사용한 지시선을 작성할 때 사용합니다.

리본	[홈]탭-[주석]패널-[지시선 🖉] / [주석]탭-[지시선]패널-[다중 지시선 🖉]		
명령	LEADER(지시선)/QLEADER(신속 지시선)/MLEADER(다중 지시선)	단축키	LEAD(지시선)/LE(신속 지시선) MLD(다중 지시선)

1 지시선 작성

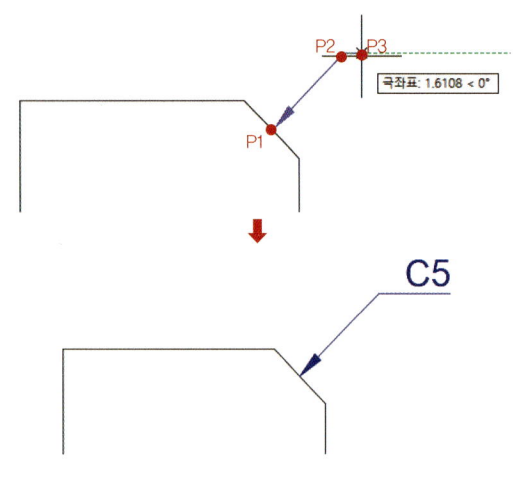

2 신속 지시선 작성 (여러 줄 문자)

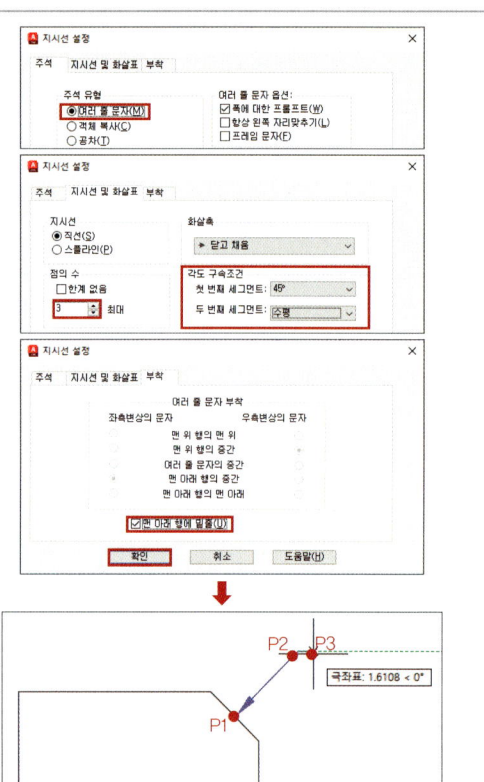

❶ 명령 : LEAD `Space Bar`
❷ 지시선 시작점을 중간점(P1)으로 지정
❸ `F10` 극좌표 추적 45도로 켠 상태에서 임의 지점 P2, P3를 클릭하고 `Space Bar`
❹ "C5" 입력 후 `Enter` `Enter`
※LEADER 명령은 문자 아래에 밑줄이 생기므로 P2~P3까지 거리는 짧게 클릭합니다.

❶ 명령 : LE `Space Bar`
❷ 명령 : S `Space Bar` (설정)
❸ [주석]탭의 주석 유형을 여러 줄 문자 체크 [지시선 및 화살표]탭에서 점의 수 최대 3, 각도 첫 번째 45도, 두 번째 수평으로, [부착]탭에서 맨 아래 행에 밑줄 체크 후 [확인] 클릭
❹ 첫 번째 지시선 중간점(P1)으로 지정
❺ `F8` 직교 끈 상태에서 두 번째(P2), 세 번째(P3) 점 지정
❻ 문자 폭 지정 : `Space Bar` (0 설정)
❼ "C5"입력 후 `Enter` `Enter`

3 신속 지시선 작성 (기하공차)

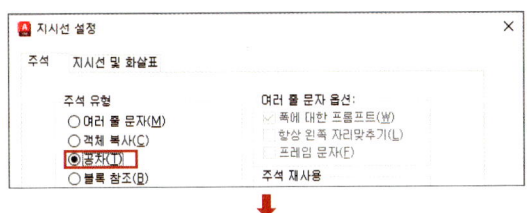

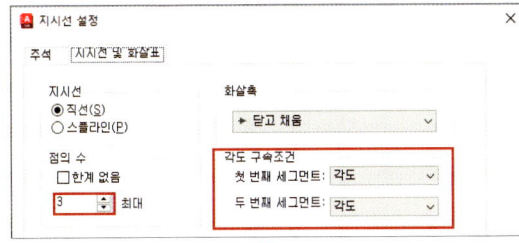

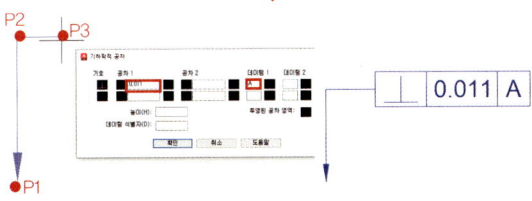

❶ LE `Space Bar`

❷ S `Space Bar` (설정)

❸ [주석]탭의 주석 유형을 공차에 체크
[지시선 및 화살표]탭에서 점의 수 최대 3, 첫 번째 와 두 번째 모두 각도로 설정 후 [확인] 클릭

❹ `F8` 직교 켠 상태에서 P1~P3까지 점을 지정 후 공차값을 입력, [확인] 클릭

4 신속 지시선 작성 (데이텀)

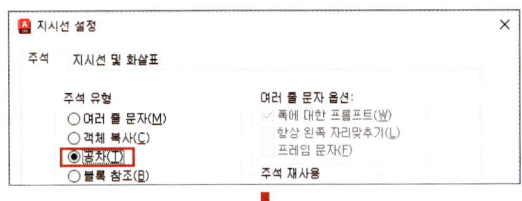

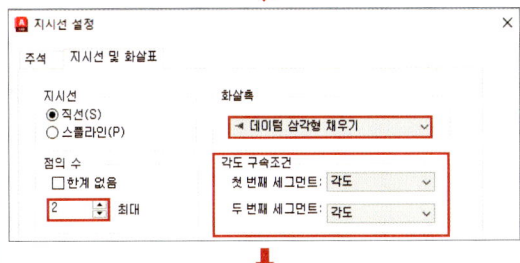

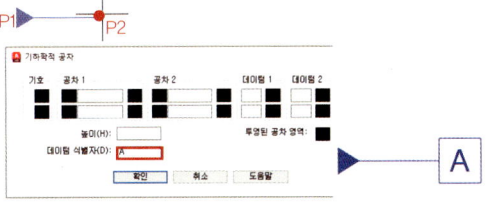

❶ LE `Space Bar`

❷ S `Space Bar` (설정)

❸ [주석]탭의 주석 유형을 공차에 체크
[지시선 및 화살표]탭에서 점의 수 최대 2, 화살촉 을 데이텀 삼각형 채우기, 첫 번째와 두 번째 모두 각도로 설정 후 [확인] 클릭

❹ P1, P2 클릭하고 데이텀 식별자에 "A"입력 후 [확인] 클릭

5 다중 지시선 작성

❶ [홈]탭-[주석]패널-[지시선] 클릭

❷ `F10` 극좌표 추적 45도로 켠 상태에서 임의 지점 P1, P2를 클릭하고 문자 "다중 지시선" 입력

❸ 여백 또는 [문자 편집기 닫기 ✔] 클릭

6 다중 지시선 추가

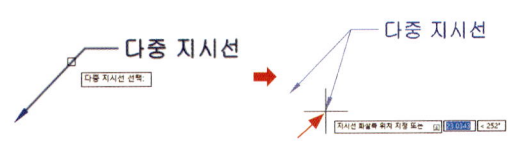

❶ [주석]탭-[지시선]패널-[지시선 추가]

❷ 지시선 추가할 다중 지시선 선택

❸ 지시선 화살촉 클릭하여 지시선 추가

7 다중 지시선 스타일 새로 생성

8 새 스타일로 다중 지시선 작성 및 정렬

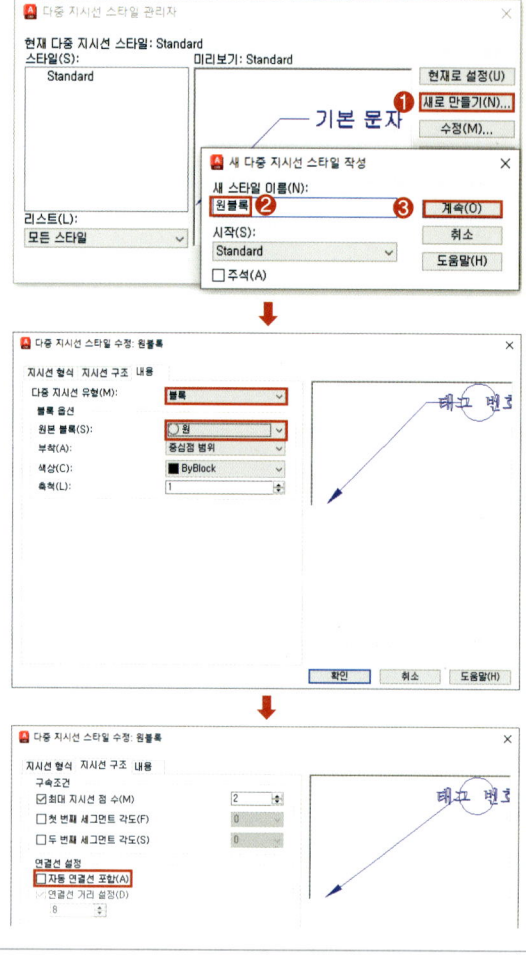
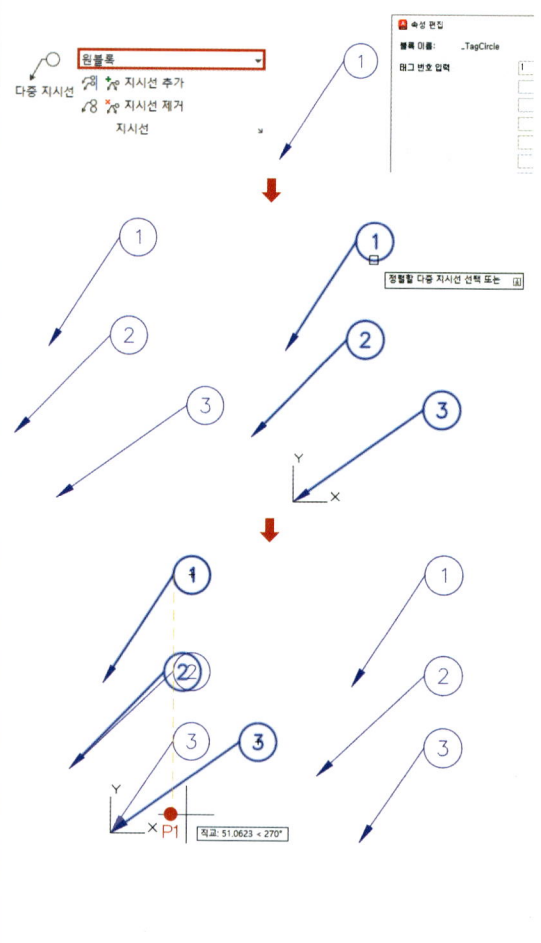

❶ [주석]탭-[지시선]패널-[대화상자 실행기 ↘]
❷ [새로 만들기] 클릭, 새 스타일 이름 "원블록"입력 후 [계속] 클릭
❸ [내용]탭에서 다중 지시선 유형을 블록, 원본 블록을 원으로 선택
❹ [지시선 구조]탭에서 자동 연결선 포함 체크해제 후 [확인] 클릭
❺ 다중 지시선 스타일 관리자 [닫기] 클릭

❶ [주석]탭-[지시선]패널에서 [원블록]스타일 이름 확인
❷ [주석]탭-[지시선]패널-[다중 지시선 ⁄°] 클릭
❸ 태그 번호를 입력하여 3개 정도 작성
❹ [주석]탭-[지시선]패널-[정렬 ⁄⁸] 클릭
❺ 다중 지시선을 모두 선택 후 Space Bar
❻ 정렬할 다중 지시선으로 1번 선택 후 F8 직교모드 켠 상태에서 임의의 점 P1 클릭
(1번에 맞춰 2번,3번 지시선이 수직정렬됨)

8 필드 작성하기 (FIELD)

표제란에 도면명을 자동으로 표시하거나 면적 등을 보여줍니다. 필드로 작성한 문자에는 자동으로 회색 배경이 보이지만 배경 자체는 출력되지 않습니다.

바로가기	문자 더블클릭 편집 상태에서 Ctrl + F		
명령	FIELD	단축키	없음

1 도면명 자동 입력 　　　　　　　　2 면적 자동 입력

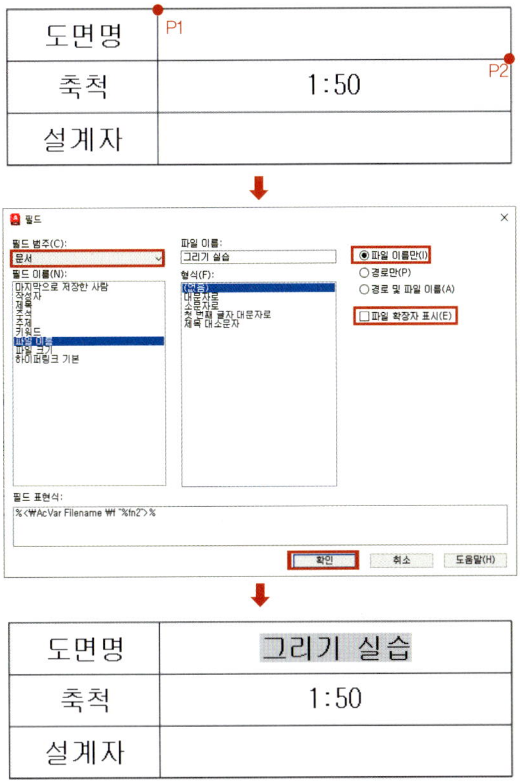

❶ 명령 : T Space Bar
❷ 필드를 작성할 범위(P1,P2)를 지정하고 [문자 편집기]탭-[삽입]패널-[필드] 클릭
❸ 필드 범주는 문서, 필드 이름은 파일 이름, 파일 이름만에 체크, 파일 확장자 표시 체크해제 후 [확인] 클릭
❹ 자리 맞추기 중간 중심, 문자 높이 조정 후 여백 또는 [문자 편집기 닫기 ✓] 클릭

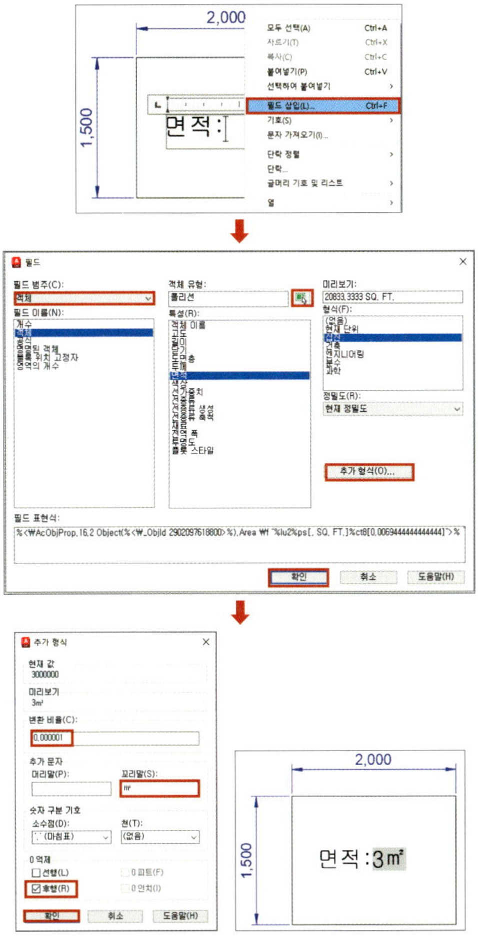

❶ "면적:" 문자 편집에서 마우스 우클릭 [필드 삽입]
❷ 필드 범주와 필드 이름은 객체, 객체 유형으로 직사각형을 선택, 특성을 면적, [추가 형식]을 선택
❸ 변환 비율에 0.000001, 꼬리말에 ㎡(세곱은 ㄹ한 자키를 클릭하여 특수기호로 입력), 0억제 후행 체크 후 [확인] 클릭
❹ 필드 대화상자에서도 [확인] 클릭

※1mm는 0.001m이므로 0.001m×0.001m=0.000001㎡를 면적의 변환 비율로 합니다.

연습도면 14

객체 작성

38강_ https://cafe.naver.com/answerbook/5598

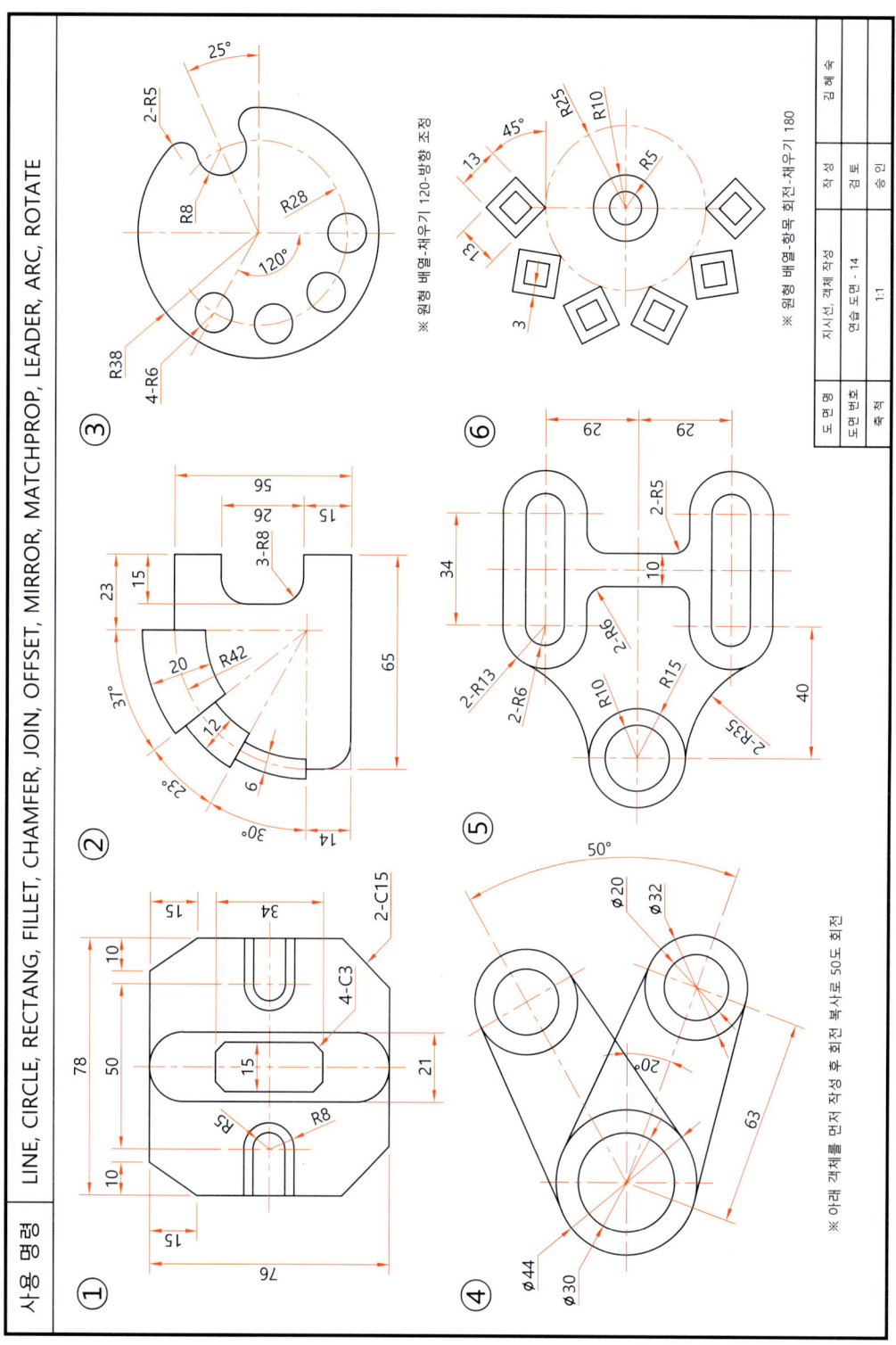

연습도면 15
객체 작성

39강_ https://cafe.naver.com/answerbook/5599

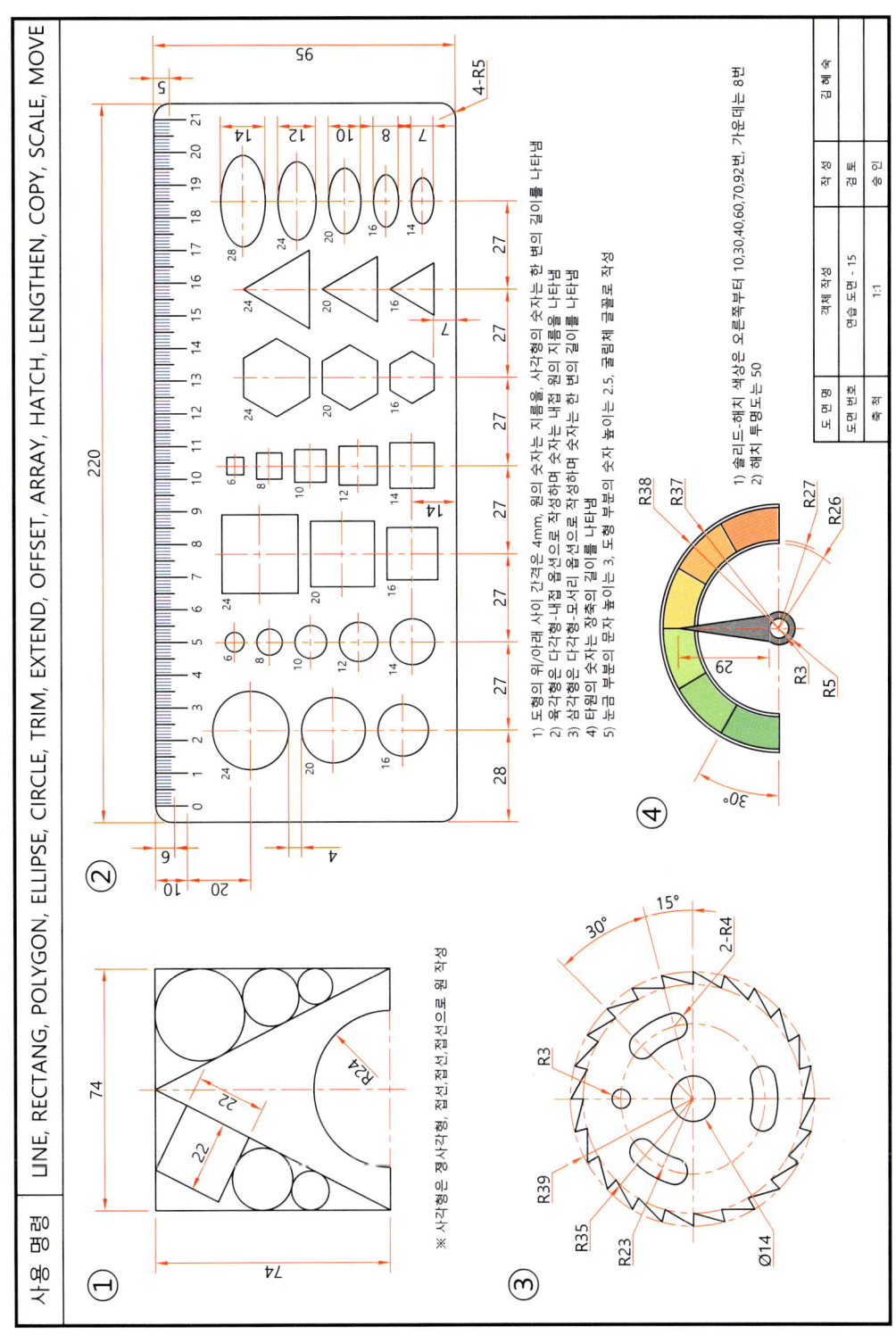

연습도면 16
객체 작성

▶ 40강_ https://cafe.naver.com/answerbook/5600

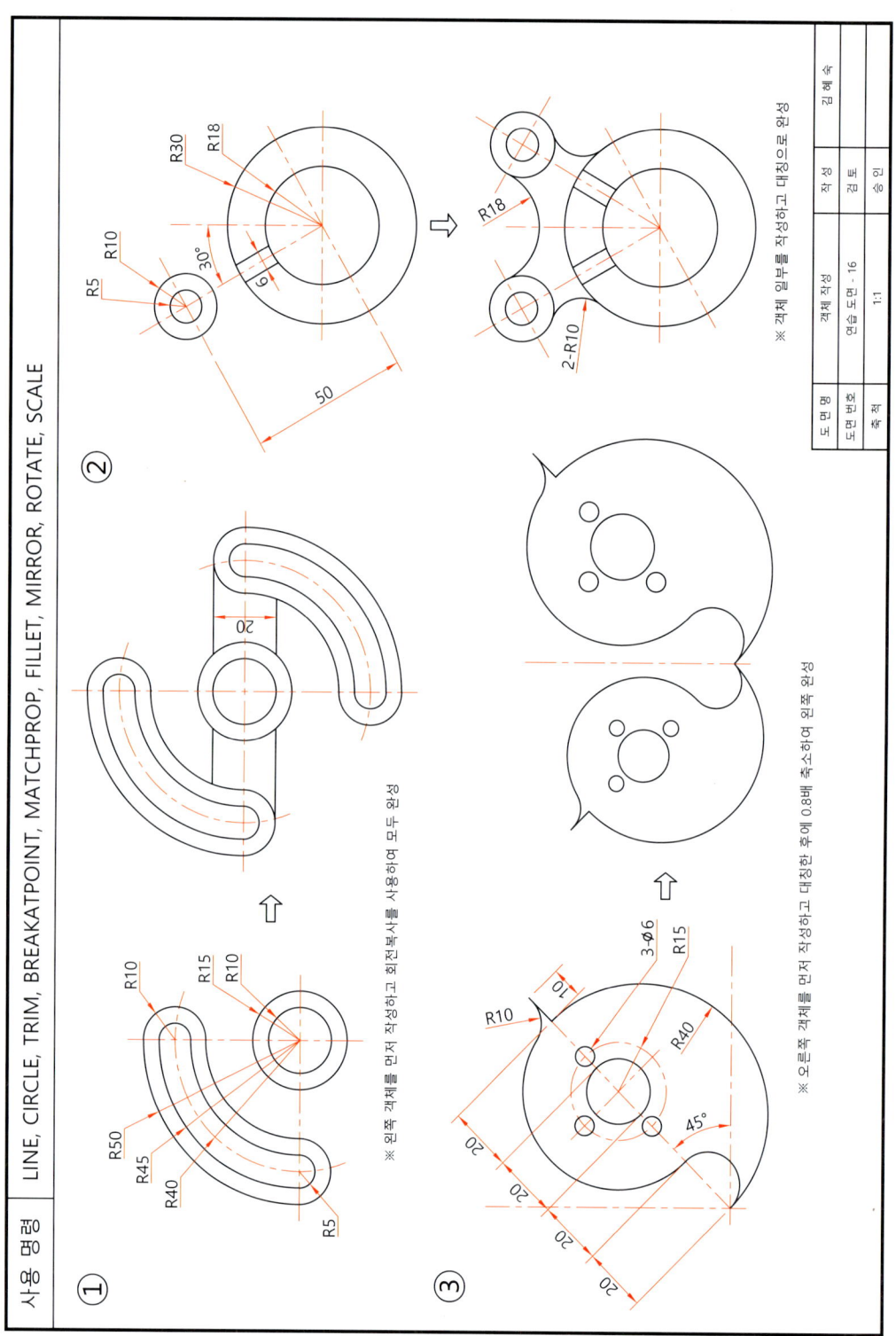

연습도면 17

객체 작성

41강_ https://cafe.naver.com/answerbook/5601

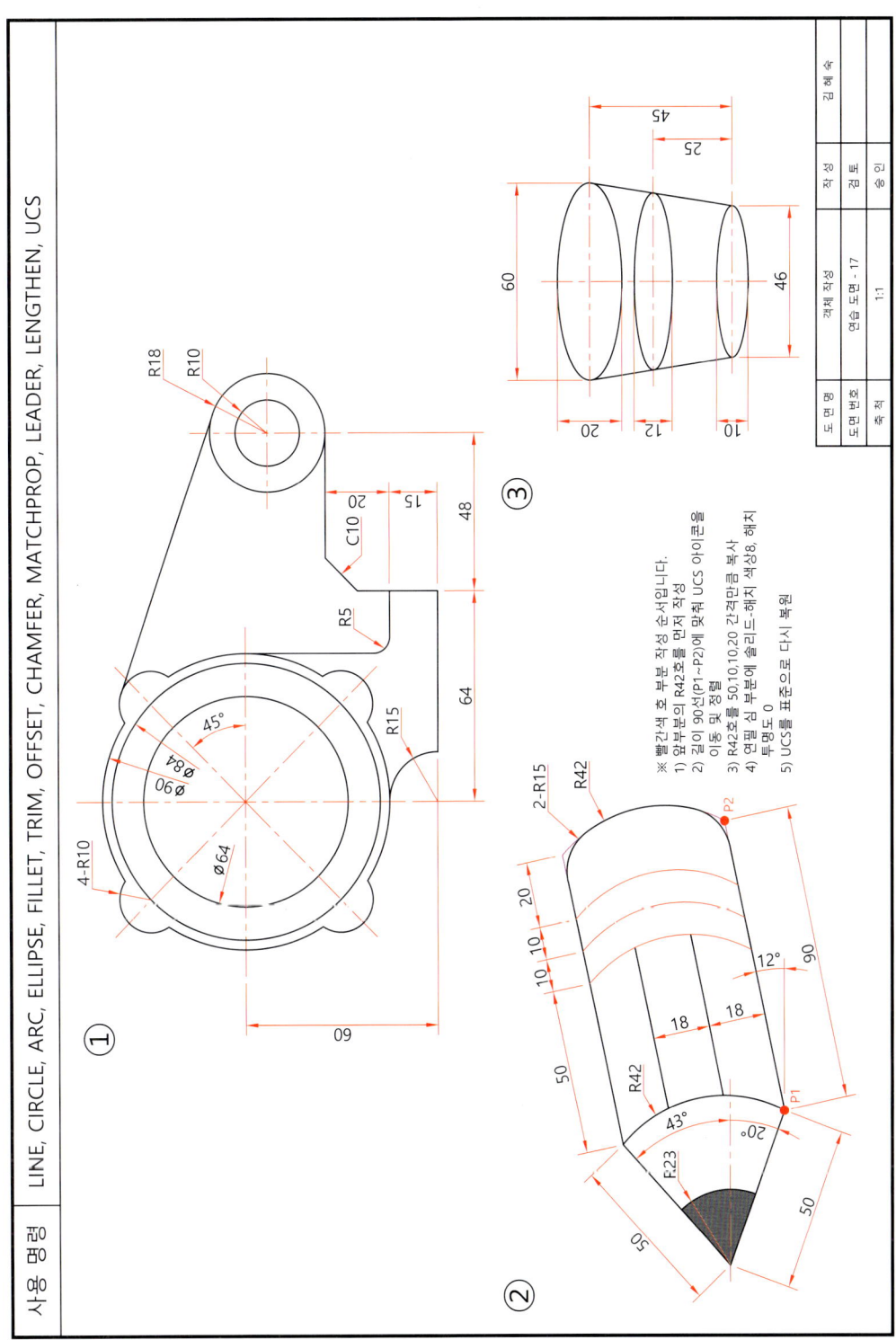

2.5 블록 작성 및 편집

학습목표 : 자주 사용되는 도면요소를 블록화하여 사용할 수 있다.

▶ 42강_ https://cafe.naver.com/answerbook/5602

1 블록 작성과 블록 쓰기 (BLOCK, WBLOCK)

BLOCK은 선택한 객체를 결합된 하나의 도형으로 구성하고 WBLOCK은 선택한 객체만 별도의 DWG 파일로 내보내기 합니다.

리본	[홈]탭-[블록]패널-[작성 🌟]/[삽입]탭-[블록 정의]패널-[블록 작성 🌟]/[블록 쓰기 🌟]		
명령	BLOCK(블록 작성)/WBLOCK(블록 쓰기)	단축키	B(블록 작성)/W(블록 쓰기)

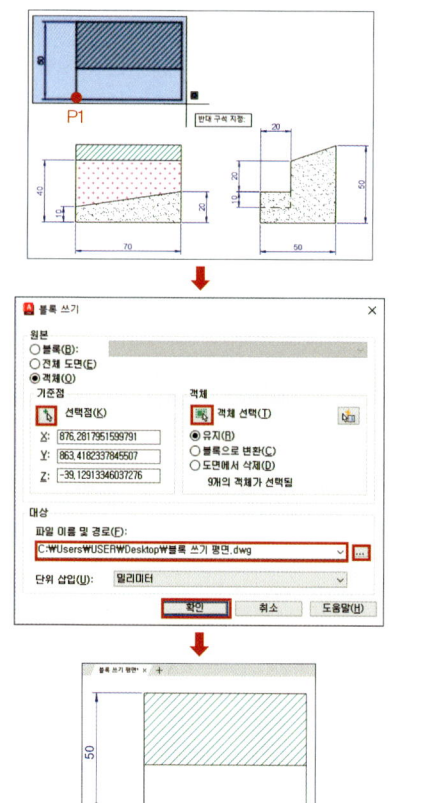

❶ 명령 : B `Space Bar` ❷ 이름은 소파, 기준점의 선택점 클릭하여 끝점 (P1) 클릭, 객체 선택 클릭하여 객체를 선택 후 `Space Bar` [확인] 클릭 (선택 객체가 블록으로 변환되어 객체 정보가 블록임)	❶ 명령 : W `Space Bar` ❷ 기준점의 선택점 클릭하여 끝점(P1) 클릭, 객체 선택 클릭하여 내보내기할 일부 객체를 선택 후 `Space Bar`, 클릭하여 저장 위치와 파일 이름 입력 후 [확인] 클릭 ❸ 내보내기한 DWG파일을 열어 확인

2 블록 삽입 (INSERT)

저장한 블록을 도면으로 가져옵니다.

바로가기	[홈]탭-[블록]패널-[삽입] ▼확장메뉴]		
명령	INSERT	단축키	I

1 블록 삽입 / 2 블록 삽입

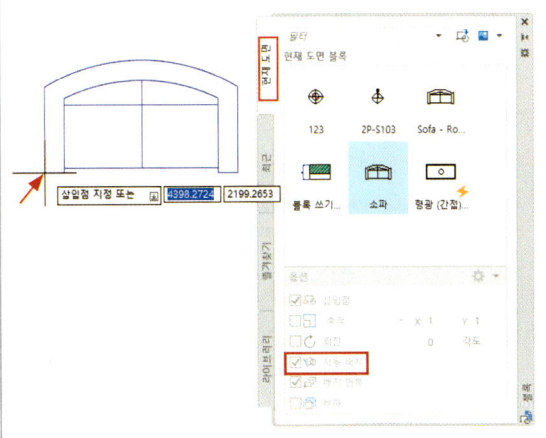

❶ 명령 : I `Space Bar` ❷ [블록]팔레트에서 삽입하고자 하는 블록을 선택하고 작업 영역으로 Drag&Drop	❶ 명령 : I `Space Bar` ❷ [현재 도면]탭에서 여러 번 삽입하도록 [배치 반복]을 체크 ❸ 삽입할 지점 클릭 후 `Space Bar` 명령 종료 ※ 디자인센터(`Ctrl` +2)를 통해서도 블록 삽입이 가능합니다.

◀ 여기서 잠깐 ▶

자동 배치(스마트 블록)는 2024버전에서 업데이트된 블록 삽입 기능으로 이전에 해당 블록을 배치한 위치를 기준으로 배치 제안을 해줍니다. 클릭하여 제안사항을 승인하거나 Ctrl 을 눌러 제안사항을 전환하거나 커서를 멀리 이동하여 현재 제안사항을 무시할 수 있습니다. 자동 배치 기능을 사용하지 않으려면 AUTOPLACEMENT 시스템 변수값을 0으로 합니다.(초기값 1)

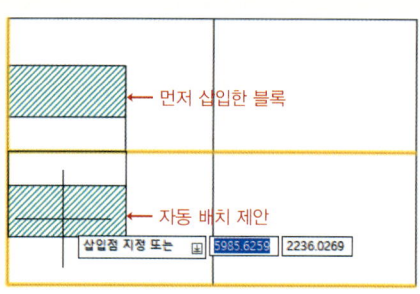
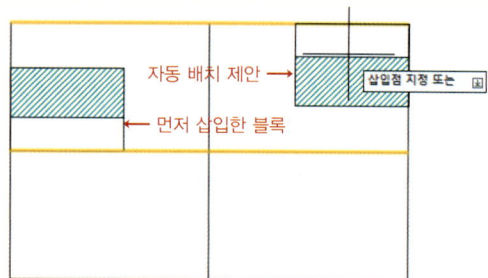

3 블록 편집기 (BEDIT)

블록 편집기를 사용하여 블록을 정의 및 편집합니다.

바로가기	[홈]탭-[블록]패널-[편집 📝] / [삽입]탭-[블록 정의]패널-[블록 편집기 📝]		
명령	BEDIT	단축키	BE

1 블록 편집

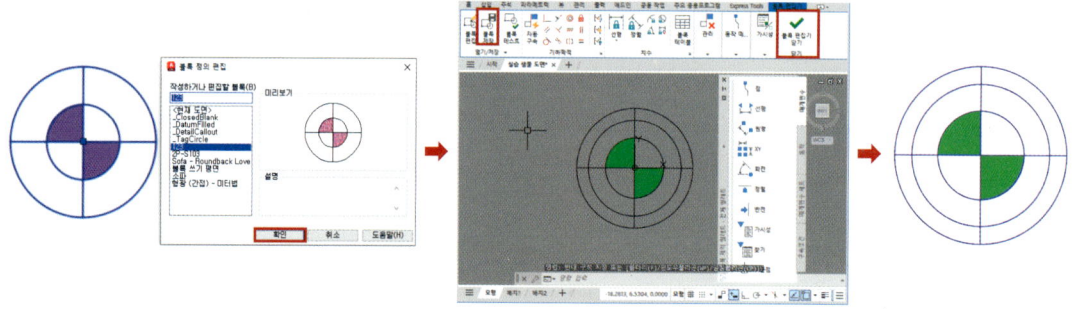

❶ 편집하고자 하는 블록을 더블클릭
❷ 블록 정의 편집에서 [확인] 클릭
❸ 블록 편집기에서 수정 후 [블록 저장 📄]-[블록 편집기 닫기]

2.6 도면 정보 확인

학습목표 : 선택한 객체의 도면요소를 조회하여 활용할 수 있다.

▶ 43강_ https://cafe.naver.com/answerbook/5603

1 거리, 반지름, 각도, 면적, 체적 구하기 (MEASUREGEOM)

리본	[홈]탭-[유틸리티]패널-[측정-빠른작업▭, 거리▭, 반지름◯ ,각도◗ , 면적◩ , 체적◪]		
명령	MEASUREGEOM	단축키	MEA

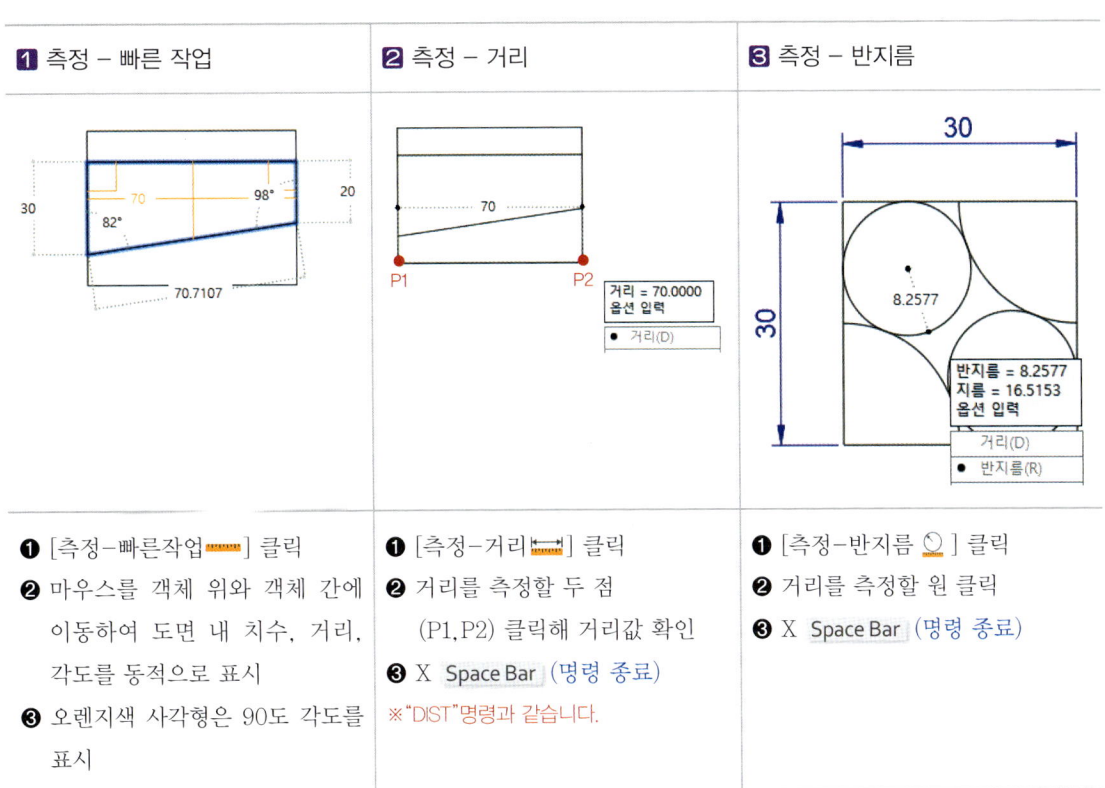

1 측정 – 빠른 작업

❶ [측정-빠른작업▭] 클릭
❷ 마우스를 객체 위와 객체 간에 이동하여 도면 내 치수, 거리, 각도를 동적으로 표시
❸ 오렌지색 사각형은 90도 각도를 표시

2 측정 – 거리

❶ [측정-거리▭] 클릭
❷ 거리를 측정할 두 점 (P1,P2) 클릭해 거리값 확인
❸ X Space Bar (명령 종료)
※ "DIST"명령과 같습니다.

3 측정 – 반지름

❶ [측정-반지름◯] 클릭
❷ 거리를 측정할 원 클릭
❸ X Space Bar (명령 종료)

❶ [측정-각도 📐] 클릭
❷ 각도를 측정할 두 선(L1,L2) 선택
❸ X Space Bar (명령 종료)

❶ [측정-면적 📐] 클릭
❷ 면적을 구할 끝점(P1~P4) 클릭 후 Space Bar
❸ X Space Bar (명령 종료)
※ "AREA"명령과 같습니다.

❶ [측정-체적 📐] 클릭
❷ O Space Bar (객체)
❸ 체적을 구할 3D객체 선택 후 Space Bar
❹ 2D객체는 객체를 선택 후 높이 값 입력하고 Space Bar
❺ X Space Bar (명령 종료)

여기서 잠깐

면적을 구할 때 객체를 선택할 수 없다면 "BOUNDARY"명령으로 폴리선을 새로 생성하여 객체를 선택하면 됩니다.

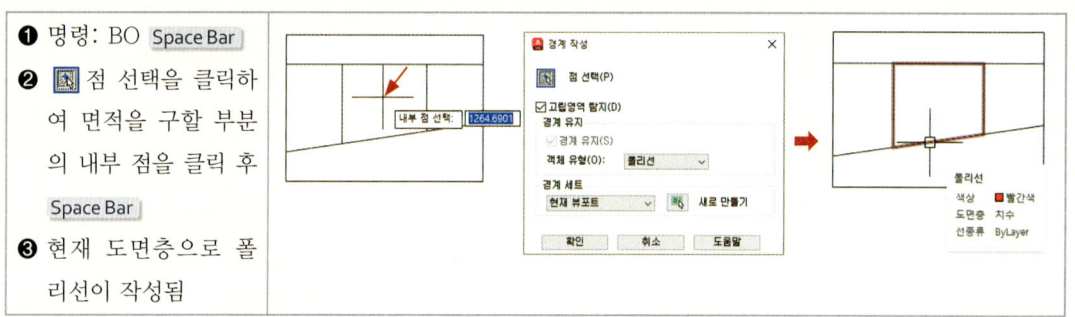

❶ 명령: BO Space Bar
❷ 🔲 점 선택을 클릭하여 면적을 구할 부분의 내부 점을 클릭 후 Space Bar
❸ 현재 도면층으로 폴리선이 작성됨

여기서 잠깐

면적이나 둘레를 구할 때 Ctrl +1 특성팔레트를 통해서도 값을 확인할 수 있습니다.
다음은 면적 계산할 객체가 많아 합산하는 경우입니다.

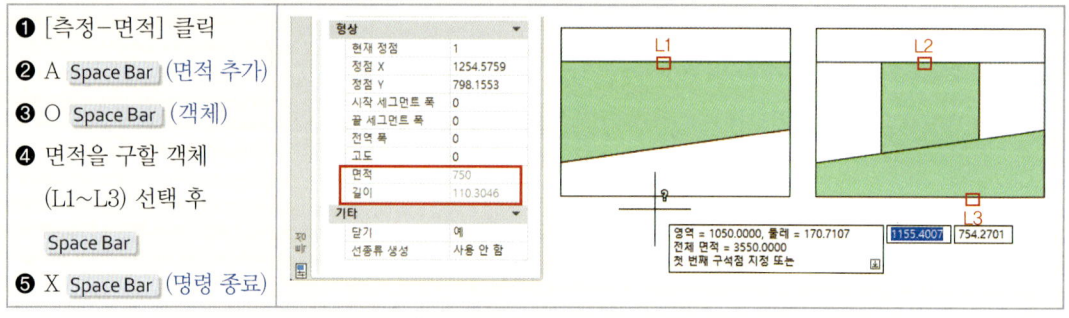

❶ [측정-면적] 클릭
❷ A Space Bar (면적 추가)
❸ O Space Bar (객체)
❹ 면적을 구할 객체 (L1~L3) 선택 후 Space Bar
❺ X Space Bar (명령 종료)

2 도면 정보 확인하기 (LIST)

선택한 객체의 특성 데이터를 표시합니다.

리본	[홈]탭-[특성]패널-▼확장메뉴-[리스트]		
명령	LIST	단축키	LI

▲ 폴리선 선택 경우   ▲ 문자 선택 경우

❶ LI Space Bar
❷ 정보를 확인할 객체 선택 후 Space Bar
❸ 리스트 창이 안보이면 F2 를 클릭

3 좌표 확인하기 (ID)

지정한 위치의 X, Y, Z값을 보여줍니다.

리본	[홈]탭-[유틸리티]패널-▼확장메뉴-[ID점]		
명령	ID	단축키	없음

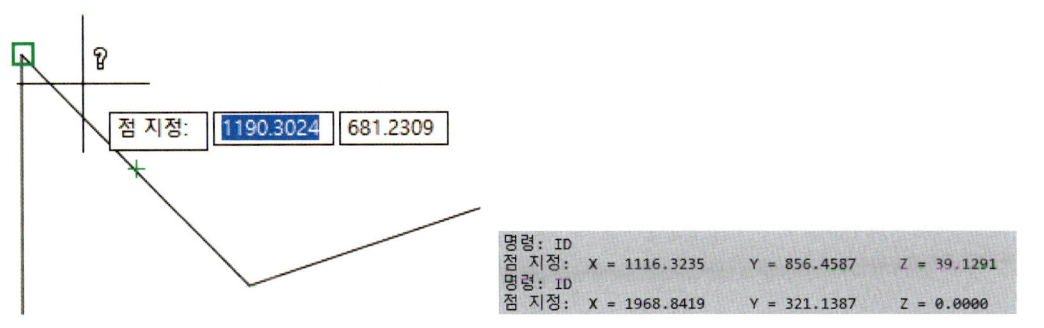

❶ ID Space Bar
❷ 정보를 확인할 객체의 점을 지정 후 Space Bar

4 도면 정리하기 (PURGE)

블록, 도면층, 치수 스타일, 문자 스타일 등 사용하지 않는 객체를 현재 도면에서 제거합니다.

리본	[응용프로그램 메뉴]-[도면 유틸리티]-[소거]		
명령	PURGE	단축키	PU

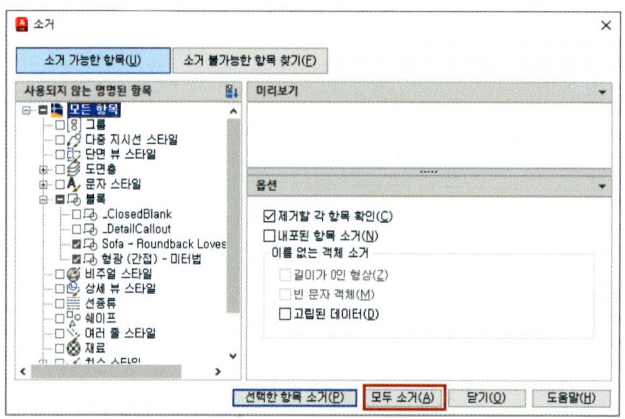

❶ PU Space Bar

❷ 항목 앞 + 를 확장하여 사용하지 않은 항목을 체크한 후 [선택한 항목 소거]를 클릭하거나 선택 없이 [모두 소거]를 클릭

◀ 단원별 HINT ▶

▶ 44강_ https://cafe.naver.com/answerbook/5604

1. 선택한 객체의 도면층을 현재 도면층으로 설정하기

많은 도면층이 존재하여 복잡할 때 선택한 객체의 도면층으로 현재 도면층을 설정해 줍니다.

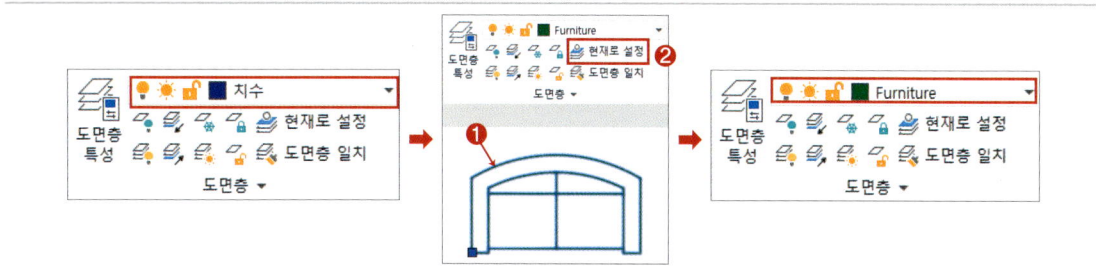

❶ 객체를 선택하고 [홈]탭-[도면층]패널-[현재로 설정 🗐]을 클릭 (도면층이 [치수]에서 [Furniture]로 설정됨)

2. 여러 개의 유사 도면층을 하나로 통합하여 정리하기

도면을 외부에서 받아 복사/붙여넣기하면 도면층이 그대로 들어오게 됩니다. 예를 들어, [치수]도면층과 [Dimension]도면층이 치수와 관련된 도면층이라면 [Dimension]도면층으로 간소화를 해봅시다. 리본의 [병합 🗐]아이콘을 클릭하거나 [도면층 특성 관리자]에서 실행합니다.

1 리본에서 병합

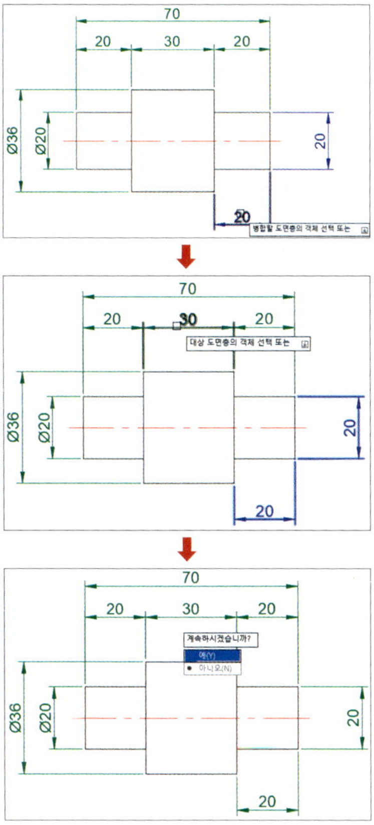

2 도면층 특성 관리자에서 병합

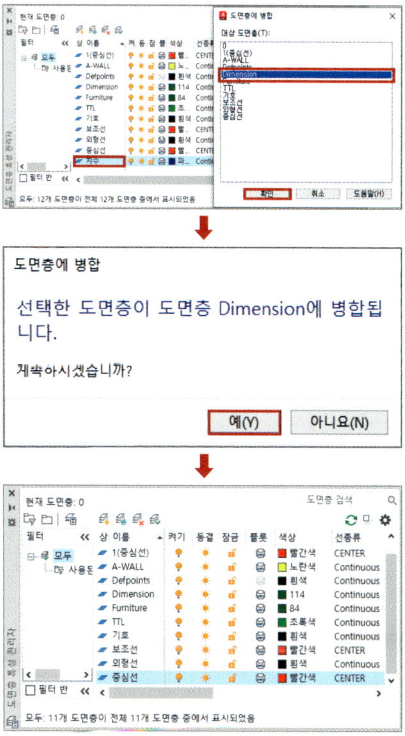

◀ 단원별 HINT ▶

❶ [홈]탭-[도면층]패널-▼확장메뉴-[병합 🧽]을 클릭 ❷ 병합할 도면층의 객체로 [치수]도면층의 치수를 선택 후 `Space Bar` ❸ 대상 도면층의 객체로 [Dimension]도면층의 치수를 선택하고 [예(Y)] 클릭	❶ [도면층 특성 관리자]에서 병합하고 싶은 도면층(치수 도면층)을 선택 후 마우스 우클릭 메뉴에서 [선택한 도면층 병합 대상]을 클릭 ❷ 병합할 도면층(Dimension 도면층)을 선택 후 [확인] 클릭 (치수 도면층이 삭제됨)

3. 기존 도면의 도면층을 사용하여 도면 작성하기

디자인센터를 활용해 기존 도면에서 사용할 도면층을 선택하여 새 도면으로 Drag&Drop합니다. BLOCK, 치수 스타일, 문자 스타일도 사용가능합니다.

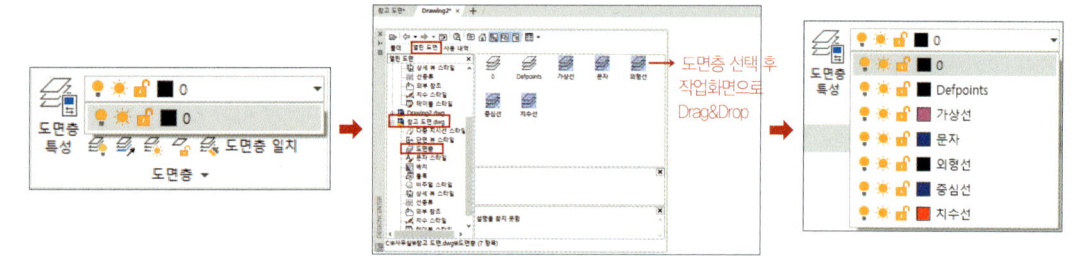

❶ 작업 도면과 새 도면을 연 상태에서 `Ctrl` +2를 클릭
❷ 디자인센터 [열린 도면]탭에서 도면층을 선택하여 새 도면으로 Drag&Drop

4. 도면의 문자가 ?로 보일 때 글꼴 재지정하기

문자 스타일에서 지정된 글꼴이 보이지 않은 경우 글꼴 이름에는 노란색 표식이 보이고 도면의 문자는 ?로 보입니다. 이 경우는 다른 글꼴로 문자 스타일을 재지정하면 확인할 수 있습니다.

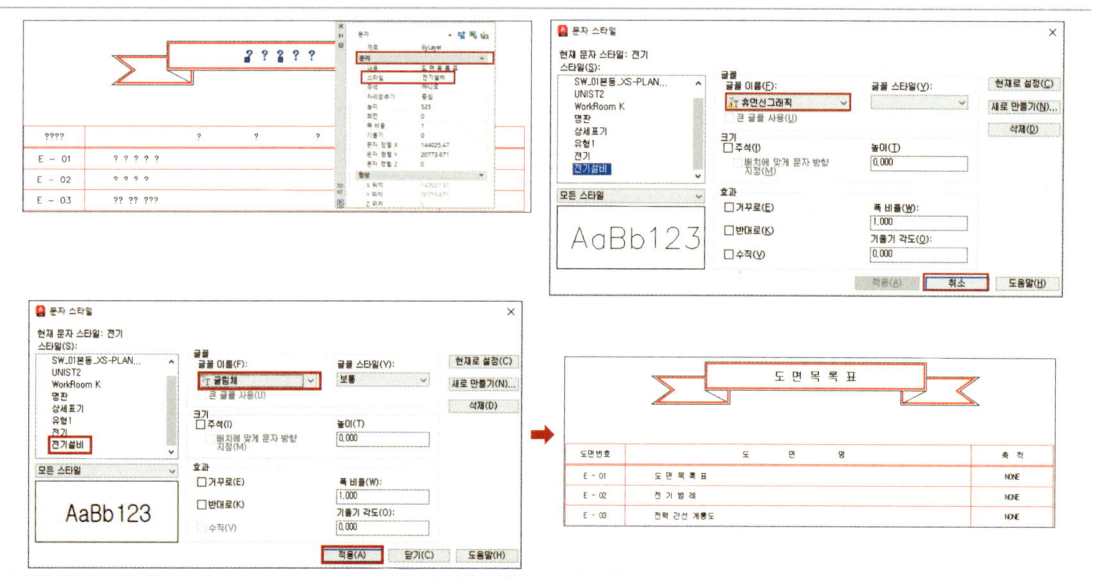

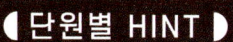

❶ 깨진 글꼴을 지정 후 Ctrl +1 특성팔레트를 열어 문자 스타일을 확인
❷ 명령 : ST Space Bar 문자 스타일에서 글꼴을 재지정 후 [적용][닫기]

5. 치수 문자가 치수선과 겹치지 않게 설정하기

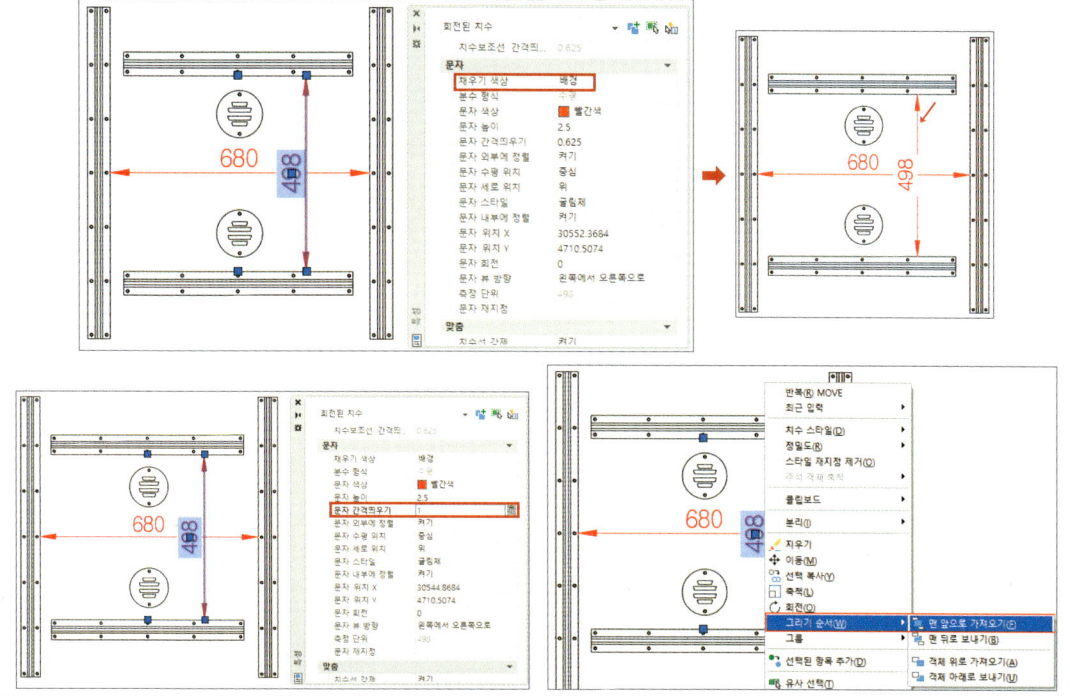

❶ 겹친 치수를 선택하고 Ctrl +1 특성팔레트를 열어 문자의 채우기 색상을 [배경]으로 선택
❷ 배경과 치수선이 겹쳐 치수선이 희미해 보인다면 문자 간격띄우기 값을 늘리거나 그리기 순서를 맨 앞으로 설정

6. 치수보조선이 다른 도형과 겹치지 않게 수성하기

치수보조선이 다른 도형과 겹칠 때 보이지 않게 치수보조선 1, 치수보조선 2를 끄기로 합니다.

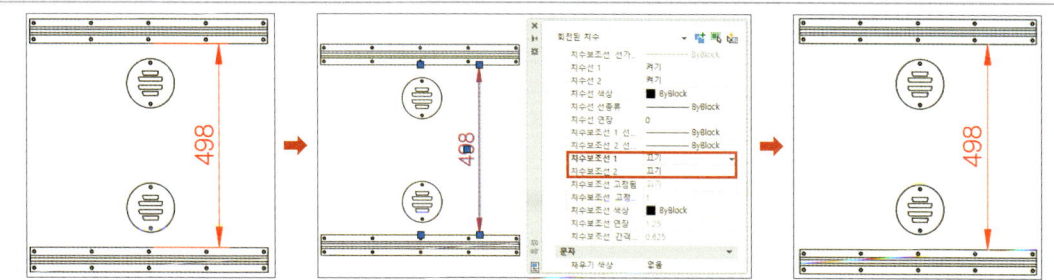

❶ 겹친 치수를 선택하고 Ctrl +1 (또는 PR Space Bar) 특성팔레트를 열어 치수보조선1,2를 끄기로 설정

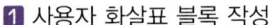

45강_ https://cafe.naver.com/answerbook/5605

7. 사용자 화살표로 치수 작성하기

캐드에서 제공하는 화살촉 외에 사용자가 화살촉 모양을 직접 만들어 사용할 수 있습니다.

1 사용자 화살표 블록 작성

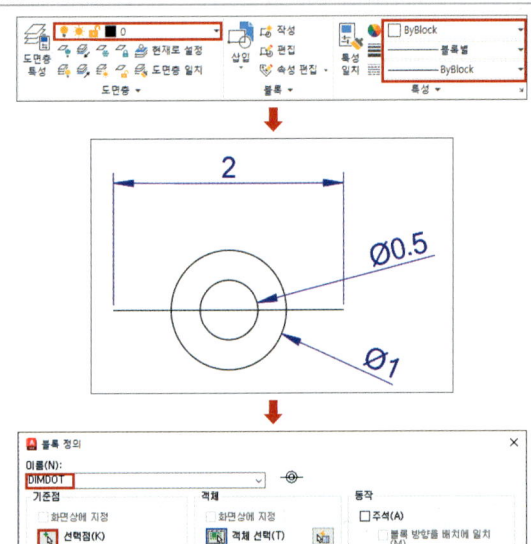

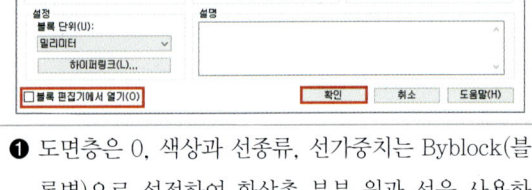

2 치수 스타일 새로 만들기

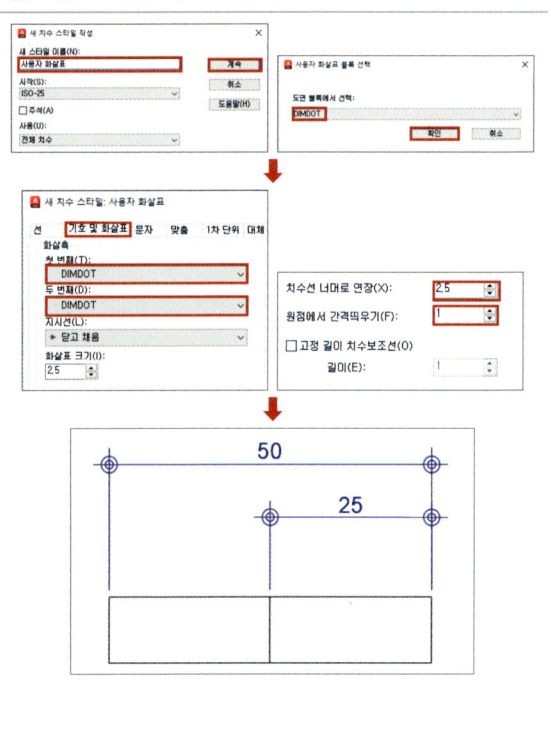

❶ 도면층은 0, 색상과 선종류, 선가중치는 Byblock(블록별)으로 설정하여 화살촉 부분 원과 선을 사용하여 작성

❷ 명령 : B Space Bar

❸ 사용할 이름은 "DIMDOT", 기준점은 원의 중심점, 블록으로 변환 체크, 블록 편집기에서 열기는 체크 해제하고 객체를 모두 선택 후 [확인]

❶ 명령 : D Space Bar

❷ [새로 만들기] 클릭, 새 스타일 이름을 "사용자 화살표"로 지정 후 [계속]

❸ [기호 및 화살표]탭에서 화살촉의 첫 번째를 사용자 화살표로 선택 후 DIMDOT 블록 선택, 두 번째는 자동으로 선택됨

❹ [선]탭에서 치수선 너머로 연장값을 2.5, 원점에서 간격띄우기 값을 1로 설정 후 [확인]

8. 제품 사진이나 회사 로고 등 이미지를 캐드로 삽입하기

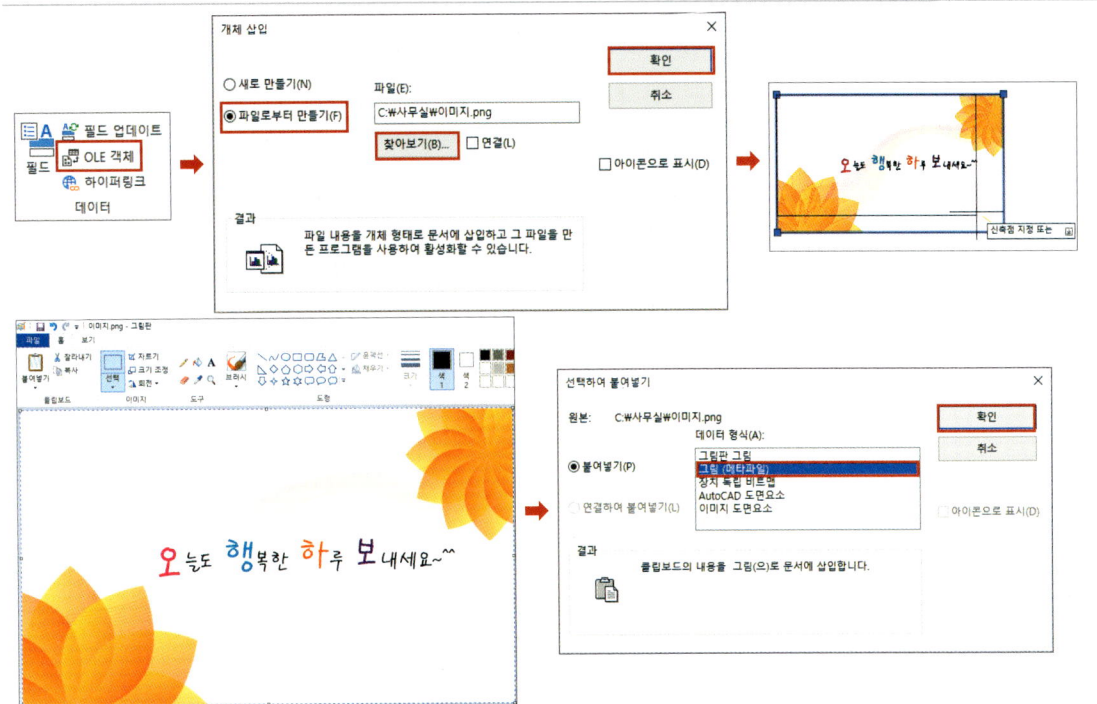

〈방법 1〉
❶ [삽입]탭-[데이터]패널-[OLE 객체] 클릭
❷ [파일로부터 만들기]-[찾아보기]를 클릭하여 이미지 첨부 후 [확인]
❸ 이미지 테두리 클릭하여 그립점을 사용하여 크기 조정

〈방법 2〉
❶ 그림판을 실행하여 파일을 열고 범위를 선택 후 Ctrl + C
❷ 캐드에서 [홈]탭-[클립보드]패널-[선택하여 붙여넣기]-[그림판 그림] 또는 [그림 메타파일]-[확인] 후 삽입점 지정
❸ 이미지 테두리 클릭하여 그립점을 사용하여 크기 조정

◀ 단원별 HINT ▶

9. 정확한 간격으로 격자 해치 패턴 만들기

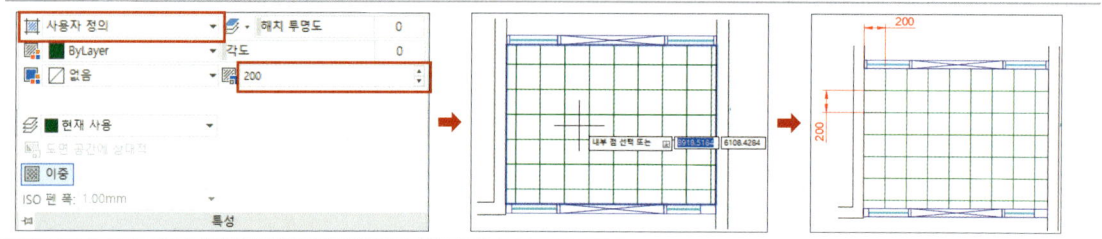

❶ 명령 : H Space Bar
❷ 패턴은 사용자 정의, 간격값은 200, 특성을 확장하여 [이중]체크 후 내부 점 클릭
❸ 원점 설정 을 클릭하여 왼쪽 위 끝점을 클릭하여 원점 재지정 후 Space Bar
❹ 해치에 객체 스냅을 적용하기 위해 [옵션]-[제도]-[객체 스냅 옵션]-[해치 객체 무시]를 체크해제하여 치수가 200인지 확인

연습도면 18
객체 작성

46강_ https://cafe.naver.com/answerbook/5606

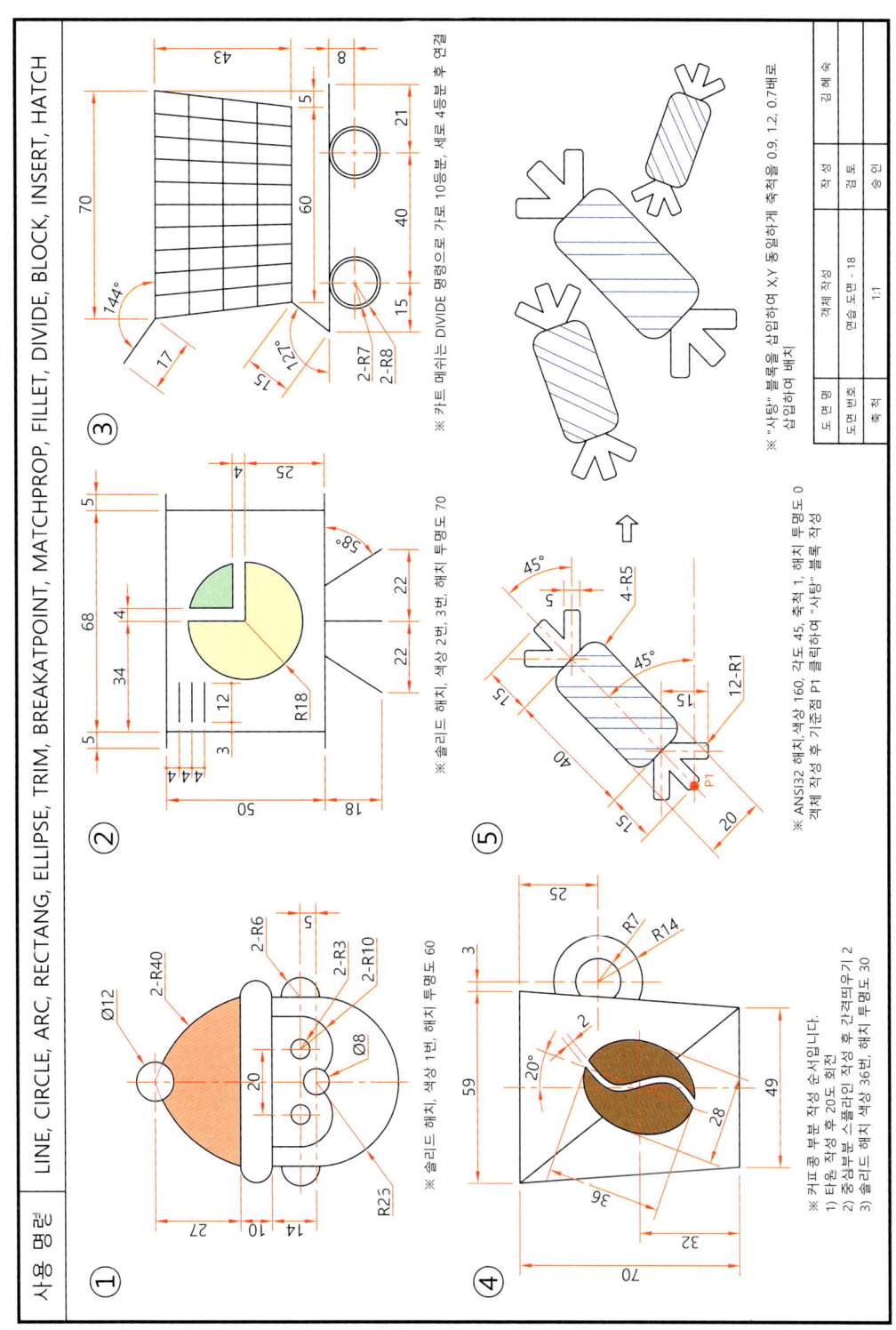

연습도면 19

객체 작성

47강_ https://cafe.naver.com/answerbook/5607

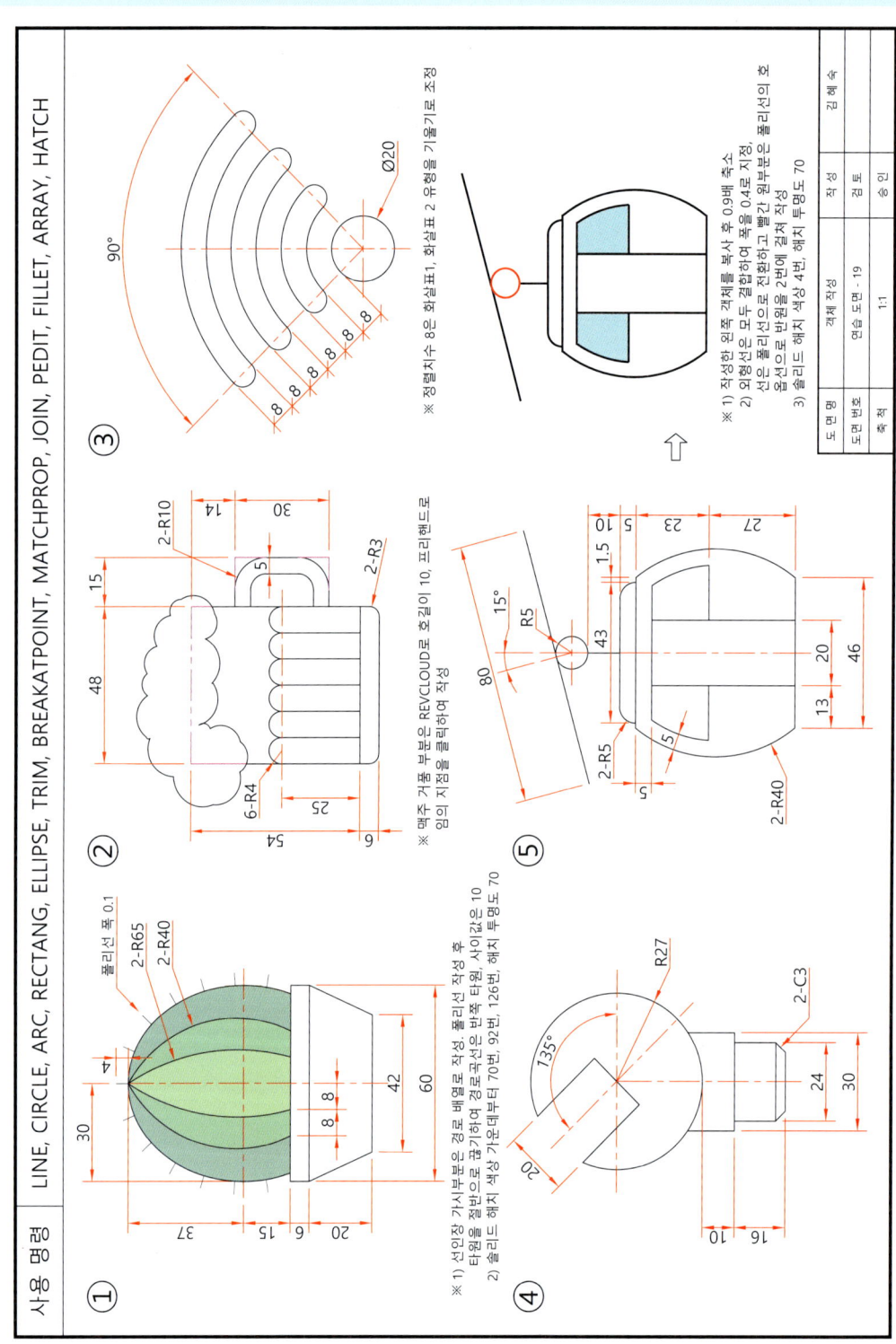

연습도면 20

객체 작성

48강_ https://cafe.naver.com/answerbook/5608

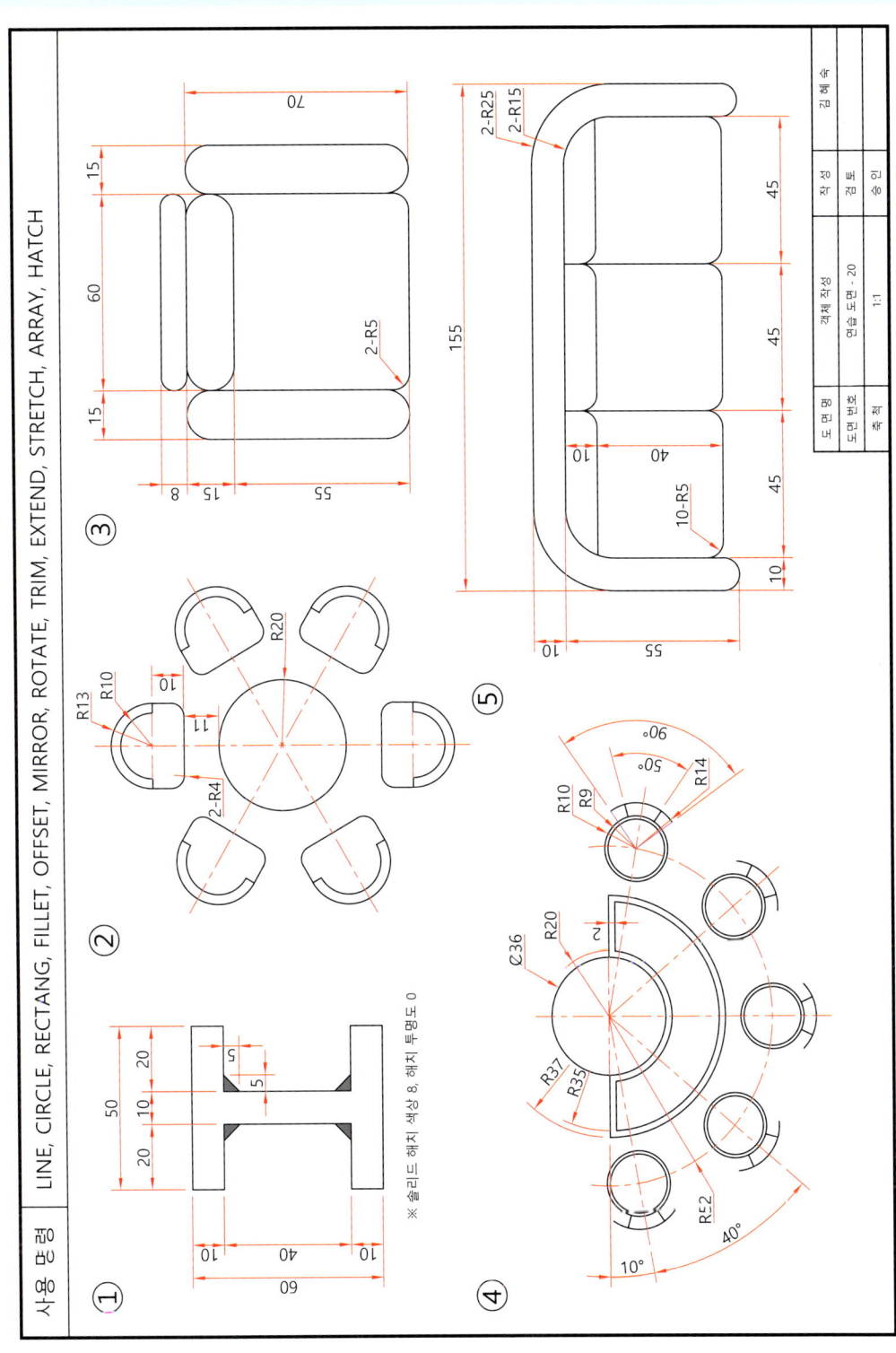

III

도면 출력하기

3. 1_ 도면 템플릿 작성

3. 2_ 모형탭에서 도면 출력하기

3. 3_ 출력할 때 선의 색상과 두께를 지정하기

3. 4_ 배치탭에서 도면 출력하기

3.1 도면 템플릿 작성

학습목표 : 작업 환경에 적합한 템플릿을 제작하여 도면의 형식을 균일화 시킬 수 있다.
요구되는 데이터 형식에 맞도록 저장하거나 출력할 수 있다.
프린터, 플로터 등 인쇄 장치의 설치와 출력 도면 영역설정으로 실척 및 축(배)척으로 출력할 수 있다.

▶ 49강_ https://cafe.naver.com/answerbook/5609

도면 템플릿은 단위, 도면층, 문자 스타일, 치수 스타일, 제목 블록 등이 사전에 정의된 채로 저장된 표준 사양 파일입니다. 도면 템플릿을 사용하면 도면층, 문자/치수 스타일이 이미 지정된 상태에서 도면 작업을 시작하므로 시간 절약을 할 수 있습니다.

1 새 도면에 도면층 생성

상태	이름	켜기	동결	잠금	플롯	색상	선종류
✓	0	○	☀	🔓	🖨	■ 흰색	Continuous
	가상선	○	☀	🔓	🖨	■ 선홍색	PHANTOM
	문자	○	☀	🔓	🖨	□ 노란색	Continuous
	숨은선	○	☀	🔓	🖨	□ 노란색	HIDDEN
	외형선	○	☀	🔓	🖨	■ 흰색	Continuous
	윤곽선	○	☀	🔓	🖨	■ 흰색	Continuous
	중심선	○	☀	🔓	🖨	■ 초록색	CENTER
	치수선	○	☀	🔓	🖨	■ 빨간색	Continuous
	해치	○	☀	🔓	🖨	■ 하늘색	Continuous

❶ [시작]탭의 [새로 만들기] 또는, 신속 접근 도구 막대에서 [새로 만들기 📄]를 클릭하고 acadiso.dwt 선택 후 [열기]
❷ 명령 : LA `Space Bar`
❸ 이름, 색상, 선종류 지정하여 도면층 생성
※선가중치는 플롯스타일에서 지정합니다.

2 문자 스타일 새로 만들기

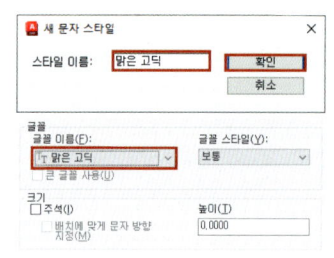

❶ 명령: ST `Space Bar`
❷ [새로 만들기] 클릭, 스타일 이름 [맑은 고딕], 글꼴만 [맑은 고딕]으로 선택
❸ [적용][닫기]

3 치수 스타일 새로 만들기

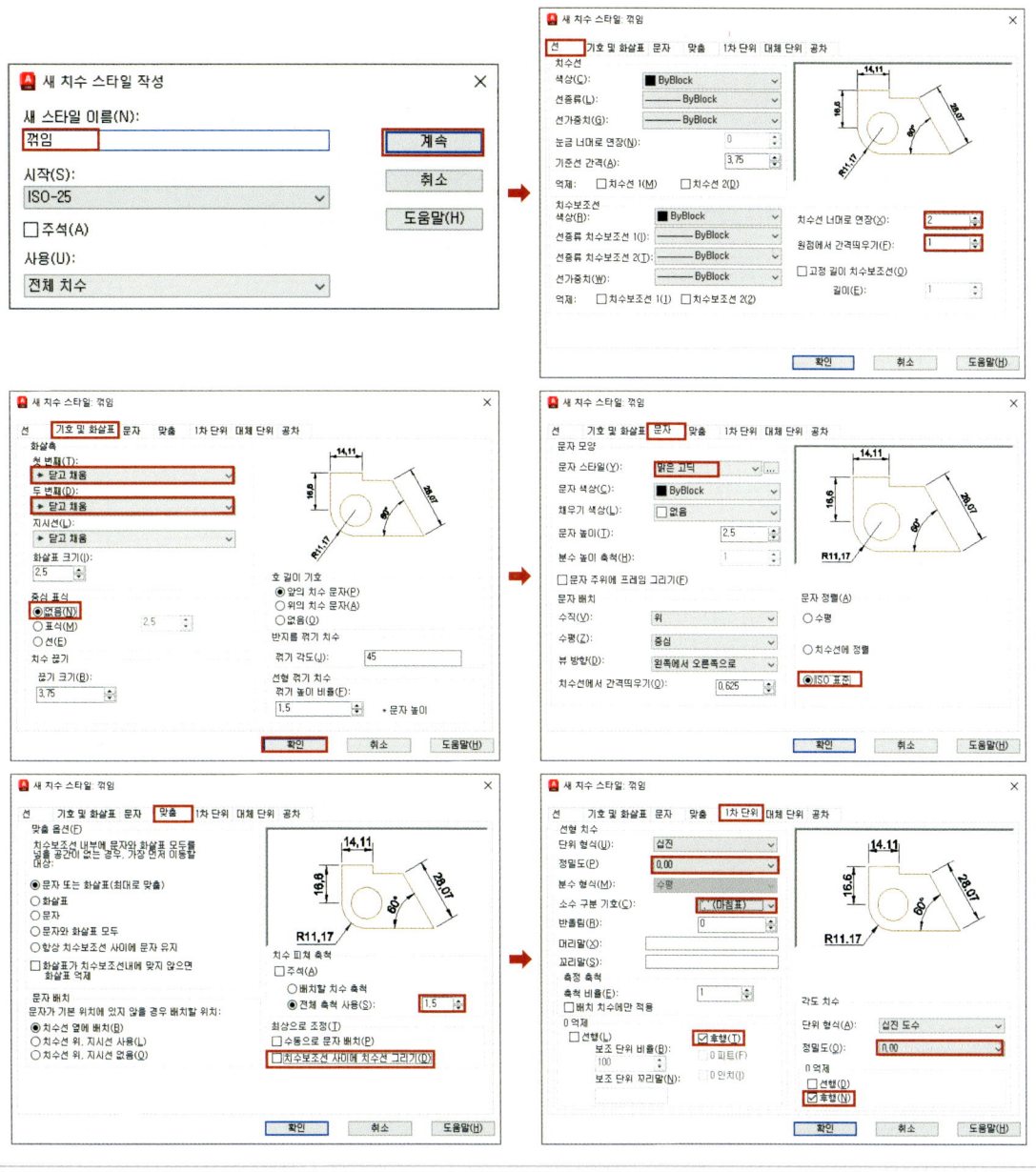

❶ 명령 : D Space Bar
❷ [새로 만들기] 클릭하여 새 스타일 이름을 "꺾임"으로 입력 후 [계속]
❸ [선]탭에서 치수선 너머로 연장값을 2, 원점에서 간격띄우기 값을 1로 설정
❹ [기호 및 화살표]탭에서 화살촉은 닫고 채움, 중심 표식은 없음
❺ [문자]탭에서 문자 스타일을 맑은 고딕, 문자 정렬을 ISO 표준으로 체크
❻ [맞춤]탭에서 전체 축척 사용을 1.5, 치수보조선 사이에 치수선 그리기 체크해제
❼ [1차 단위]탭에서 선형 치수와 각도 치수 정밀도 0.00, 0억제 후행 체크, 소수 구분기호 .(마침표) 설정

4 윤곽선 작성

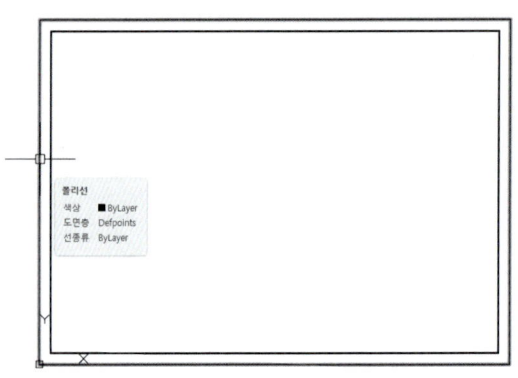

❶ [윤곽선] 도면층에서 명령 : REC `Space Bar`
❷ 0,0 `Space Bar` (첫 번째 구석점)
❸ 420,297 `Space Bar` (다른 구석점)
❹ 명령 : O `Space Bar`
❺ 10 `Space Bar` (간격띄우기 거리값)
❻ 안쪽으로 간격띄우기
❼ 안쪽 직사각형 더블클릭, 폭 값을 1로 지정
❽ 치수를 기입하여 defpoints 도면층을 생성
❾ 기입한 치수는 삭제하고 가장 밖의 사각형을 선택하여 플롯이 안되도록 defpoints 도면층으로 설정

5 표제란 작성

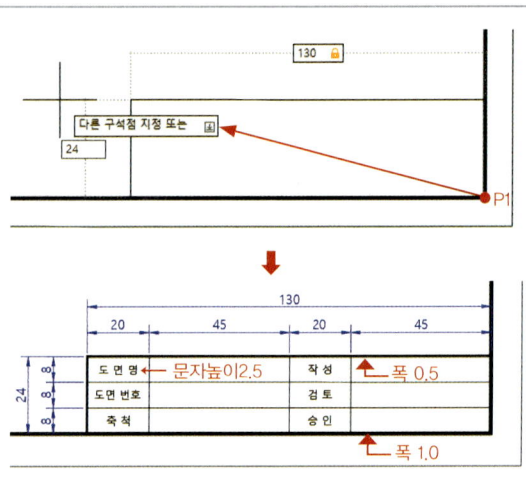

❶ 명령 : REC `Space Bar`
❷ P1지점 클릭 후 마우스 방향을 왼쪽 위 방향으로 옮긴 후 130 `Tab` 24 `Enter`
❸ 치수대로 표를 작성하고 문자 높이 2.5로 문자 작성
❹ 테두리는 결합(J)하여 폴리선으로 만든 후 폭을 0.5로 지정

6 DWT 도면 템플릿 저장 | 7 저장한 도면 템플릿으로 새로 만들기

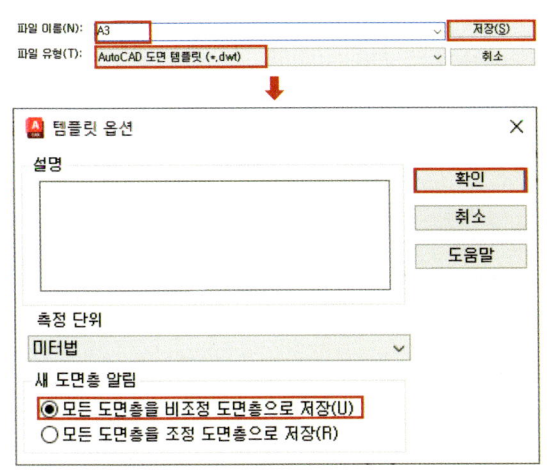
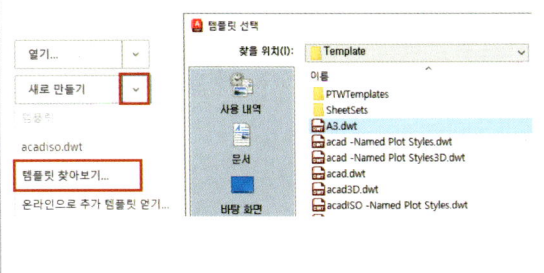

❶ 신속 접근 도구막대에서 저장 🖫 또는 다른 이름으로 저장 🖫 버튼을 클릭하고 저장파일 유형을 AutoCAD 도면 템플릿(*.dwt)으로 선택 ❷ 파일 이름을 "A3"로 입력하고 [저장] 클릭 ❸ 측정 단위 미터법 체크 후 [확인] 클릭하고 파일 닫기	❶ [시작]탭에서 [템플릿 찾아보기]를 클릭하거나 신속 접근 도구막대에서 [새로 만들기 🗋]를 클릭하여 저장한 A3.dwt 템플릿을 선택 (도면층, 문자 스타일 등 확인) ※템플릿 위치 확인은 [옵션]-[파일]-[템플릿 설정]-[도면 템플릿 파일 위치]를 확장하여 확인합니다.

3.2 모형탭에서 도면 출력하기

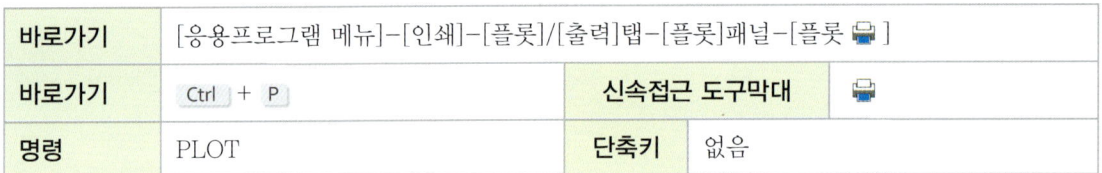

단일 축척으로 모형 공간에서 지정한 범위를 인쇄합니다.

바로가기	[응용프로그램 메뉴]-[인쇄]-[플롯]/[출력]탭-[플롯]패널-[플롯 🖨]
바로가기	Ctrl + P	신속접근 도구막대	🖨
명령	PLOT	단축키	없음

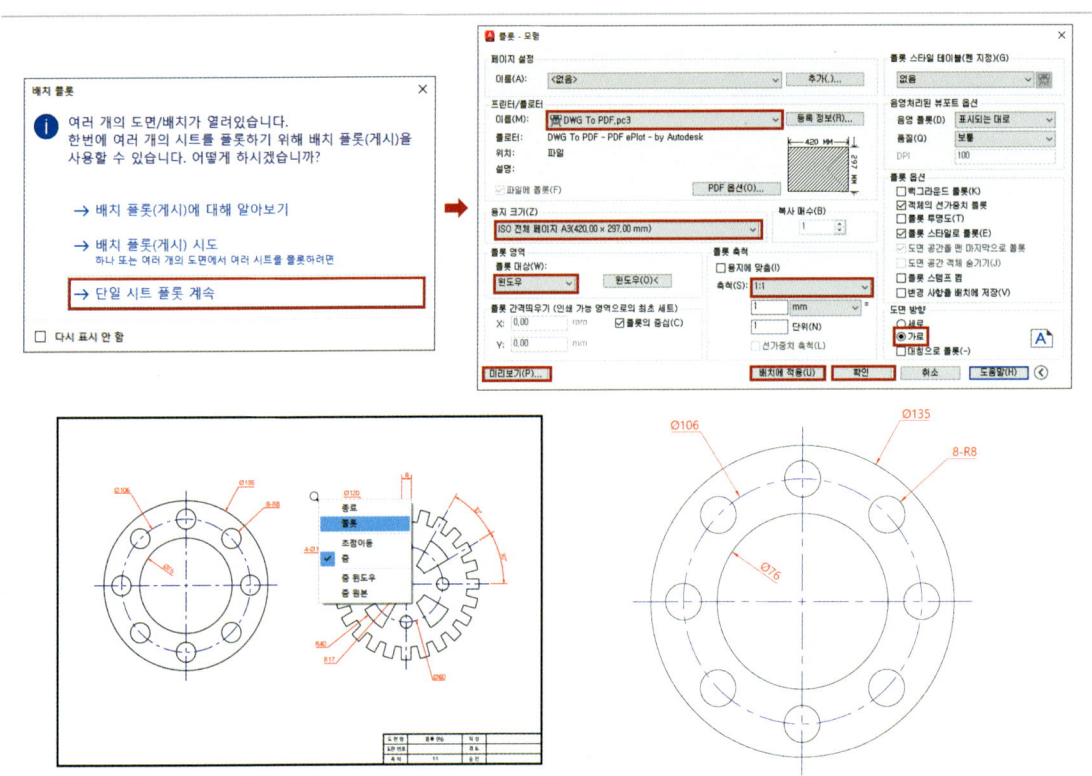

❶ 배치 플롯 연습.dwg 파일 열기
❷ 신속 접근 도구막대에서 플롯 🖶 클릭
❸ 여러 개의 도면이 열린 상태라면 [단일 시트 플롯 계속]을 클릭
❹ [플롯-모형]대화상자에서 다음처럼 설정
  -프린터/플로터 : DWG To PDF.pc3
  -용지 크기 : ISO 전체 페이지 A3(420×297)
  -플롯 영역 : 윈도우로 출력 범위 지정
  -플롯 간격 띄우기 : 플롯의 중심 체크
  -플롯 축척 : 용지에 맞춤 체크 해제 후 1:1
  -도면 방향 : 가로
❺ [미리보기] 클릭하여 출력 상태 확인
❻ 마우스 우클릭 바로가기 메뉴에서 [플롯]을 선택하거나 Esc 클릭하여 미리보기 종료
❼ [배치에 적용]을 클릭하여 플롯 설정을 현재 도면에 저장
❽ [확인] 클릭하여 PDF로 저장
  (확대해서 보면 플롯 스타일이 "없음"으로 설정되어 색상은 컬러로, 선두께도 일정하게 출력됨)

여기서 잠깐

모형공간에서 출력할 때 플롯 옵션은 4가지가 있습니다.
❶ 범위 : 모형공간상에 있는 모든 객체를 포함한 범위로 플롯합니다.
❷ 윈도우 : 사용자가 사각형으로 지정한 범위만 플롯합니다.
❸ 한계 : LIMITS 명령으로 설정한 범위만 플롯합니다.
❹ 화면표시 : 현재 표시된 화면 범위만 플롯합니다.

3.3 출력할 때 선의 색상과 두께를 지정하기

▶ 51강_ https://cafe.naver.com/answerbook/5611

바로가기	[응용프로그램 메뉴]-[인쇄]-[플롯 스타일 관리 🖶]		
명령	STYLEMANAGER	단축키	없음

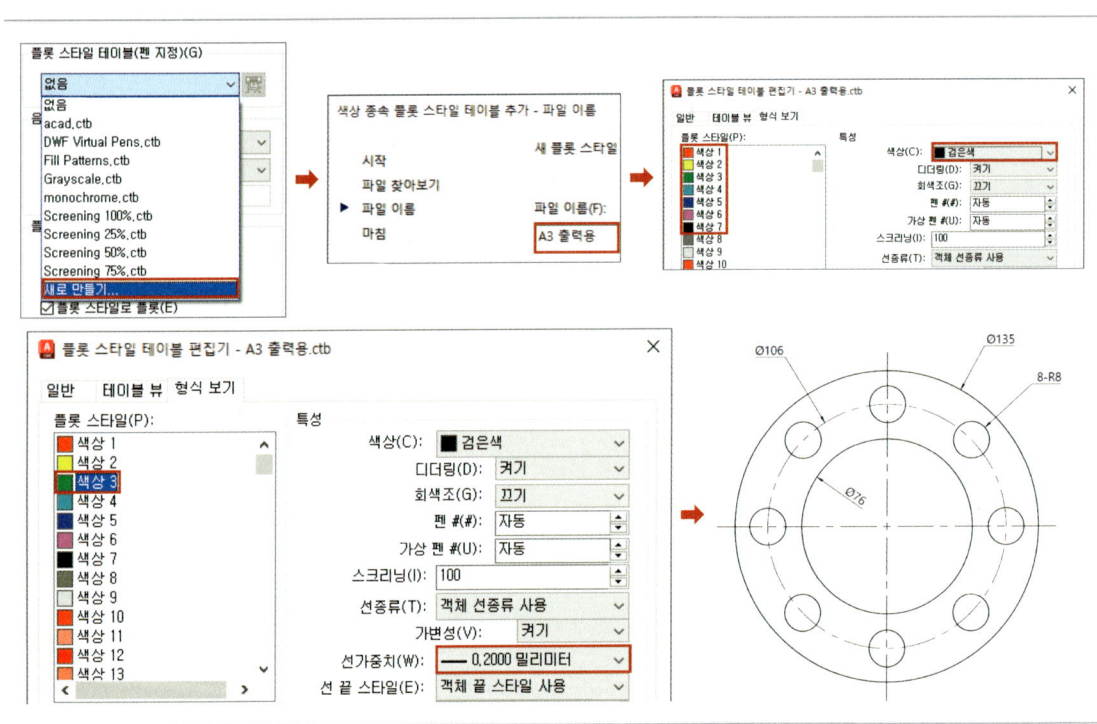

❶ 신속 접근 도구막대에서 플롯 🖶 클릭
❷ 플롯 스타일 테이블의 [없음]을 클릭하여 [새로 만들기]를 선택
❸ [처음부터 시작] 확인 후 [다음] 클릭
❹ 파일 이름을 "A3 출력용"입력, [다음] 클릭
❺ [플롯 스타일 테이블 편집기] 클릭
❻ 흑백으로 출력하기 위해 색상1부터 사용한 색상7까지 Shift 누르면서 선택 후 색상을 [객체 색상 사용]에서 [검은색]으로 선택
❼ 외형선과 중심선의 선가중치를 주기 위해 색상 7(외형선)은 선가중치 0.4mm, 색상 3(중심선)은 0.2mm(교재는 색상 5)로 설정 후 [저장 및 닫기]
❽ [마침]하여 대화상자를 나간 후 다시 한번 [미리보기]하고 출력(확대하여 외형선과 중심선의 선두께가 다름을 확인)

◀ 여기서 잠깐 ▶

다른 컴퓨터에서 출력했던 플롯 스타일을 그대로 사용한다면 플롯 스타일도 복사할 필요가 있습니다. [응용프로그램 메뉴]-[인쇄]-[플롯 스타일 관리]를 클릭하여 사용된 플롯 스타일을 선택 복사 후 다른 컴퓨터에서도 [플롯 스타일 관리자]를 실행하여 붙여넣기 합니다. 만약 해당 플롯 스타일이 없다면 플롯할 때 노란 삼각 표식(누락됨)이 보이게 됩니다.

※ monochrome.ctb는 컬러를 흑백으로, Grayscale.ctb는 컬러를 회색으로 일괄 출력합니다.
※ 출력할 때는 플롯 옵션에서 객체의 선가중치 플롯, 플롯 투명도, 플롯 스타일로 플롯에 체크를 합니다.

3.4 배치탭에서 도면 출력하기

▶ 52강_ https://cafe.naver.com/answerbook/5612

일반적으로는 모형탭에서 주로 작업 및 출력을 하지만 배치탭에서도 출력을 할 수 있습니다. 배치탭에서 출력하면 하나의 용지에 축척이 다르게 도형을 배치한 후 1:1로 출력합니다. 출력에 앞서 페이지 설정을 합니다. 페이지 설정은 최종 출력의 모양과 형식을 좌우하는 플롯 장치 및 기타 설정의 모음입니다.

바로가기	[출력]탭-[플롯]패널-[페이지 설정 관리자 📄]		
명령	PAGESETUP	단축키	없음

1 페이지 설정 관리자 설정

2 A3 도면양식 블록 쓰기

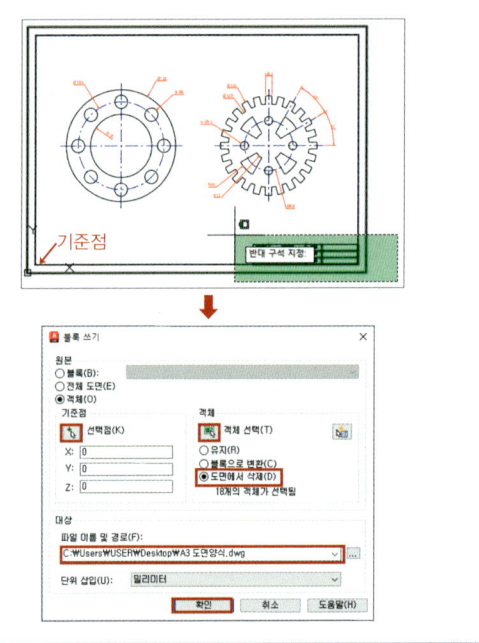

❶ 배치 플롯 연습.dwg 파일 열기
❷ [배치1]탭을 클릭 후 마우스 우클릭 바로가기 메뉴에서 [페이지 설정 관리자]를 선택
❸ [새로 만들기] 클릭하여 "A3 배치출력용"이름을 입력 후 [확인] 클릭
❹ [페이지 설정]대화상자에서 다음처럼 설정
　-프린터/플로터 : DWG To PDF.pc3
　-용지 크기 : ISO 전체 페이지 A3(420×297)
　-플롯 영역 : 배치
　-플롯 축척 : 1:1
　-플롯 스타일 테이블 : A3 출력용.ctb
　-도면 방향 : 가로
❺ 페이지 설정 관리자 [확인],[닫기] 클릭

❶ 명령 : W Space Bar
기준점은 원점, 윤곽선과 표제란 객체 선택 후 도면에서 삭제 체크, "A3도면양식.dwg"로 저장

3 배치탭 LIMITS 설정

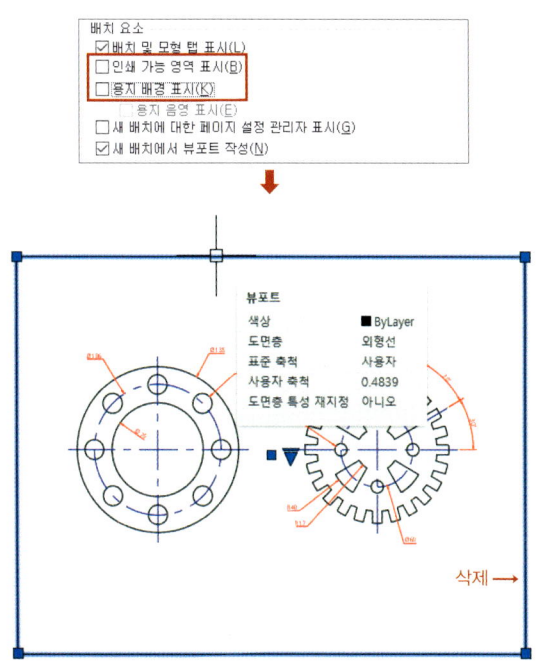

❶ 명령 : OP Space Bar
❷ [화면표시]-[배치 요소]에서 인쇄 가능 영역 표시와 용지 배경 표시 체크 해제 후 [확인] 클릭
❸ [배치1]탭 클릭하여 뷰포트 삭제
❹ 명령 : LIMITS Space Bar
❺ 0,0 Space Bar (왼쪽 아래 구석 지정)
❻ 420,297 Space Bar (오른쪽 위 구석 지정)
※뷰포트는 모형공간의 객체를 보여주는 창입니다

4 A3 도면양식 삽입 및 도면명 수정

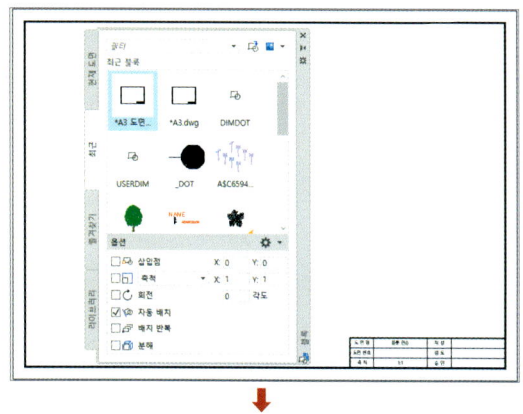

❶ 명령 : I Space Bar
❷ [최근]탭에서 [자동 배치]옵션만 체크하고 [A3 도면양식] 블록을 더블클릭하여 배치
❸ 명령 : X Space Bar (표제란의 도면명을 수정하기 위해 "A3 도면양식" 블록을 분해)
❹ 도면명을 "플롯 배치 연습"으로 수정

5 뷰포트 생성

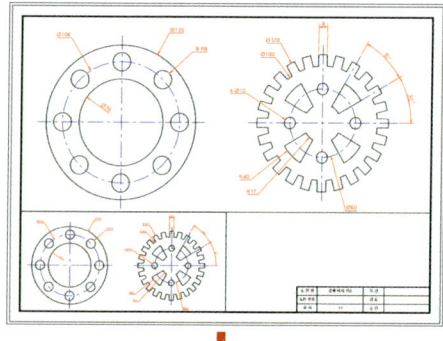

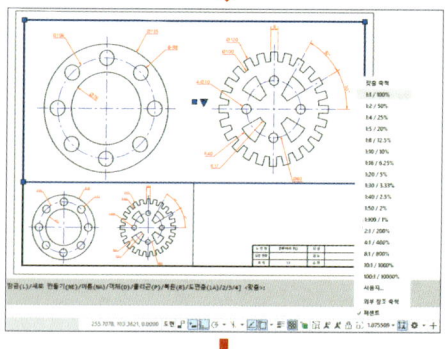

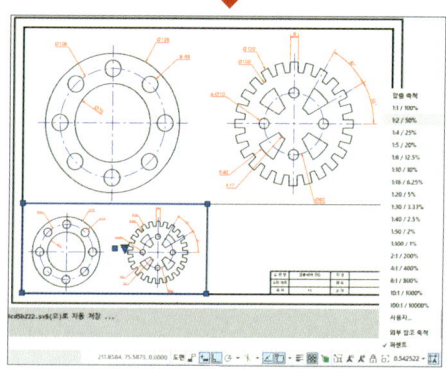

▲ 위/아래 치수 문자, 화살표 크기가 다름

❶ 현재 도면층을 Defpoints로 설정
❷ [배치]탭-[배치 뷰포트]패널에서 직사각형 클릭하여 사각형을 임의로 2개소 작성
❸ 뷰포트를 클릭하여 위는 1:1, 아래는 1:2로 설정
(아래 뷰포트는 치수 문자, 화살표 크기가 1/2이 됨)

※도면층을 Defpoints로 설정한 이유는 객체는 보이지만 플롯이 안되기 때문입니다.

6 치수 스타일 크기가 동일하게 설정

1:1도면과 1:2도면의 치수문자와 화살표 크기가 달라 통일을 시켜봅니다.

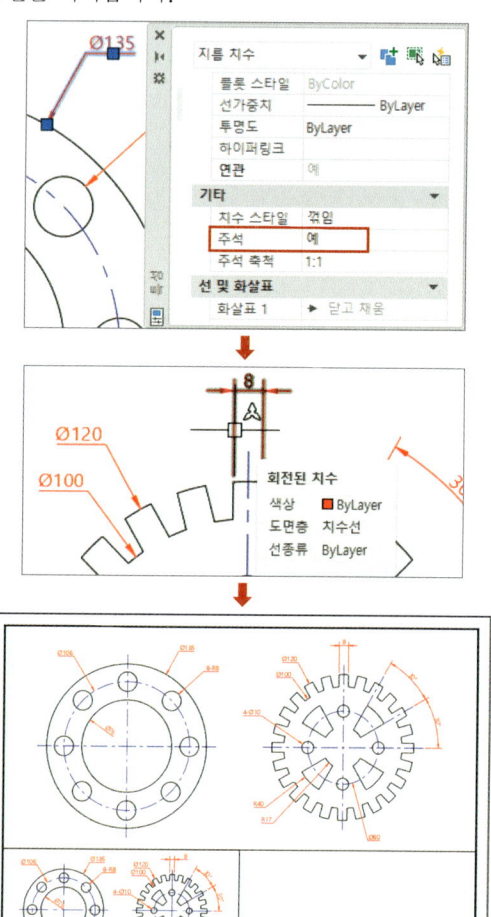

▲ 위/아래 치수 문자, 화살표 크기가 같음

❶ [모형]탭에서 치수 하나(Ø135)를 선택하고 마우스 우클릭 바로가기 메뉴에서 [특성] 선택
❷ 주석을 [예]로 선택
❸ 명령 : MA Space Bar
❹ 원본 객체로 Ø135를 선택하고 대상 객체로 남은 치수를 모두 클릭하여 특성일치
❺ 마우스를 치수에 갖다대서 주석 표식 확인
❻ [배치1]탭의 상태막대에서 [주석 객체 표시]와 [주석 축척 변경 시 주석 객체에 축척 추가]를 켜기
❼ 아래 뷰포트를 선택하여 축척을 1:1과 1:2 재적용

※뷰포트가 잘 안보이면 REGEN(재생성)을 실행하고 치수와 화살표 크기가 2개 뷰포트가 동일하게 적용됩니다

7 출력

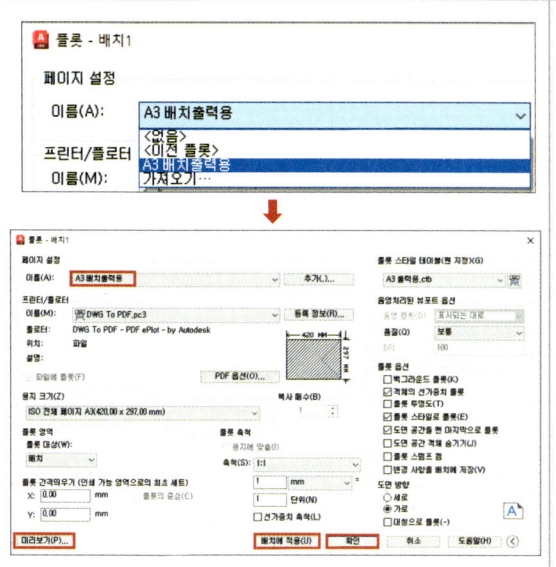
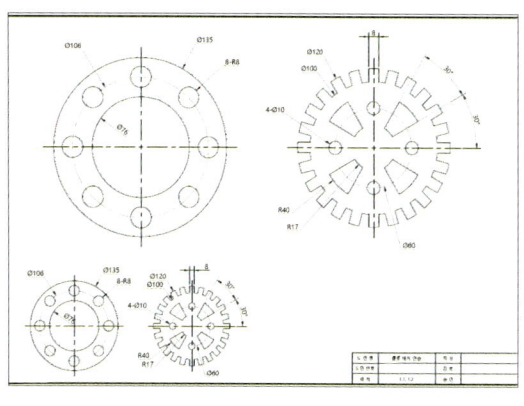

❶ 표제란의 축척을 "1:1, 1:2"로 수정
❷ 신속 접근 도구막대에서 플롯 🖨 클릭
❸ 페이지 설정을 [A3 배치출력용] 선택 [배치에 적용] 클릭
❹ [미리보기] 클릭, 상태 확인 후 Space Bar
❺ [확인] 클릭하여 출력 파일 저장

◀ 여기서 잠깐 ▶

선형 치수 8부분에 치수선이 없습니다. 이런 경우는 치수 선택 후 특성팔레트를 열어 치수선 강제를 [끄기]에서 [켜기]로 설정하면 됩니다. 반대로 지름 치수 경우는 치수선 강제를 [켜기]에서 [끄기]로 설정한 상태입니다.

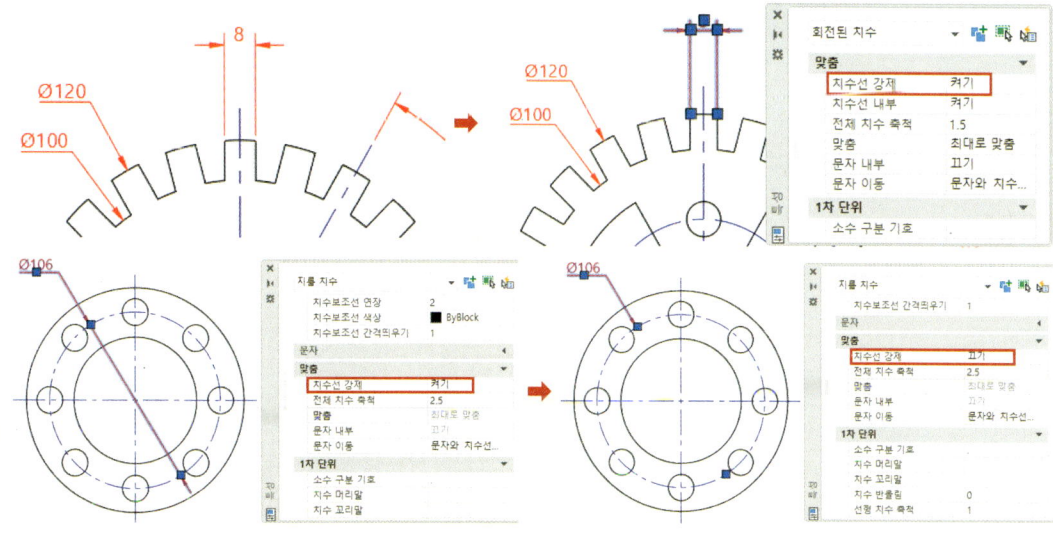

Ⅲ_도면 출력하기 139

IV

실무 활용하기

실제 실무에서 활용가능한 기능들을 익혀 도면 작성에 활용할 수 있다.

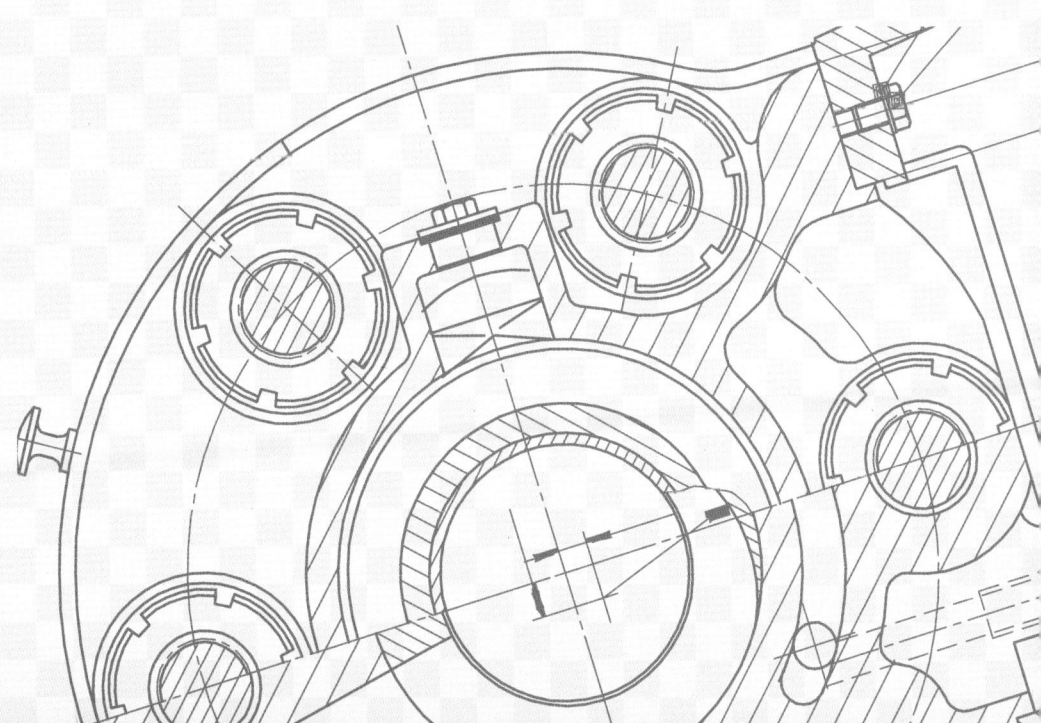

1 캐드로 작성한 도면을 Excel이나 Powerpoint에서 불러오기

▶ 53강_ https://cafe.naver.com/answerbook/5613

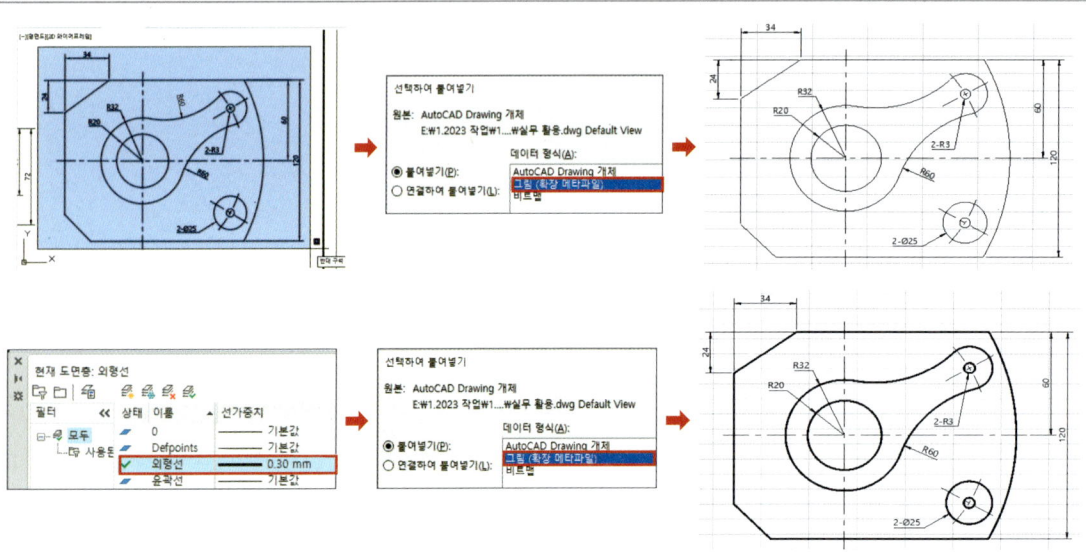

❶ 사용할 도면을 열고 객체의 색상을 컬러에서 7번 색상으로 변경
❷ 캐드 프로그램 창을 객체 크기만큼 조정(후에 여백을 줄이기 위함)
❸ 객체를 모두 선택하고 Ctrl + C
❹ 엑셀에서 [클립보드]-[선택하여 붙여넣기]-[그림(확장 메타파일)] 선택

※외형선을 진하게 표현하려면 상태막대에서 [선가중치 ▤]를 켜고 도면층 특성 관리자에서 외형선 선가중치 0.30mm 적용하여 복사/선택하여 붙여넣기 합니다.

2 Excel 데이터를 테이블로 삽입하기

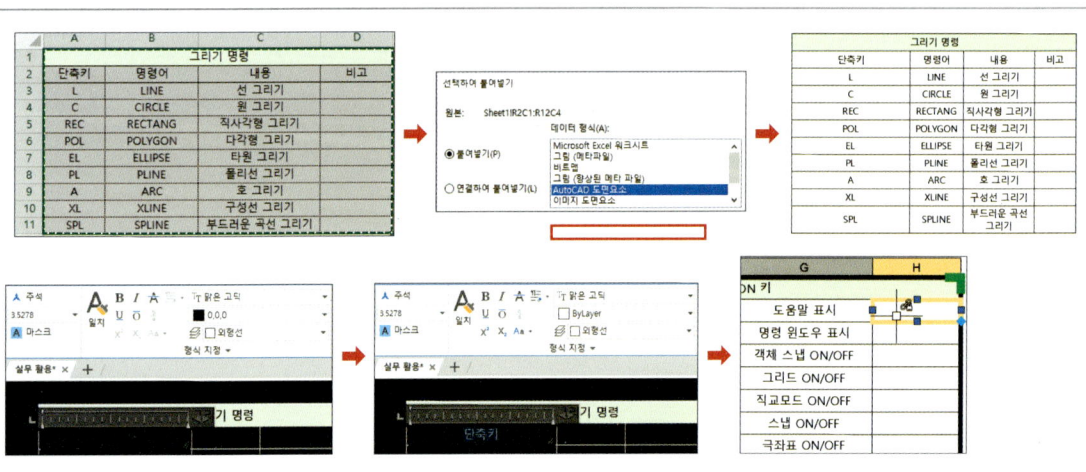

❶ Excel에서 AutoCAD로 붙여넣기 할 범위를 선택하고 Ctrl + C
❷ AutoCAD에서 [선택하여 붙여넣기]-[AutoCAD 도면요소]로 선택하고 [확인] 클릭
❸ 명령 : X(테이블로 삽입되므로 선과 문자로 작업하기 위해서 분해)
❹ 문자를 더블클릭 후 드래그하여 선택해서 색상 0,0,0으로 지정된 걸 Bylayer로 수정
❺ 특성 일치가 안되므로 다른 문자도 같은 방법으로 색상을 하나씩 모두 변경

3 데이터 링크로 Excel 데이터를 테이블로 삽입하기

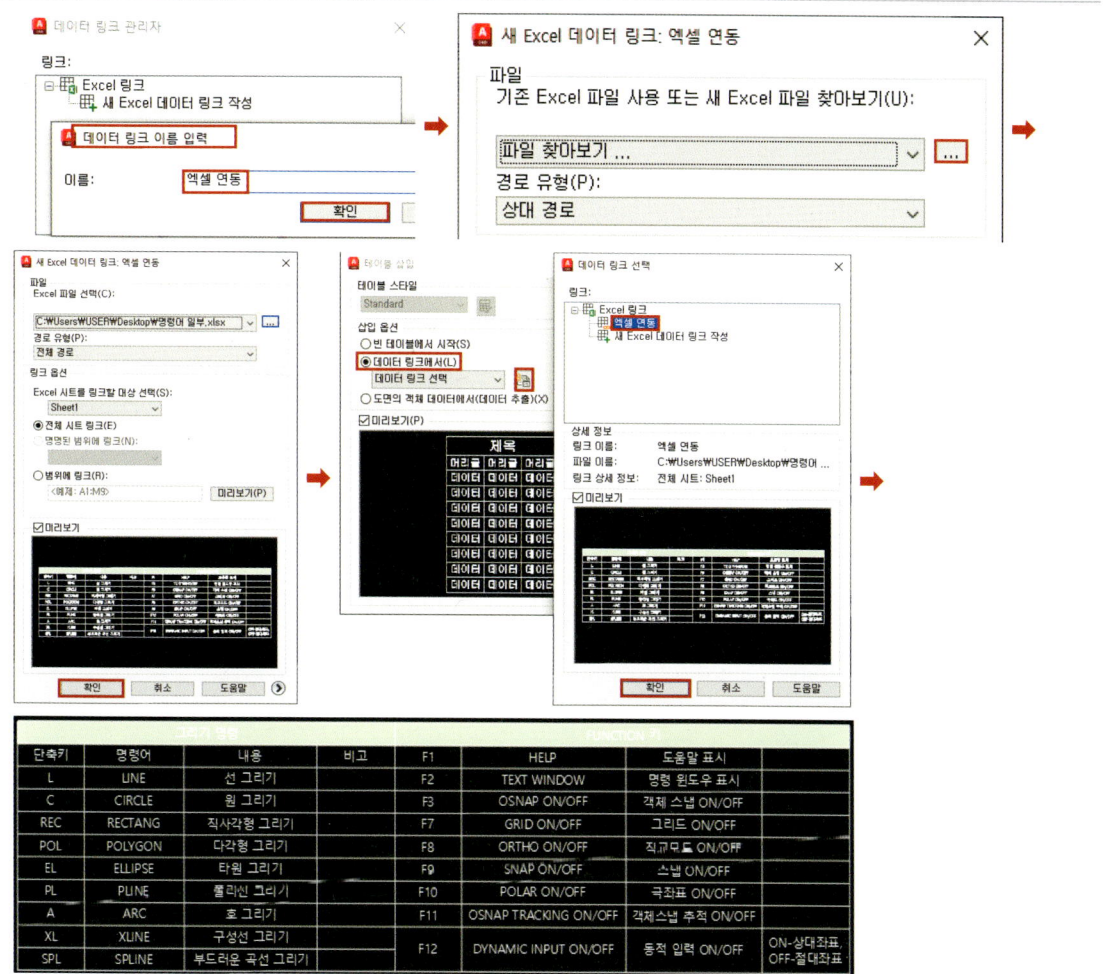

❶ [주석]탭-[테이블]패널-[데이터 링크] 클릭
❷ [데이터 링크 관리자] 대화상자에서 [새 Excel 데이터 링크 작성]을 클릭하고 이름 "엑셀 연동"을 입력 후 [확인] 클릭
❸ 파일 찾아보기 ... 를 클릭하여 데이터를 선택하고 옵션은 기본값으로 [확인] 클릭
❹ [데이터 링크 관리자] 대화상자에서도 [확인] 클릭
❺ [주석]탭-[테이블]패널-[테이블]을 클릭하고 삽입 옵션은 데이터 링크에서 선택
❻ [엑셀 연동]을 선택하고 [확인] 클릭
❼ [테이블 삽입]대화상자에서도 [확인] 클릭 후 삽입점 지정하여 테이블 삽입
※데이터 링크로 삽입된 테이블의 문자 색상은 Bylayer로 설정됩니다.

4 데이터 링크로 삽입된 Excel 테이블 수정사항 업데이트하기

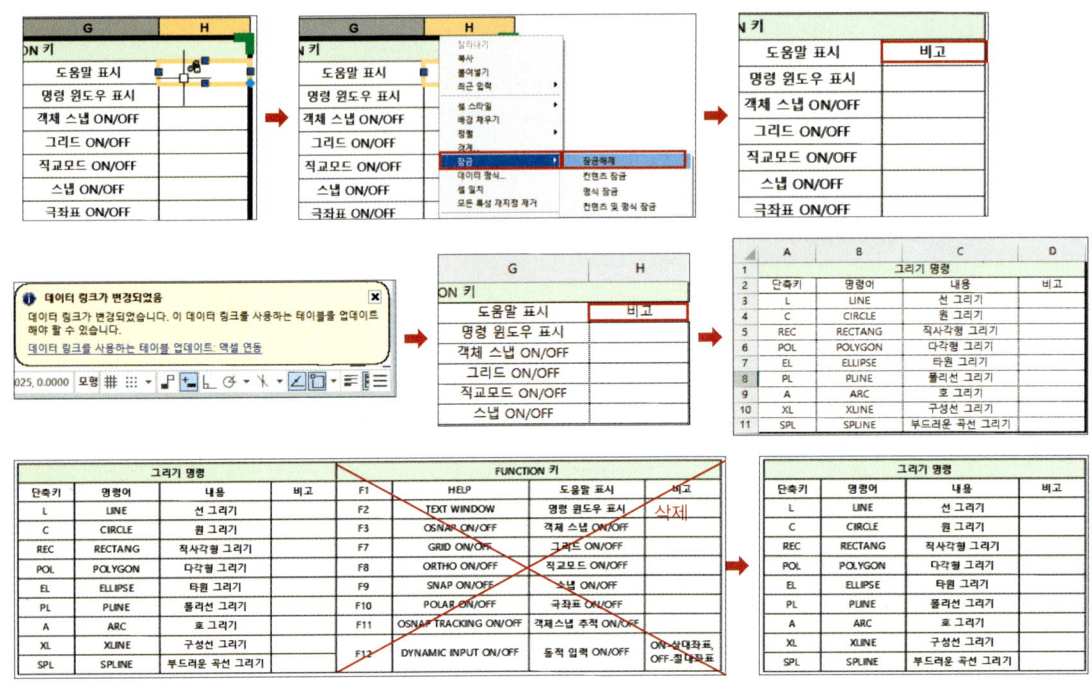

❶ 캐드에서 데이터를 수정하기 위해 셀을 선택하고 마우스 우클릭 메뉴 [잠금]-[잠금 해제]
❷ 셀을 더블클릭하여 "비고"를 입력하고 캐드 파일을 저장
❸ [주석]탭-[테이블]패널-[원본으로 업로드]를 선택하고 테이블을 선택 후 Space Bar
❹ [데이터 링크가 변경되었음] 알림 풍선글이 보이고 엑셀에서도 수정된 데이터를 확인
❺ 이번에는 엑셀에서 일부 데이터를 삭제(X표시부분)한 후 저장
❻ [주석]탭-[테이블]패널-[원본에서 다운로드]를 선택하고 테이블을 선택 후 Space Bar
　(캐드에서도 수정된 데이터대로 테이블이 업데이트가 됩니다.)

5 도면과 관련된 파일을 한꺼번에 폴더로 압축하기

▶ 54강_ https://cafe.naver.com/answerbook/5614

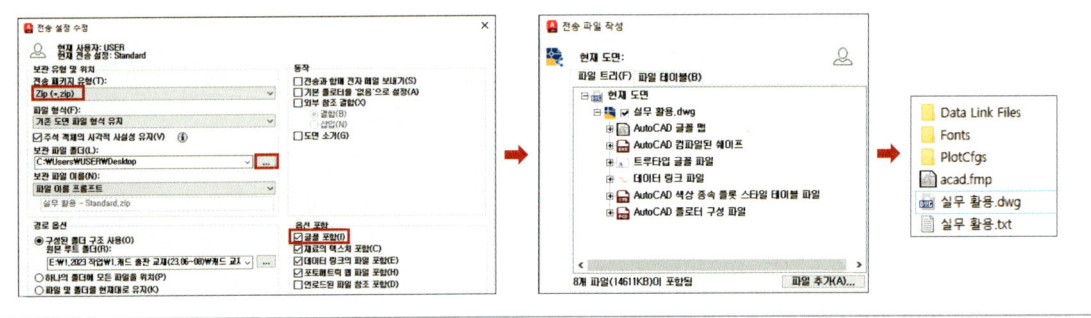

❶ [응용프로그램 메뉴]-[게시]-[전자 전송 💾]을 클릭
❷ [전송 설정] 클릭-[수정] 클릭-[전송 설정 수정]대화상자에서 전송 패키지 유형과 저장 위치, 글꼴 포함에 체크 후 [확인][닫기]클릭
※도면 외에 글꼴, 플롯 스타일, 데이터 링크 파일 등이 한번에 압축 정리 됩니다.

6 리습(Lisp) 파일 사용하기

AutoLisp은 LISP이란 언어에 기초를 두고 AutoCAD에만 실행 가능하도록 만든 프로그래밍 언어입니다. 몇 차례의 과정을 통하지 않고 간단하게 명령을 수행할 수 있는 매크로로 여기면 됩니다. 여러 사용자께서 관련 리습 파일들을 공유하고 있으며 쉽게 검색하실 수 있습니다. 다만, AutoCAD LT버전에서는 Lisp 사용이 불가능합니다.

LLE.lsp 길이 합계를 구하는 리습파일로 따라하기를 진행합니다.

바로가기	[관리]탭-[응용프로그램]패널-[응용프로그램 로드 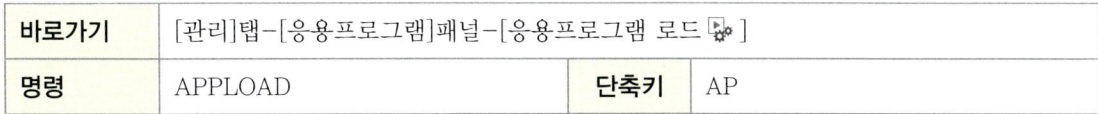]		
명령	APPLOAD	단축키	AP

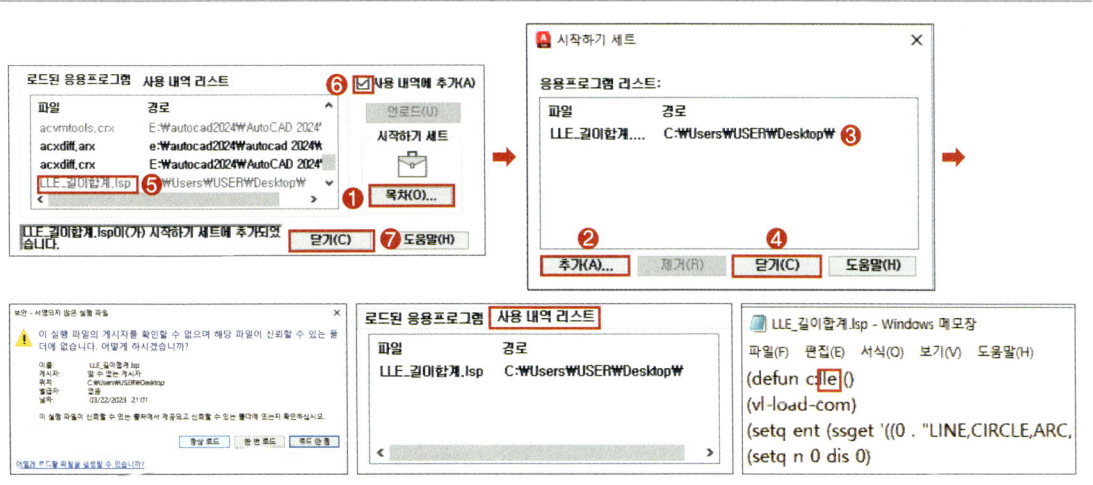

❶ 명령 : AP Space Bar 또는 [관리]탭-[응용프로그램]패널-[응용프로그램 로드] 클릭
❷ [응용프로그램 로드/언로드] 대화상자에서 해당 리습 파일 선택, 로드할 수 없다면 [옵션]-[파일]탭-[신뢰할 수 있는 위치]에 리습 파일이 있는 폴더를 추가 후 다시 로드
❸ [시작하기 세트]-[목차]에서 [추가]버튼을 클릭하고 LLE.lsp 파일을 선택 후 [닫기] 클릭
❹ 보안 관련 메시지가 보이면 [항상 로드] 선택
❺ 명령행 : LLE Space Bar
❻ 길이를 산출할 선, 폴리선, 스플라인 등을 선택하고 길이합계 값을 확인
※리습의 명령 단축키는 메모장 텍스트 중 defun c: 다음에 있는 문자입니다.

7 개정 전후 도면을 비교하여 수정된 부분 파악하기

지정된 도면 파일과 현재 도면 파일을 비교하여 구름형 리비전으로 차이를 알려 줍니다.

현재 도면에 없는 객체는 빨간색, 현재 도면에만 있는 객체는 초록색, 변경되지 않았거나 두 도면에 공통된 객체는 회색으로 보여줍니다. 결과 도면 파일은 [비교_파일명1 vs 파일명2].dwg로 새롭게 생성됩니다.

바로가기	[뷰]탭-[비교]패널-[DWG비교 🗐] / [공동 작업]탭-[비교]패널-[DWG비교 🗐]		
명령	COMPARE	단축키	없음

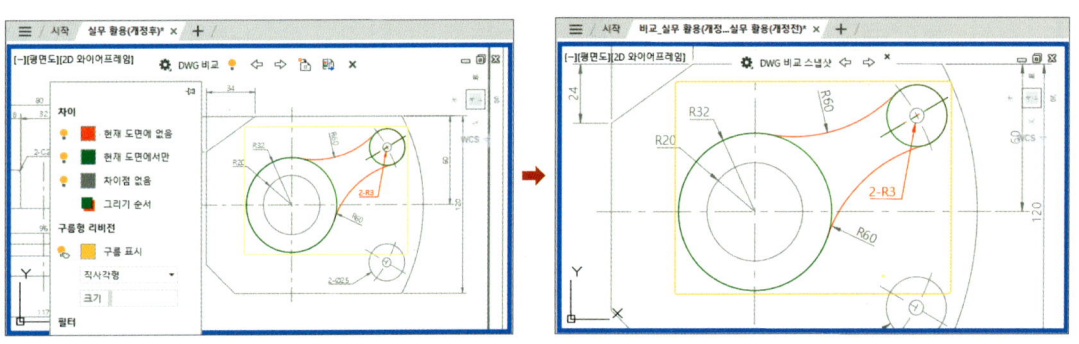

❶ 명령 : COMPARE `Space Bar`
❷ 현재 도면과 비교할 개정 전의 도면을 선택
❸ [스냅샷 내보내기]를 클릭하여 비교 도면을 생성

8 3D데이터, PDF 파일 가져오기

3DCAD에서 작업한 파일이나 PDF 파일을 가져오기 할 수 있습니다.

바로가기	[응용프로그램 메뉴]-[가져오기]-[PDF 📄]/[기타 형식 📄] [삽입]탭-[가져오기]패널-[PDF 가져오기 📄], [가져오기 📄]		
명령	PDFIMPORT(PDF 가져오기)/IMPORT(가져오기)	단축키	IMP

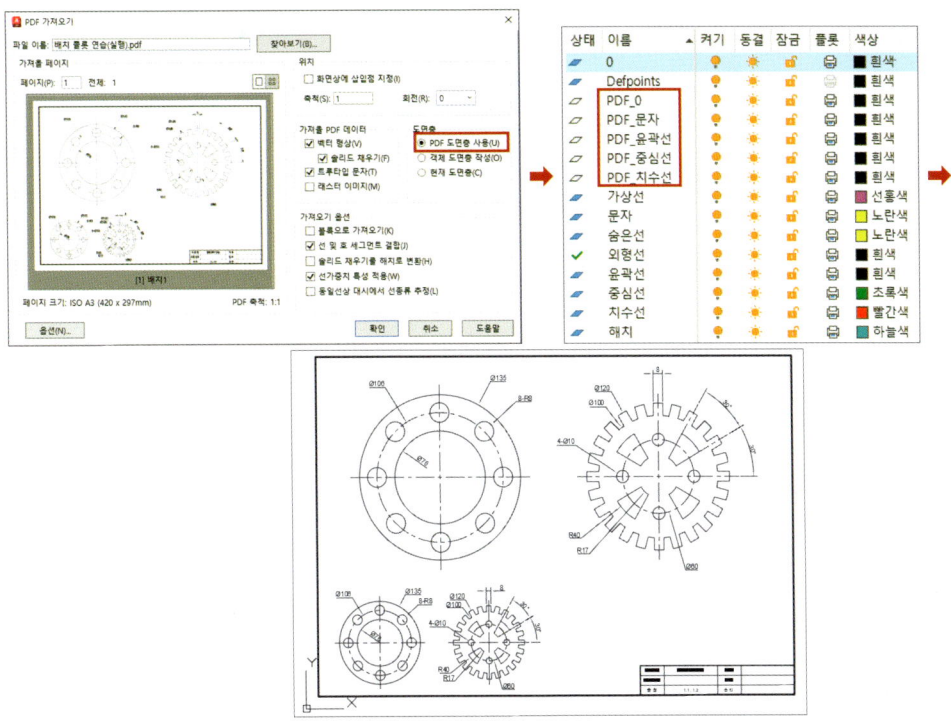

❶ 명령 : IMP Space Bar
❷ 파일 유형을 PDF로 선택하고 가져오기할 파일을 선택 후 [확인] 클릭
❸ PDF 파일이 0,0 지점에 삽입되고 도면층을 확인하면 PDF_접두사로 시작되어 있음

9 외부 참조로 2D데이터 가져오기 55강_ https://cafe.naver.com/answerbook/5615

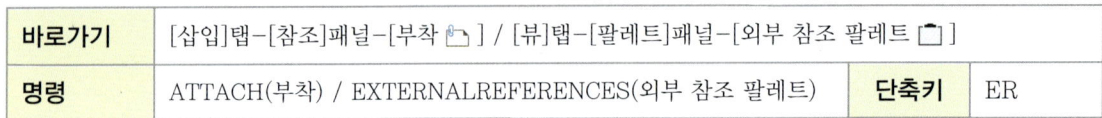

부착 명령을 사용하면 현재 도면에 다른 도면 파일 또는 이미지를 가져올 수 있습니다.

외부 참조 부착으로 도면을 작성한다면 부착한 파일도 되도록 같은 폴더에 저장하고 외부 업체에 도면을 송부할 때도 부착한 파일도 같이 포함하여 줘야 합니다.

바로가기	[삽입]탭–[참조]패널–[부착] / [뷰]탭–[팔레트]패널–[외부 참조 팔레트]		
명령	ATTACH(부착) / EXTERNALREFERENCES(외부 참조 팔레트)	**단축키**	ER

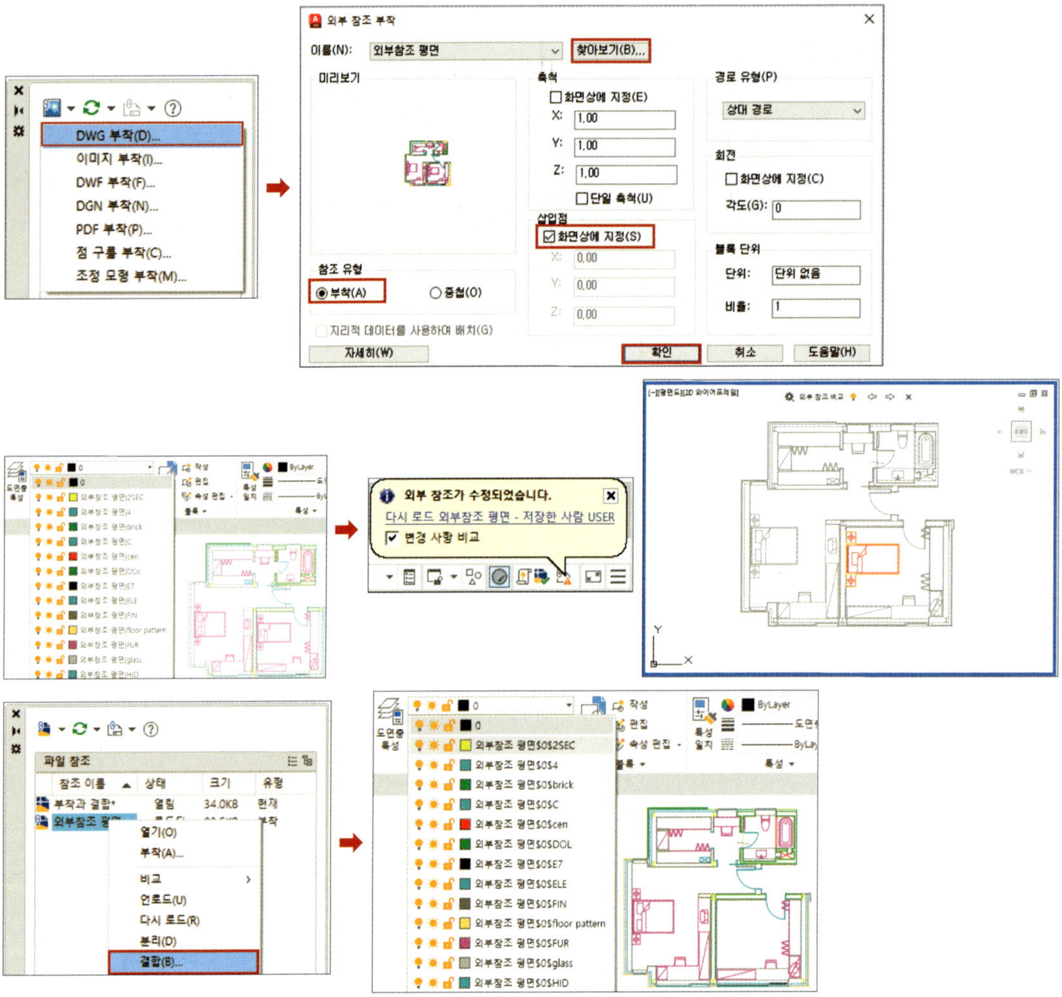

❶ 명령 : ER Space Bar
❷ [DWG 부착]을 클릭하고 부착할 도면을 선택 후 기본값 설정대로 [확인] 클릭
❸ 삽입점을 지정하여 부착 후 파일 저장(도면층을 보면 [외부참조 파일명 | 도면층명]으로 되어 있고 희미하게 보입니다.)
❹ 부착한 원본을 수정(침대 일부 삭제)하면 수정되었다는 풍선 알림글이 보이고 파란색 밑줄 문자 [다시 로드]를 클릭하여 업데이트 실행
❺ 수정된 부분이 어디인지 비교 도면에서 확인하고 [비교 종료 ✖]를 클릭
❻ 부착된 도면을 현재 도면의 객체로 편집하려면 외부 참조 팔레트에서 [결합] 선택
❼ 명령 : X Space Bar (블록이라 분해해야 개별객체가 되며 도면층도 [외부참조 파일명0도면층명]이 됩니다.)

10 외부참조로 부착한 도면이나 이미지가 안보일 때 해결하기

외부 참조로 이미지나 파일을 부착했지만 부착한 원본이 없다면 아래 그림처럼 경로만 보입니다. 또한 파일을 찾을 수 없다는 메시지도 보입니다. 이런 경우는 [외부 참조 팔레트 열기]를 클릭하여 경로를 재지정해줘야 합니다.

❶ [외부 참조 팔레트 열기]를 클릭
❷ 이미지를 클릭하고 저장된 경로를 이미지가 있는 해당 폴더로 재지정

11 버전별 새로 생긴 명령어

해당 버전	새로 생긴 명령어	명령 설명
2024	ACTIVITYINSIGHTCLOSE	활동 정보 팔레트 닫기
	ACTIVITYINSIGHTOPEN	활동 정보 팔레트 열기
2023	ARCTEXT	문자를 호를 따라 배치
	CUTBASE	기준점 사용하여 잘라내기
2022	COUNT	도면 전체 또는 영역을 지정하여 블록의 개수를 계산
2021	BREAKATPOINT	점에서 끊기
2020	BLOCKSPALETTE	블록팔레트 열기
	BLOCKSPALETTECLOSE	블록팔레트 닫기
	CLASSICINSERT	구버전 형식의 블록삽입 대화상자 열기
	COMPARECLOSE	도면 비교 모드 종료
	COMPAREEXPORT	도면 비교 결과 내보내기
	TEXTLAYER	문자의 기본 도면층을 지정
2019	COMPARE	도면 비교(수정 전과 수정 후 도면 비교)
	SHAREVIEW	도면을 온라인상에서 공유
2017	TXT2MTXT	단일행 문자를 여러 줄 문자로 변환
	CENTERLINE	중심선(선택한 선과 폴리선에 연관된 중심선 작성)
	CENTEREXE	중심선 연장 길이 조정
	CENTERMARK	중심마크(선택한 원과 호 중심에 십자형 표식 작성)
	CENTERMARKEXE	중심표식에서 중심선 연장 길이 조정
	PDFIMPORT	PDF 가져오기
2016	CLOSEALLOTHER	현재 도면을 제외한 모든 도면 닫기
2015	ISODRAFT	아이소메트릭 등각투영 제도
	NEWTAB	새 탭
	PTYPE	점스타일과 크기를 지정
	TEXTALIGN	문자 정렬(여러 문자를 수직과 수평으로 정렬)
2014	FILETAB	파일탭을 작업영역 위에 표시
	FILETABCLOSE	파일탭을 작업영역 위에 표시 안함
2013	ARRAYCLASSIC	구형식의 ARRAY대화상자 표시
	RENAME	도면층, 블록, 문자 스타일, 치수 스타일 등 이름 바꾸기
2012	OVERKILL	겹친 선, 호, 폴리선 등 중복객체 삭제

연습도면 21
객체 작성

56강_ https://cafe.naver.com/answerbook/5616

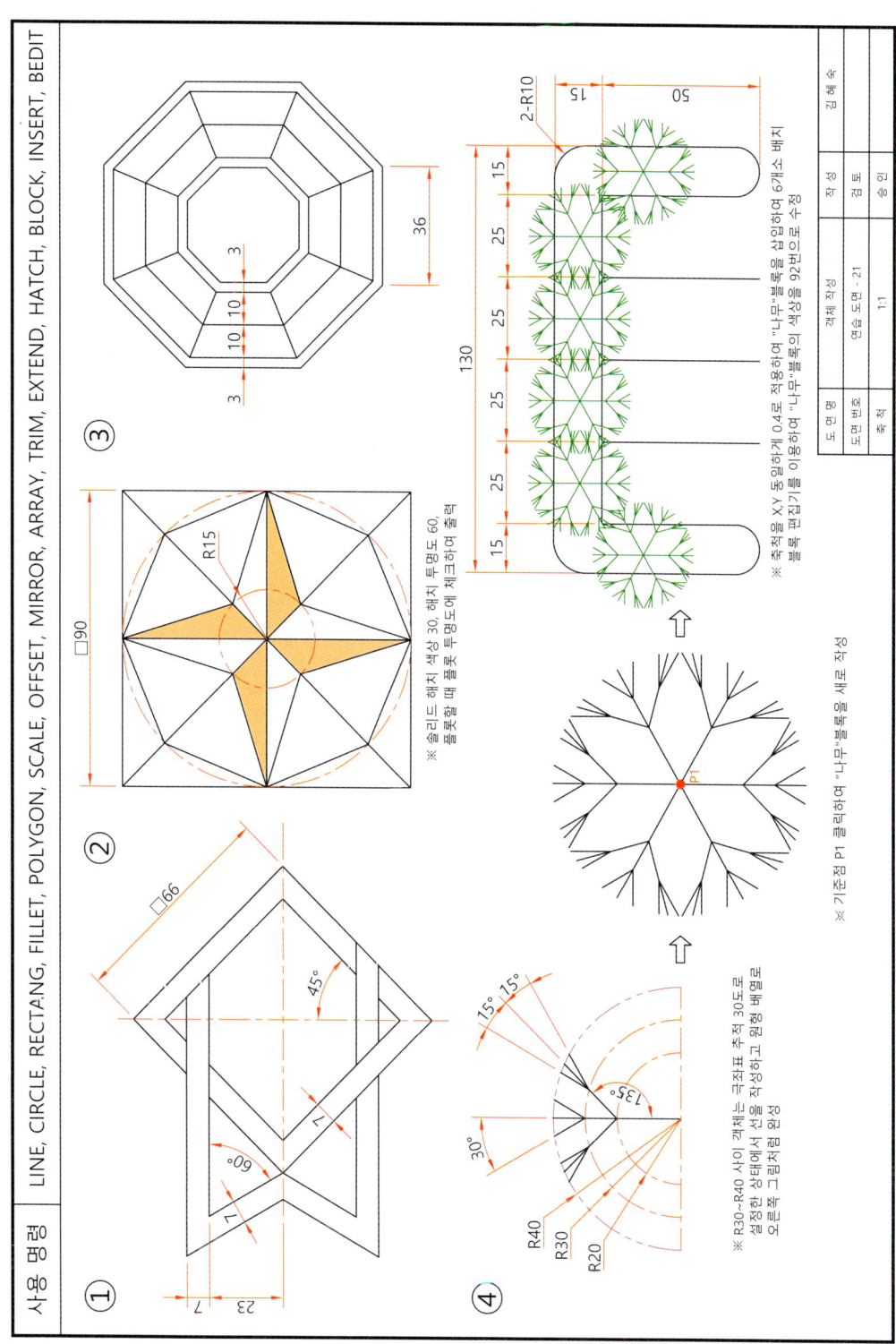

연습도면 22
객체 작성

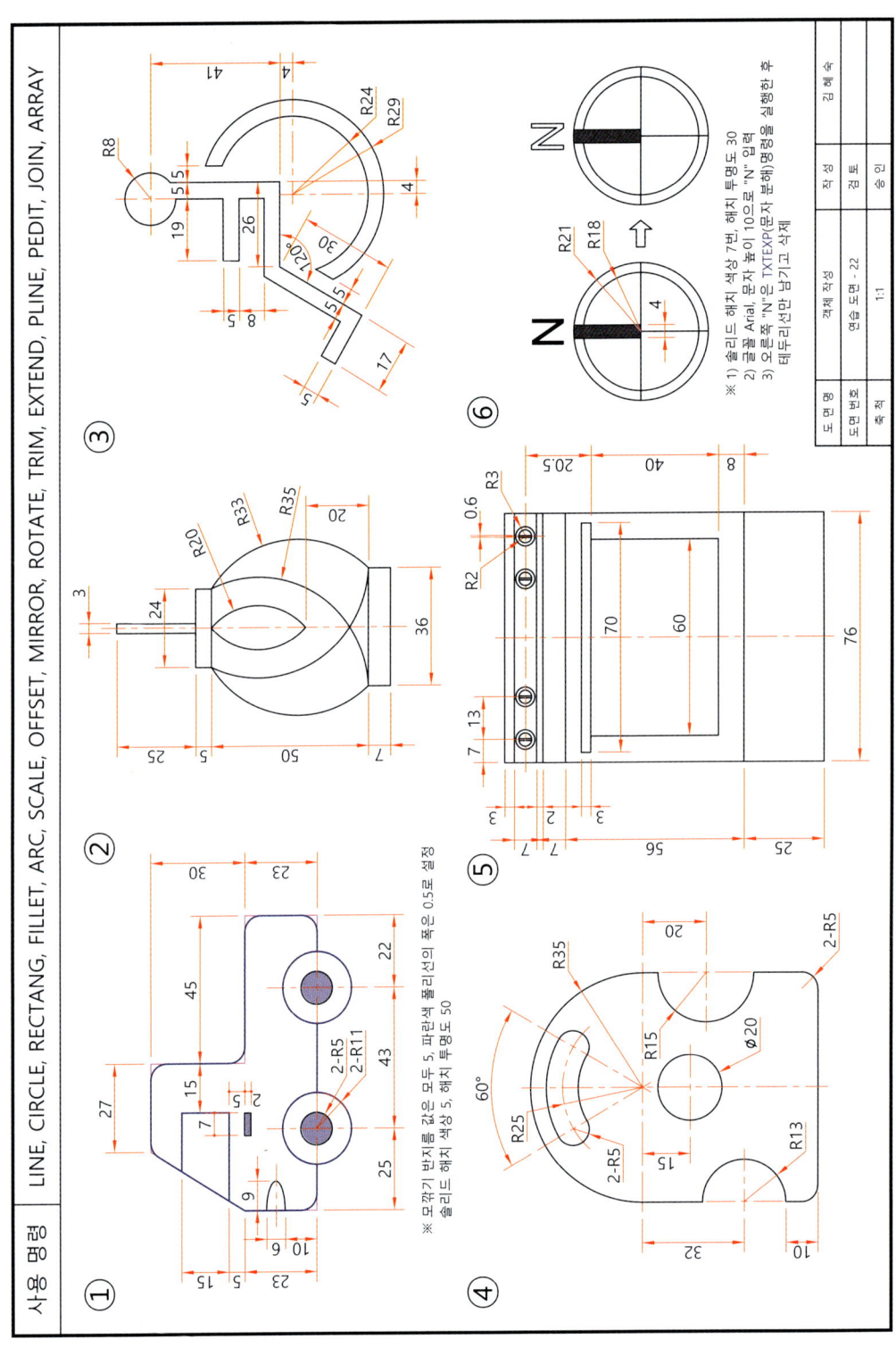

연습도면 23
객체 작성

58강_ https://cafe.naver.com/answerbook/5618

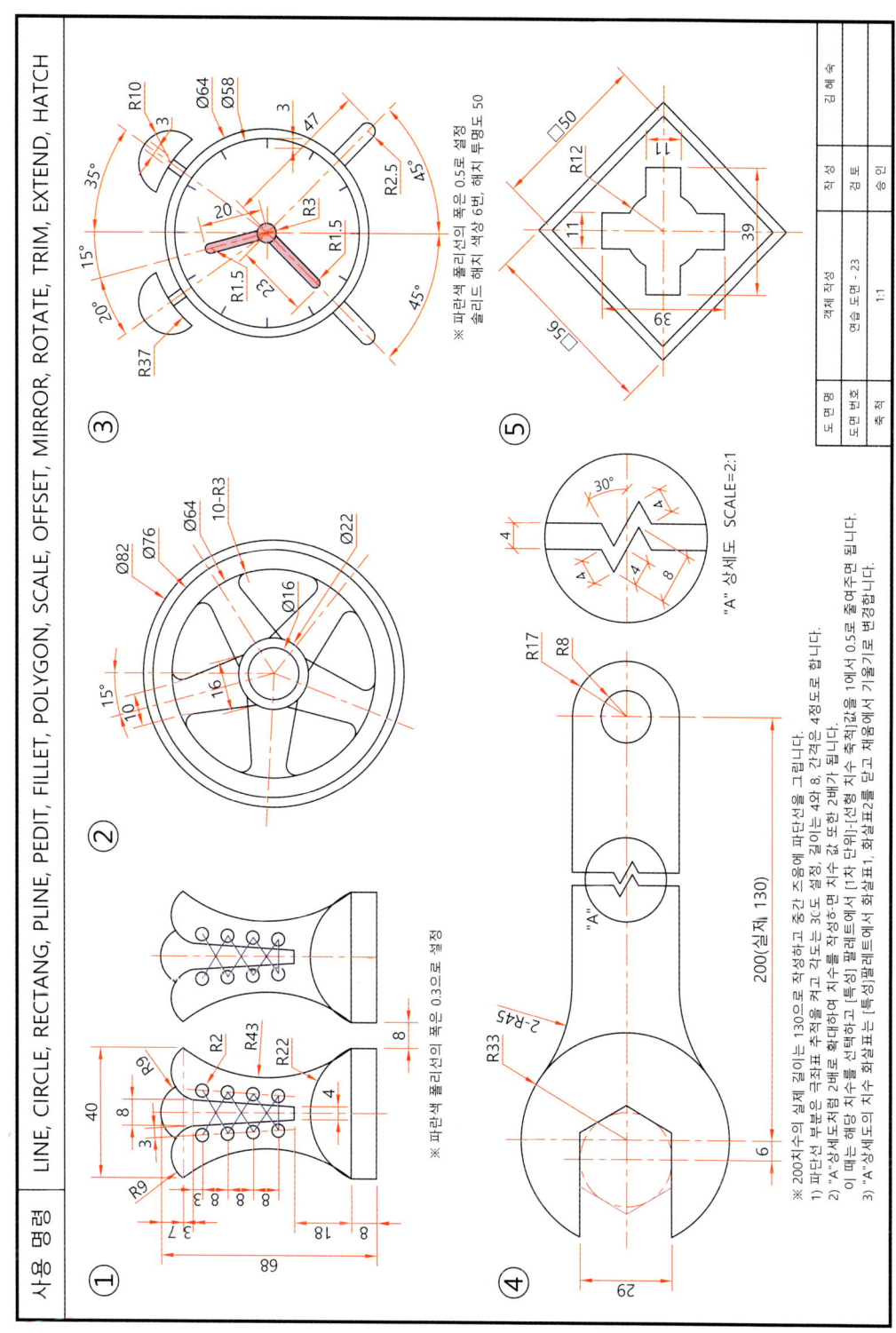

연습도면 24

객체 작성

▶ 59강_ https://cafe.naver.com/answerbook/5619

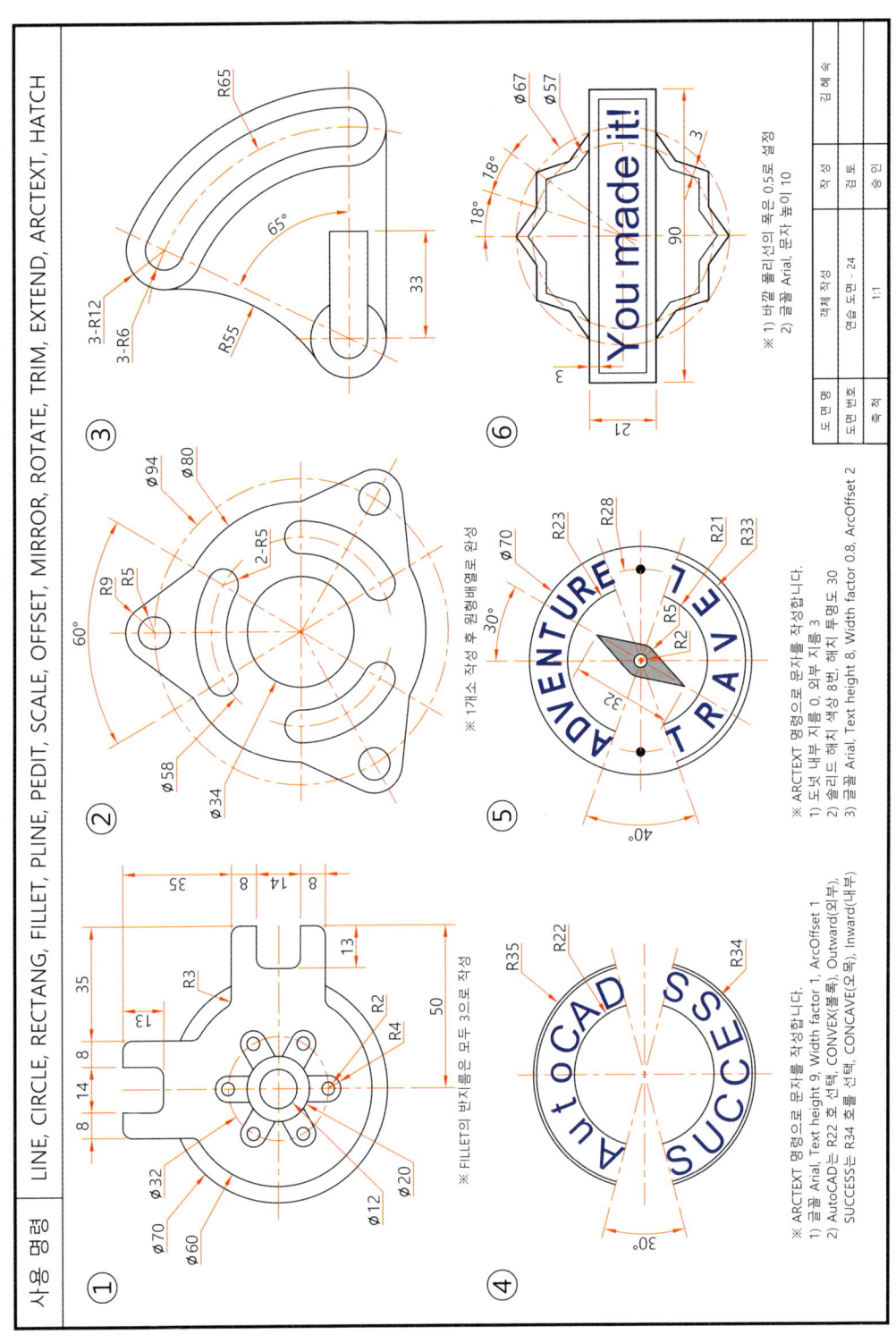

12 명령어 및 단축키 모음

▶ 60강_ https://cafe.naver.com/answerbook/5620

단축키	명령어	내용	페이지번호
그리기 명령			
L	LINE	선 그리기	39
C	CIRCLE	원 그리기	43
A	ARC	호 그리기	44
PL	PLINE	폴리선 그리기	46
REC	RECTANG	직사각형 그리기	47
POL	POLYGON	다각형 그리기	48
SPL	SPLINE	부드러운 곡선 그리기	49
EL	ELLIPSE	타원 그리기	52
DO	DONUT	도넛	53
DIV	DIVIDE	등분할	56
ME	MEASURE	길이분할	56
	REVCLOUD	구름형 리비전	55
XL	XLINE	구성선 그리기	57
ML	MLINE	여러 줄(평행선)	57
편집 명령			
E	ERASE	지우기	58
X	EXPLODE	분해	59
O	OFFSET	간격띄우기	59
TR	TRIM	자르기	61
EX	EXTEND	연장	61
CO, CP	COPY	복사	62
M	MOVE	이동	65
MI	MIRROR	대칭/반전	66
S	STRETCH	신축	67
SC	SCALE	축척	67
RO	ROTATE	회전	70
AL	ALIGN	정렬	71

단축키	명령어	내용	페이지번호
BR	BREAK	끊기	72
	BREAKATPOINT	점에서 끊기	72
J	JOIN	결합	72
F	FILLET	모깎기	75
CHA	CHAMFER	모따기	76
LEN	LENGTHEN	길이 조정	77
AR	ARRAY	배열	77
PE	PEDIT	폴리선 편집	46
SPE	SPLINEDIT	스플라인 편집	49
	OVERKILL	중복객체 삭제	80
	BLEND	곡선 혼합	49
문자 작성 및 편집 명령			
T. MT	MTEXT	여러 줄 문자 작성	88
DT	TEXT	단일행 문자 작성	87
ST	STYLE	문자 스타일 작성	89
TA	TEXTALIGN	문자 정렬	90
	FIND	문자 찾기/대치	90
	TXTEXP	문자 분해	152
치수 작성 및 편집 명령			
	DIM	치수	93
DLI	DIMLINEAR	선형 치수 작성	94
DAL	DIMALIGNED	정렬 치수 작성	94
DRA	DIMRADIUS	반지름 치수 작성	95
DDI	DIMDIAMETER	지름 치수 작성	95
DAN	DIMANGULAR	각도 치수 작성	94
TOL	TOLERANCE	기하 공차 작성	98
DED	DIMEDIT	치수 형태 편집	99
D	DIMSTYLE	치수 스타일 작성	99
	QDIM	빠른 작업	97
	DIMSPACE	치수 간격 조정	98

단축키	명령어	내용	페이지번호
도면층 및 특성 관리 명령			
LA	LAYER	도면층 특성 관리자	30
	LAYMCUR	도면층 현재로 설정	117
	LAYMRG	도면층 병합	117
LTS	LTSCALE	선종류 축척 설정	80
MA	MATCHPROP	객체 특성 일치	79
FUNCTION 키			
F1	HELP	도움말 표시	
F2	TEXT WINDOW	명령 윈도우 표시	16
F3	OSNAP ON/OFF	객체 스냅 ON/OFF	16
F7	GRID ON/OFF	그리드 ON/OFF	16
F8	ORTHO ON/OFF	직교모드 ON/OFF	16
F9	SNAP ON/OFF	스냅 ON/OFF	16
F10	POLAR ON/OFF	극좌표 추적 ON/OFF	16
F11	OSNAP TRACKING ON/OFF	객체 스냅 추적 ON/OFF	16
F12	DYNAMIC INPUT ON/OFF	동적 입력 ON/OFF (ON-상대좌표, OFF-절대좌표)	16
Ctrl 기능 키			
Ctrl + 1(=CH, PR)	PROPERTIES	특성 팔레트	33
Ctrl + 2	ADCENTER	디자인센터	33
Ctrl + 3	TOOLPALETTE	도구 팔레트	33
Ctrl + 8(=QC)	QUICKCALC	빠른 계산기	
CAL	CALCULATOR	계산기	77
Ctrl + 9	COMMANDLINE	명령행 윈도우	15
Ctrl + 0		화면 정리	23
불필요한 요소 정리 및 Ctrl 응용키			
PU	PURGE	불필요한 요소 제거	116
UNDO	Ctrl + Z	이전 명령 되돌리기	20
REDO	Ctrl + Y	이전 명령 복구하기	20

단축키	명령어	내용	페이지번호
	Ctrl + A	전체 선택	
	Ctrl + C	객체 복사	62
	Ctrl + V	붙여넣기	62
	Ctrl + X	잘라내기	
	Ctrl + S	저장하기	23
	Ctrl + Shift + C(=COPYBASE)	기준점 사용 복사	62
	Ctrl + Shift + X(=CUTBASE)	기준점 사용 잘라내기	62
	Ctrl + Shift + V	블록으로 붙여넣기	
환경설정 및 화면 제어명령			
OS	OSNAP	객체 스냅 설정	17
RE	REGEN	도면 재생성	56
UN	UNITS	단위 변경	29
OP	OPTIONS	옵션 설정	17
Z	ZOOM	화면 확대 및 축소	22
P	PAN	화면 이동	22
해치, 그라데이션 작성 명령			
H	HATCH	해치 작성	52
HE	HATCHEDIT	해치 편집	53
GD	GRADIENT	그라데이션 작성	74
블록 작성 및 편집 명령			
B	BLOCK	블록 작성	110
W	WBLOCK	블록 쓰기	110
I	INSERT	블록 삽입	111
BE	BEDIT	블록 편집	112

단축키	명령어	내용	페이지번호
객체 선택 및 조회 명령			
MEA	MEASUREGEOM	측정	113
DI	DIST	거리 및 각도 측정	113
LI	LIST	객체 속성 표시	115
AA	AREA	면적 계산	114
	QSELECT	신속 선택	26
	SELECTSIMILAR	유사 선택	26
	ADDSELECTED	선택된 항목 추가	83
그 외 알아두면 편리한 명령어			
LEAD	LEADER	지시선 작성	102
LE	QLEADER	신속 지시선 작성	102
MLD	MLEADER	다중 지시선 작성	104
BO	BOUNDARY	경계 작성	114
REN	RENAME	이름 바꾸기	101
	PTYPE	점스타일	56

함께 보면 도움되는 추천 도서

한권으로 끝내는
아두이노 입문+실전(종합편) [5판]
기초부터 수준 높은 프로젝트까지

서민우 저 | 406쪽 | 20,000원

한권으로 끝내는
아두이노와 파이썬으로 52개 작품 만들기 [2판]
구도와 사진촬영, 보정법

장문철, 박준원 공저 | 432쪽 | 22,000원

만들면서 배우는
40개의 엔트리 게임 + 인공지능 게임
전진아, 김수연 공저 | 315쪽 | 17,700원

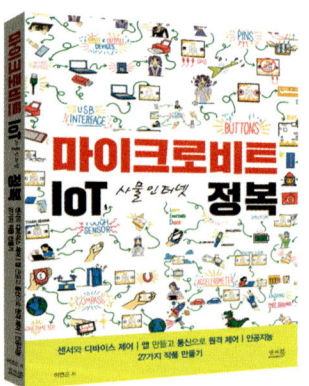

마이크로비트 IoT 사물인터넷 정복
27까지 작품 만들기

이연곤 저 | 334쪽 | 18,800원

함께 보면 도움되는 추천 도서

1일 만에 끝내는
**유튜브 왕초보 탈출과 스마트폰
영상 촬영+편집 [2판]**
채수창 저 | 204쪽 | 15,000원

한권으로 끝내는
**영상 기획/촬영/편집/제작 with
프리미어 프로 [2판]**
신재호 저 | 506쪽 | 23,000원

오픈마켓 쇼핑몰 G마켓/옥션 쿠팡 네이버 스마트스토어
상세페이지 제작 [개정 5판]
김대용, 김덕주 공저 | 370쪽 | 17,500원

**워드프레스 홈페이지 & 블로그
제작으로 수익창출**
블로그 포트폴리오, 회사홈페이지 제작 실습과
구글애드센스, SEO마케팅 실전 활용
황홍식 저 | 452쪽 | 25,500원